北京高校高精尖学科（证据科学）资助

证据法学论丛

专家证人制度研究

房保国　主编

中国政法大学出版社
2020·北京

声　　明　1. 版权所有，侵权必究。

　　　　　2. 如有缺页、倒装问题，由出版社负责退换。

图书在版编目（ＣＩＰ）数据

专家证人制度研究/房保国主编. —北京:中国政法大学出版社,2020.11
ISBN 978-7-5620-9733-4

Ⅰ.①专… Ⅱ.①房… Ⅲ.①英美法系－证人－司法制度－研究
Ⅳ.①D915.130.4

中国版本图书馆CIP数据核字(2020)第224158号

出 版 者	中国政法大学出版社
地　　址	北京市海淀区西土城路25号
邮寄地址	北京 100088 信箱 8034 分箱　邮编 100088
网　　址	http://www.cuplpress.com (网络实名：中国政法大学出版社)
电　　话	010－58908441(编辑室) 58908334(邮购部)
承　　印	北京九州迅驰传媒文化有限公司
开　　本	880mm×1230mm　1/32
印　　张	11.5
字　　数	270 千字
版　　次	2020 年 11 月第 1 版
印　　次	2020 年 11 月第 1 次印刷
定　　价	69.00 元

专家证人制度研究编委会

主　编：房保国
副主编：郑　飞　张南宁　张　伟　戴晓东

作者分工：
房保国：第一、二、四、八章，第三章第五节。
张　伟（西藏民族大学副教授）：第三章第一至三节。
郑　飞（北京交通大学法学院副教授）：第五章。
张南宁（湖南大学法学院特聘教授、湖南天地人律师事务所合伙人）：第六章。
戴晓东（北京市金杜律师事务所律师、法学博士）：第七章。
张华欣、张越（中国政法大学硕士研究生）：第三章第四节。

总序

证据是实现司法公正的基石,证据裁判主义是现代诉讼的基本原则。在刑事诉讼、民事诉讼和行政诉讼中,事实问题与法律问题是诉讼的核心问题,而事实的认定则要靠证据来实现。可以说,在诉讼中除法律问题外,证据的收集、审查和运用对案件结果的判定起着根本性的作用。

证据研究不仅要关注物证、书证、人证等证据种类的运用,更要分析证明责任、证明对象、证明标准和证明过程等证据规则的适用。当前证据法学在我国逐渐发展成为显学,关于证据立法的呼声日趋高昂,人们开始认识到证据法学研究的重要性。然而从总体上看,证据法学在我国还是一门新兴的学科,在理论上还很不成熟、不完善,甚至有些基本问题都没有达成学界共识,更未能形成科学的理论体系。

证据法学相对于诉讼法学而言具有独立性,它属于证据科学的重要分支。而证据科学(Evidence Science),是综合运用自然科学和社会科学方法,研究证据采集、鉴定技术以及案件事实认定和法律适用之一般规律的科学理论和方法体系,证据科学是近年来国内发展最快的交叉学科之一。[1]证据科学是法庭科学（Forensic Science）和证据法学（Evidence Law）的统一。其中，法庭科学是综合运用物理学、化学、医学、生物学等自然科学的原理和技术方法，研究证据采集、鉴定之一般规律的科学理论和技术方法体系。而证据法学是专门研究如何运用证据认定案件事实的法律规范的法学学科体系。

  如何构建一个科学的证据法学理论体系，如何能够为证据法学学科的进一步发展夯实理论基础，并为司法实务活动提供理论指导，是本论丛的设立初衷。虽然此前中国政法大学出版社先后推出了"证据科学文库"（中国政法大学张保生教授主持）和"证据法文库"（中国人民大学何家弘教授主持），但是本"证据法学论丛"则另辟蹊径，更加关注实证分析，强调证据实务问题的研究，努力形成证据法学研究中的"实践学派"[2]，以期促进我国证据法学学科事业的繁荣昌盛。

房保国

中国政法大学

---

  [1] 中国政法大学证据科学教育部重点实验室是专门从事证据科学研究的科研机构，具有科研、教学与鉴定三位一体的特色和重视实践探索的特点，其主要特色是文理交叉、理工渗透、综合集成、研用一体。

  [2] 关于证据法学研究中的"实践学派"，中国政法大学张保生教授主持的教育部人文社会科学重大攻关项目"证据科学的理论体系与运用"，在全国七所法院实施证据规则试点，并起草《人民法院统一证据规定（司法解释建议稿）》，进行了初步的探索。

前言

专家证人（expert witness）与普通证人（Layman witness）相对称，普通证人的意见证言（Opinion Testimony by a Layman）不得定案，是英美证据法中的一项重要的排除规则。在英美法庭影视剧中，我们经常听到律师说："反对，法官阁下，意见证据"。普通证人只能就其亲自感知的事实作证，不得发表依据观察得出的意见和推论。"按照普通法的传统术语，证人要对他们所观察到的（也就是'事实'）作证，而不是对事实作出任何推论、概括或者总结。这些推论、概括或者总结的总和就被称为'意见'。"[1]意见证据排除的基本根据在于，普通证人一般没有做出推论的专门性知识，缺乏基本的技能训练或经验，可能会误导事实裁判者（法官或陪审员），侵犯事实裁判者的权力。在有陪审员审判的案件中，"一般非专业人员在其所掌握的知识和理解能力范围内所能作出的事实性推论，应留待给陪审团作出，因为陪审团成员就是特意挑这种普通人组成的。如果一名陪审员完全可以通过把证人提供的事实加在一起然后得出他或她自己的

---

[1] See Ronald J. Allen, Richard B. Kuhns and Eleanor Swift, *Evidence: Text, Cases, and Problems*, 716 (3rd ed. 2002).

推论,该证人就绝无必要将其推论强加给陪审员了!"[1]

当然,普通证人的意见证言排除也存在例外,美国《联邦证据规则》第701条"外行证人的意见证言"规定,[2]如果证人不是作为专家作证,其以意见形式作出的证言限于如下意见:①合理的基于该证人的知觉;②有助于对证人证言的清晰理解或者确定争议事实;并且③不是基于《联邦证据规则》702条范围内的科学、技术或者其他专门知识。这里规定了普通证人意见证据采纳的三项条件,对于一些"速记"性证言(shorthand testimony),几乎不可能以其他方式表达出来,可以作为证据使用,例如,尝和闻的味道("闻起来像火药"),一个人的感情("他看上去非常神经质"),车辆的速度("他开得非常快"),声音的认定("我熟悉XX的声音,因为我们认识十几年了"),证人自己的意图("我打算过马路"),笔迹的识别("那是我妻子的签名"),一种不正常的行动("他像一个疯子")和酒类饮料("那个人喝了酒")等。

有时"事实"和"意见"之间是很难区分的,正如Thayer所说,在某种程度上,所有关于事实的证人证言都可以被视为意见证据,例如"这是一种关于现象和心理印象的总结这种证人证言"。尤其当某人基于某一特别短暂或者特别复杂的事物而发表意见时,他所依据的事实很可能是根本无法说清楚的。[3]

---

[1] 参见[美]乔恩·R.华尔兹:《刑事证据大全》,何家弘等译,中国人民公安大学出版社2004年版,第427页。

[2] 第701条的原文为:If a witness is not testifying as an expert, testimony in the form of opinion is limited to one that is : (a) rationally based on the witness's perception; (b) helpful to clearly understanding the witness's testimony or to determining a fact in issue; and (c) not based on scientific, technical or other specialized knowledge within the scope of Rule 702.

[3] 参见[美]乔恩·R.华尔兹:《刑事证据大全》,何家弘等译,中国人民公安大学出版社2004年版,第427页。

当然，可能也存在一个人既是普通证人，又是专家证人的情形，即"双重证人"，例如，若医生作证说原告咳嗽并且发烧，这属于普通证人的意见是外行意见，但若该医生作证说他诊断病人由于接触有毒化学物质而得了某种疾病，这属于专门知识，是基于科学、技术或者其他专门知识提供的专家证言。再如执法人员作证说，被告当时正在从事形迹可疑的活动，这是普通证人的证言，但若该执法人员根据广泛经验说被告当时用暗语表达毒品的数量和价格，则属于专家证人证言。[1]

而专家证言属于普通证人意见证据规则的例外，专家就是以其"意见"的形式作证。Wigmore 对"现代意见规则"作出如下的定义，如果我们既可以从陪审团那里获得推理和结论，又可以从证人那里获得推理和结论，那么证人便是多余的。因此，专家意见之所以被采纳，是因为他的专业技术永远会比陪审团略胜一筹。一个外行人士的意见之所以被采纳，是因为陪审团永远不能像他那样如此了解其所描述的事实，从而进行有效的推理。[2]

专家证人是英美国家解决法庭专门性问题采取的一项重要制度，不同于大陆法系国家的"鉴定人"制度，也与我国正在兴起的"专家辅助人"制度有诸多重合。本书重点围绕专家证人的基本理论、专家意见的可采性规则、专家意见的交叉询问、专门性问题解决的"四维模式"等进行阐述，同时对专家证人的伦理和责任以及相关的科学证据领域进行探讨。由于专家证人是英美法系国家的重要制度，本书以比较法的视角，更多关注英美法的知识，同时兼顾在我国的实践，以期对我国的司法鉴定和专家辅助人制度改革提供有益的启发和借鉴。

---

[1] Thayer, JB, *A preliminary treatise on the law of evidence*, Little, Brown & Co, Boston, 1898.

[2] Wigmor, JH, *Wigmore on evidence*, Little, Brown & Co, Boston, 1983.

目录

总　序 ………………………………………………………… 001
前　言 ………………………………………………………… 003

第一章　专家证人的基本理论 ……………………………… 001
一、专家证人的概念 ………………………………………… 004
二、专家证人的资格 ………………………………………… 013
三、专家证人的适用范围 …………………………………… 022
四、专家证人的选任 ………………………………………… 025
五、专家证人的开示 ………………………………………… 031
六、专家证人的费用和培训 ………………………………… 033
七、专家证人的责任 ………………………………………… 036

第二章　专家意见的可采性 ………………………………… 040
一、专家意见的内容 ………………………………………… 041
二、弗赖伊（Frye）规则 …………………………………… 042
三、《联邦证据规则》第702条 …………………………… 046
四、多伯特（Daubert）规则 ……………………………… 051
五、通用电气公司（General Electric Company）规则 …… 063
六、库霍轮胎公司（Kumho Tire Company）规则 ……… 068
七、《联邦证据规则》第702条的修订 …………………… 073

第三章　专家证言可靠性的保障 ······ 076
一、影响专家证言可靠性的各种因素 ······ 077
二、如何保障专家证言的可靠性 ······ 086
三、对我国专家辅助人出庭作证的启示 ······ 090
四、专家辅助人的定位 ······ 094
五、我国鉴定制度的新发展 ······ 126

第四章　专家证言的交叉询问 ······ 135
一、专家出庭作证 ······ 136
二、主询问（examination in chief） ······ 140
三、反询问（cross-examination） ······ 162
四、交叉询问的技巧 ······ 190

第五章　专门性问题解决的"四维模式" ······ 201
一、从"一维模式"到"四维模式"的历史演变 ······ 204
二、"四维分享模式"的角色分派与功能定位 ······ 217
三、"四维分享模式"的潜在风险与功能异化 ······ 225
四、如何减少"四维分享模式"诉讼成本 ······ 233

第六章　专家证人与科学证据 ······ 235
一、专家证言与科学证据 ······ 235
二、科学活动与证据 ······ 237
三、司法证明中的科学证据 ······ 241
四、科学证据的生成 ······ 246
五、科学证据的运用 ······ 250

第七章 专家证人的职业道德 ································· 267
一、专家证人的正当理由义务 ································· 267
二、正当理由义务的衡量标准及其阻碍因素 ············· 281
三、保障专家证人履行正当理由义务的规制模式 ········ 301
四、正当理由义务规制模式的重构 ························· 315

第八章 专家证人制度的未来 ································ 330
一、专家证人与科学证据的不确定性 ····················· 330
二、事实审理者与专家证人的分工 ························ 337
三、专家证人的中立性问题 ································ 341
四、专家证人的伦理 ·· 344

参考文献 ··· 349

第一章
专家证人的基本理论

专家证人是英美法的概念,最早的专家证人产生于英国。1644年,托马斯·布朗因在一个有关巫术的案件中作证,使其可能成为英国历史上第一位有据可查的专家证人。他后来被授予爵士爵位,在一个有关灵媒通灵致人癫痫的案件中,他证明了当事人看到同样穿着的其他人时,也会引起癫痫发作,说明癫痫不仅可发生在灵媒的通灵过程中,也可出现于其他情况,证明灵媒的通灵行为不是引发癫痫的唯一原因,从而证明了癫痫发作与灵媒的通灵行为并无直接关联。但囿于当时的医学水平,这位令人尊敬的内科医生并没有认识到癫痫是一种自身疾病,而遗憾的将其解释为巫术由一个人转移到另一个人身上的结果。即便如此,他的证言仍然改变了法庭的最终判决,最终为那位灵媒洗脱了罪名。[1]

专家证人科学提供超出其直接感知印象的证言,可以对事件的原因或结果发表意见,可以解释其他人的行为,可以基于事件发生的背景得出结论,可以评论事件发生的可能性甚至对非事实性的问题,如过错、损害、过失等,也可以提出自己的意见。

专家证人类似于我国的鉴定人+专家辅助人,在法院审判中发挥着越来越重要的作用。因为现代生活已经进入科技时代和

---

[1] 参见[美]菲利普·坎德利斯、罗伯特·温斯托克、理查德·马丁内斯:《法庭伦理学与专家证人》,杨天潼译,中国法制出版社2013年版,第10页。

"专家时代",不仅要将自己的座驾交给汽车修理专家、将自己的孩子交给教育专家、将自己的饮食交给卫生健康专家、将自己的税收政策交给由社团支持的经济学家,还要将正义的伸张交给法庭上作证的专家。[1]"世事洞明皆学问,人情练达皆文章",人们已经不再可能通晓万物,但是需要对世事都略有所知,同时又能专精于某些事物,在民事和刑事案件中,需要越来越多的专家证人在专业分工的领域里,需要专家来帮助陪审团对于一般人不甚了解的事物进行审查。[2]

例如,在美国加利福尼亚州最高法院1985年至1986年间报道的529起陪审团裁决的民事审判案件中:

(1)专家证言的频率。在86%的民事陪审团审判中有专家证人作证,每项审判平均3.3个专家。在专家出庭的案件中,平均3.8个专家。大多数专家出庭的案件,有2-5个专家。原告传唤的专家多于被告,大约占总数的64%。

(2)专家证人的专长。主要包括三部分:①一半的专家是医生,还有9%是其他医务专业人员(临床心理学家、康复专家、牙医等);②工程师、科学家和相关的专家,大约占总数的20%;③各类商业和金融方面的专家(11%),以及鉴识和调查专家(8%)。

(3)专家出庭的案件种类。超过70%的案件涉及不正当死亡或个人伤害案,作为一个对照组,这类案件与其余案件相比,包括更多的专家。将近95%的个人伤害或死亡案件有专家出庭,平均每个案件3.8个证人。对更小的分类进行考察,其中,专

---

[1] See James S. Laughlim, "When Students Confront the Expert: Toward Critical Thinking", 81 *Eng. J.* 72, 72 (1992).

[2] 参见[美]弗兰西斯·威尔曼:《交叉询问的艺术》,周幸、陈意文译,红旗出版社1999年版,第79页。

家使用率最高的案件是：①医疗事故案（使用率97%，平均每个案件5个证人），几乎所有证人都是医学专家；②产品责任案（100%使用专家，平均每个案件4.7个证人），不同寻常的高比率证人（平均每个案件1.8个证人）均为工程师、科学家和类似专家。

（4）双方专家的冲突。几乎四分之三有专家作证的案件（或所有案件的63%），双方当事人都有自己的专家。在三分之二有专家证言的案件（所有案件的57%）中存在相同专业领域意见相左的专家——最常见的是意见相左的医学专家。与此相似，超过三分之二的专家出庭证人中是同一领域专家而意见不同。这类冲突在医学证人中又是特别普遍——在78%的情况下专家证言会被对方医学证人所反对。总之，多数专家证人被对方专家反驳，大多数陪审团不得不自行解决这些冲突。

（5）专家证人的鉴定经历。大多数专家证言来自于重复出庭的专家。在加利福尼亚州最高法院民事陪审团的审判中，将近60%的专家证人在6年中至少在相似案件中作证两次。对特别案件在陪审团审判中的出庭，同一专家在6年中的平均数是9.4次。中间数是2.2次。值得一提的是，这些数字在很大程度上低估了专家总体上参与诉讼的经历。例如，没有包括刑事审判以及在加利福尼亚州最高法院之外其他法院的民事审判案件。更重要的是，这些数字没有统计那些同一专家提供咨询、书面报告甚至在询证存录中作证的情况，以及因案件在开庭前调解或未被受理而未能出庭作证的情况。[1]

在我国近年的刑事、民事和行政审判中，也有越来越多的

---

[1] 参见［美］罗纳德·J. 艾伦、理查德·B. 库恩斯、埃莉诺·斯威夫特：《证据法：文本、问题和案例》（第3版），张保生、王进喜、赵滢译，高等教育出版社2006年版，第722-723页。

专家参与诉讼。例如，广东省东莞市第三人民法院民二庭，2011年总案件数为601宗，其中涉及司法鉴定的案件66宗，占案件总数的10.98%。建设工程合同纠纷案件共62宗，涉及司法鉴定的36宗，占该类案件总数的58.06%。2012年新收案件574宗，涉及司法鉴定56宗，占案件总数9.75%。共新收建设工程合同纠纷案84宗，涉及司法鉴定的35宗，占该类案件总数的42.85%。同时，司法鉴定类型广，商事审判中鉴定涉及建筑工程质量鉴定、建筑工程造价鉴定、笔迹鉴定、产品质量鉴定、产品价值、印章、指模真实性鉴定甚至是测谎等。另外，司法鉴定周期长，普通的笔迹鉴定、产品质量鉴定的鉴定时间在一两个月就可以完成，但是建筑工程质量鉴定、建筑工程造价鉴定的鉴定时间基本上都在半年以上，涉及建筑面积大、质量问题、标的较大的建设工程的质量鉴定和造价鉴定的鉴定周期甚至在一年以上。[1]

一、专家证人的概念

证人的概念一般不难理解，即向法庭作证的人，能够证明一定的案件事实。我国证人的概念是狭义的，限于当事人以外知道案情的人，而在英美国家证人的概念是广义的，除了包括普通证人，还包括被告人、被害人等当事人，以及本书中论述的专家证人。

但是，对于专家证人参与诉讼的必要性，哪些证据是裁判者和普通人就可进行评价的，哪些证据是需要专家的参与才能获得更好的评价结果的，这二者之间是没有明确界限的。同样，

---

[1] 参见杨诚："商事审判中司法鉴定存在的问题及对策"，中国法院网，https://www.chinacourt.org/article/detail/2012/12/id/804319.shtml。

何为"专家",也是众说纷纭。[1]Nathan Goldenthal 教授认为,专家是对于愈来愈少的事物,知道愈来愈多的人。《布莱克法律词典》对专家下的定义是,经过某学科科学教育的人,或者从实践经验获得并掌握了特别或专有知识的人。可见,教授、研究员、工程师、医师、药剂师、博士、博士后等可以称为专家,但是专家不一定需要高学历或者高级职称,在某一领域具备特殊经验知识的人,也是这一领域的专家。例如,农民对于农作物的生长规律,建筑工人对于房屋的结构,汽车修理工对于汽车的故障,家电修理工对于电器的知识,装修工人对于建材和工艺的知识等,以上都可以称为专家。甚至在有些案件中,相对于只掌握书本知识的学者,法官更倾向于采信具有丰富实践经验的人。

在司法程序上,采用专家证言的做法甚至可以追溯到古埃及人、古希腊的毕达哥拉斯和西西里人时期。早期专家证言的使用通常以医疗为中心议题,尤其涉及对孕妇执行死刑的问题。[2] 1782 年发生在英格兰的较早一起涉及专家证言的案例与建筑领域有关,在该案中,由于法庭排除了专家有关对发生港口泥沙淤积原因的解释证言,导致法庭对此案重新审理。在重审过程中,法院采纳了一位首席土木工程师 Smeaton 有关诺福克港发生泥沙淤积原因的证言。[3]此案法官认为,Smeaton 先生了解港湾的建造结构、损坏原因以及修复方法,在科学问题上,没有其

---

[1] 由于在我国日常媒体报道中,经常有专家发表违背常识或者有偏见性的"雷人"言论,而被称为"砖家",成为贬义词;有些专家学者道德缺失,而被称为"叫兽"。

[2] See Robert F. Taylor, "A Comparative Study of Expert Testimony in France and the United States: Philosophical Underpinnings, History, Practice and Procedure", 31 *Tex. Int'l L. J.* 181, 184 (1996).

[3] See Pamela v. Cullen, A Stranger in Blood: The Case Files on Dr. John Bodkin Adams (2006).

他证人能够就此作证。对于法官而言，Smeaton 并不需要拥有正式教育或者专业实践等相关经历，只要他清楚上述问题，他就拥有足够的资格成为专家。[1]在一个世纪后发生的 R 诉 Silverlock 案中，一位爱好研究笔迹的律师就被允许从笔迹比对的角度提供证据，审判法院是这样认为的，一个根据笔迹比对给出意见的证人，他必须是个行家，他必须具备相关的技能，然而，他是通过其所从事的职业还是其他某种特殊的途径而成为行家的，这并非十分重要，问题的关键在于他是在行的吗？[2]"在行的"这个形容词看似晦涩难懂，但却意义非凡。

现代专家证人是 19 世纪早期的产物，直到 19 世纪，专家（expert）作为名词的使用才具有了典型性。在此之前，有特殊知识的证人被称为"skilled witness"，在 19 世纪，这个术语逐渐被专家或者专家证人所取代。[3]对于专家证人的资格，英美一直采取较为宽松的态度。

专家证人如果满足以下四项条件，可以提出意见证言或者作出推论性结论：①该意见、推论或结论，是依靠专门性的知识、技能或培训作出，而不是像陪审团成员那样也具有的普通经验；②该证人必须被证实在某专业性领域内具有专家的资格；③对自己的意见、推论或结论，该证人必须作出合理程度的肯定或论证；④专家证人必须首先叙述清楚作出意见、推论或结论的背景知识，或者说必须圆满回答一系列的假设性问题（hypothetical question）。[4]英美法系的法庭在专家证言内容标准上

---

[1] Folkes v. Chadd [1782] 3 Doug KB 157, 99 ER 598.
[2] R v Silverlock [1894] 2 QB 766.
[3] See David H. Kaye, David E. Bernstein and Jennifer L. Mnookin, The New Wigmore: Expert Evidence § 1.3 (2nd ed. 2010).
[4] 参见［美］乔恩·R. 华尔兹：《刑事证据大全》，何家弘等译，中国人民公安大学出版社 2004 年版，第 430 页。

的要求，通常是该事项超出了外行人的理解，这一要求常常是从反面进行规定的，如果关于某事项的专家证言可以被合理地认为处于事实认定者的常识和经验范围内，因而不需要专家的帮助，则应当排除该专家证言。

专家证人资格的考虑因素
教育
职业经验
专业训练
继续教育课程
职业会员资格
咨询经验
执照和证书
出版物
教学职位
职业性褒奖

（一）专家证人与鉴定人、专家辅助人的关系

专家证人是一个大的概念，美国联邦民事诉讼法将专家证人分为四种类型：①出庭作证的专家（testifying expert），②咨询专家（consulting expert），③非正式咨询专家（informally consulted expert），④其意见并非基于准备诉讼的专家（expert whose opinion is not obtained in preparation for litigation）。在我国，没有专门的专家证人称谓，但存在鉴定人和专家辅助人的区分。

在专家证人和鉴定人、专家辅助人的关系上：

1. 专家证人与鉴定人

鉴定人是大陆法系实行的制度，为了保持鉴定人的中立性，鉴定人往往由法院来选任。例如，德国《民事诉讼法》第404条规定，法院有权选任专家。大陆法系的鉴定人往往具有官方色彩，鉴定人是一种中立的法官辅助人，其活动的方式和范围

都受制于法院的指示。[1]鉴定人也属于回避的对象,鉴于法院专家在德国民事诉讼中扮演着极为不同的角色,当事人可以以其与案件存在利害关系或持有偏见为由,像撤换法官那样撤换法院任命的专家。[2]

专家证人是英美法系的概念,形成于不同诉讼模式之下的专家证人与鉴定人具有较大的差别。专家证人由当事人聘任,专家证言是当事人向法院提供的证据资料,专家证言的证据性质使得专家证人必须在法庭上接受双方近乎残酷的交叉询问,法官在当事人双方专家证人的激烈交锋中理解专业问题并理解事实真相。而鉴定人一般由法官选任,虽然鉴定人也属于鉴定方法的一种,但由于缺乏专业知识的法官过分地信任鉴定人,更由于大陆法系诉讼缺乏激烈的当事人对抗机制,鉴定人的鉴定意见往往会转化为最终的裁判结论。

当然,随着社会的发展,专家证人制度和鉴定人制度各自的缺陷又促使两者向着对方的方向发展。激烈的法庭对抗本来是专家证人制度中去伪存真的机制,但过度激烈的对抗又阻碍了法院发现真相,因此英美法系国家需要通过调整专家证人的立场,设立单一联合专家证人(single joint expert)和法庭顾问(assessor)等方法以弱化对抗,增强法官对专家证人的控制能力。[3]对鉴定程序的控制本来是大陆法系的优势,但在缺乏对抗的情况下法官无法有效的鉴别鉴定意见的真伪,使许多存在

---

[1] 参见[德]罗森贝克等:《德国民事诉讼法》(下),李大雪译,中国法制出版社2007年版,第908页。

[2] Sven Timmerbeil, "The Role of Expert Witnesses in German and U. S. Civil Litigation", 9 Ann. Surv. Int'l & Comp. L. p. 179.

[3] 而"法庭之友"(amicus curiae)是在案件审理过程中,运用自己的知识向法庭递交意见书,提供法庭尚未知悉的事实问题或者法律问题,协助法庭解决问题、作出公正裁决的人。

瑕疵的鉴定意见转化为裁判结论。所以，以意大利为代表的大陆法系国家通过强调当事人对鉴定人的交叉询问以增强鉴定程序的对抗性，希望通过一定程度的对抗使法官得以有效鉴别鉴定意见的真伪。[1]

2. 专家证人与专家辅助人

专家证人作为英美法系的制度，从根本上来说也是一种专业辅助人。由于英美法系国家实行当事人主义，奉行竞技正义理论（sporting theory of justice），法官消极中立，专家证人一般由当事人聘请，当事人与专家之间存在更密切的关系。一个专家越规矩、越中立，也就越不会被任何一方当事人所聘请。[2] 当事人可以聘请多名专家，专家证人应当出庭接受双方的交叉询问。

而专家辅助人系大陆法系的概念，是指根据诉讼双方申请并经法院同意，出庭代理聘请方就专业性问题进行陈述、解释、说明以及对有关鉴定意见或其他涉及专业性问题的证据发表质证意见的专业人员。大陆法系实行职权主义，法院和法院专家之间是一种密切关系。在德国民事审判程序上，在绝大多数情况下只有一位专家在庭审调查过程中作证，其通常是由法院任命的。[3] 法院只任命一位专家，其专业意见的唯一性将成为权威性的根本保障。

专家证人与专家辅助人有许多共同之处，例如：①基本因当事人的选任或者聘请参加诉讼；②要经法院的批准；③都有一定的偏向性，有可能沦为当事人的"枪手"。但是二者的区别在于，专家证人的法律地位是证人，以专业意见的形式作证，

---

[1] 参见徐继军：《专家证人研究》，中国人民大学出版社2004年版，第19页。

[2] 参见［德］米夏埃尔·施蒂尔纳编：《德国民事诉讼法学文萃》，赵秀举译，中国政法大学出版社2005年版，第676页。

[3] Sven Timmerbeil, "The Role of Expert Witnesses in German and U. S. Civil Litigation", 9 Ann. Surv. Int'l & Comp. L. p.181.

要接受双方的交叉询问。而专家辅助人处于协助的地位,对专业问题和鉴定意见发表意见。

另外,专家证人与律师不同,律师可以或就应该成为"雇佣枪手"(hired guns),律师的职责就是在充满敌意的诉讼中维护雇用自己一方的最大利益。而专家证人的职责是说出事实,整个事实而且只有事实,尽管司法程序中并没有对专家证人作过多要求,但他们仍然要避免成为控辩双方中任何一方的利益维护者。专家证人应当明确其专业背景和伦理道德之间的冲突,并在二者之间做出平衡,否则专家证人的自我定位就可能出现偏差,并且做出一些经不起实践检验的鉴定意见,甚至导致伦理道德的沦丧。[1]

综上,在专家证人和鉴定人、专家辅助人的关系上,专家证人的概念具有统帅性,我国的鉴定人制度和专家辅助人制度应当借鉴英美的专家证人制度,吸收专家证人制度的精华,优化我国司法中的专门知识认定制度。

(二) 法庭科学工作者作为专家证人

法庭科学工作者(鉴定人)是最常见的专家证人,他们常常通过教育背景和培训经历来证明自己的职业资格。法庭科学家最初的职业可能是化学家、物理学家或者生物学家等,这似乎是在否定法庭科学本身是一门科学或者一个系统的知识体系。

法庭科学工作者可能身负重任,包括:①从犯罪现场收集样本;②检验样本;③分析结果;④把分析结果转化为与某一特殊案件相关的证据。在上述工作任务的任何一个环节,问题都有可能产生,其中前三项工作都是技术问题,最具挑战性的是第四个任务。也正是最后一个工作任务,使得法庭科学与其他学科得以

---

[1] 参见〔美〕菲利普·坎德利斯、罗伯特·温斯托克、理查德·马丁内斯:《法庭伦理学与专家证人》,杨天潼译,中国法制出版社2013年版,第21页。

区分。其他学科的科学家只关注于一系列可重复的实验，使用古典统计学方法进行处理，看可以得出什么样的结果。甚至连统计学家们，虽然他们可能被视为数据解释方面的专家，但是关于其工作内容的经典表述，也仅仅是通过大量的测试判断某些事件的发生频率。与之相反，法庭科学工作者必须针对某一不可重复的事件的各种特点假设，评价某一证据对其支持的强度。

从法庭科学的科学性角度出发，那些不考虑把分析结果转化为与某一特殊案件相关的证据任务的科学家是不够专业的，无论其在自己擅长的领域中多么出色。换句话说，对于那些自认为在血迹分析、玻璃分析等方面堪称专家的法庭科学工作者，一定需要了解必要的证据解释途径。不应该将概率论和似然率原理简单的看作统计学工具，而应将其视为在法庭科学领域进行证据解释的"利器"。只有如此，专家们在法庭科学领域的专业能力才能获得认可。[1]

（三）专家证人的作用

专家证人基于通过专业学习或者特殊培训而获得的知识和经验提供证据，这些知识和经验允许其以某种方法，对事实认定者感到不明白的数据进行拼合或者解释。专家证人在事实认定过程的任何阶段都起作用：[2]

（1）专家可以生成证据性事实本身。例如，对物质进行分析的化学家，在水污染或者毒品的刑事诉讼中，对实物的化学成分进行的分析。从事血液或者组织分析的医务工作者提供的分析报告等。这些个人为事实认定者提供基本事实，其分析报

---

〔1〕 参见［美］伯纳德·罗伯逊 G. A. 维尼奥：《证据解释——庭审过程中科学证据的评价》，王元凤译，中国政法大学出版社2015年版，第272、273页。

〔2〕 参见［美］罗纳德·J. 艾伦、理查德·B. 库恩斯、埃莉诺·斯威夫特：《证据法：文本、问题和案例》（第3版），张保生、王进喜、赵滢译，高等教育出版社2006年版，第721页。

告本身就是一项证据。

(2) 专家可以教导事实认定者有关得出证据性事实的推论，所需要的专业或科学信息。例如，关于汽车结构的安全性，工程师可以针对构件金属的张力作证。医学专家教给事实认定者关于疾病症状的含义等。专家证人可以辅助事实审判者理解专业问题。

(3) 最常见的当然也是最不合理的，专家会向事实认定者提供其也许会服从的推论和结论。专家虽然不能就法律问题发表意见，但是其关于最终争点的判断有时会起到关键作用。例如，对刑事被告人精神健全作证的心理学家，对水污染损害健康作证的科学家等，在两位专家互相冲突又都具有科学高深的结论之间，事实审判者也许大多数是根据一时的灵感，来选择服从和接受其中一位专家的意见。

鉴于专家所起的作用如此广泛，在当今的审判中无处不在，就不足为奇了。尤其在从"神证""人证"，发展到"物证"的今天，科学证据无疑发挥越来越重要的作用。在某种程度上，德国法官已变得不再独立，因为法官缺乏专业技术知识，所以法官必须信任法院专家。

当然，专家证人制度也存在一些消极方面，经验表明，那些持相反意见自称是专家的人，对所涉及的问题他们不是尽量去澄清而是使问题变得更加令人费解。在对立的专家之间存在不同见解能够有助于表明，在专业科技领域存在极端观点上的分歧，但是这种现象的确使得事实裁判者感到困惑不解。[1]同时，美国模式的主要不足之处在于，其容易产生带有偏见性、缺乏客观性的证言。此外，美国的体系严重依赖当事人的能力，或者更准确地说，严重依赖于律师抨击对方专家证人的可信度以

---

[1] T. Dunkelberger & S. Curren, "Debating Court-appointed Experts", N. Y. L. J., Feb. 13, 2001 at S8.

及尽可能削弱其影响力的技能。[1]

二、专家证人的资格

在英格兰地区的法院审判中,人们关注的并非专家证人过去从事的职业是什么,而是他目前是否有能力提供有价值的证据。所有的专家证人在开始正式陈述之前,都会通过详细介绍自己的教育经历、培训经历、写作经历以及相关专业经历(包括作为专家证人的经历)的方式,证明自己的能力。法院可以通过上述信息中的部分或者全部,作出此人是否是专家的判断。

在美国,对专家证人的资格认定也一直实行无固定资格原则,美国对专家资格的认定完全由法官进行自由裁量,不像我国的鉴定人有专门的准入条件。

(一)专家意见证言的基础

专家证人发表专业意见的基础是什么?这些事实和数据有什么要求?美国《联邦证据规则》第703条规定,[2]专家意见所依据的事实或数据资料,可以是该专家意识到或者亲身观察到的案件中的事实或者数据资料。如果特定领域的专家就某事项形成意见时将合理依赖那类事实或者数据资料,则该事实或者数据资料不需要具有可采性来使该意见被采纳。但是,如果事实或资料本来不可采,则只有在法院确定其在帮助陪审团评价

---

[1] Sven Timmerbeil, "The Role of Expert Witnesses in German and U. S. Civil Litigation", 9 Ann. Surv. Int'l & Comp. L. p. 179.

[2] 《联邦证据规则》第703条的原文为: An expert may base an opinion on facts or data in the case that the expert has been made aware of or personally observed. If experts in the particular field would reasonably rely on those kinds of facts or data in forming an opinion on the subject, they need not be admissible for the opinion to be admitted. But if the facts or data would otherwise be inadmissible, the proponent of the opinion may disclose them to the jury only if their probative value in helping the jury evaluate the opinion substantially outweighs their prejudicial effect.

意见方面的证明价值严重超过了其损害效果的情况下，意见提出者才可以将其披露给陪审团。由此，专家证言的基础，可以分为三类：一是在审判前通过亲身观察或者学习获得的事实或数据资料，例如，医学专家通过临床观察，提出关于死亡原因的结论；二是在审判时获得的事实或数据资料，即意识到或观察到的事实或数据资料；三是特定领域的专家所合理依赖的事实或数据资料，即第二手信息。也就是说，专家证言的依据有三项：①专家的亲身知识；②由记录的证据所支持的假定的事实，尤其是以假设性问题形式存在的事实；③审判之外的专家所提供的信息。

专家证人可以依据其亲自观察的事实来发表意见，也可以以已被引用采纳的证据作为自己意见的根据，如果对该证据没有争议的话。在美国联邦和那些采纳了《联邦证据规则》第703条的州，专家证人可以把审判或听证前已得知的资料作为其意见的根据。同时，专家的这一材料本身无需作为证据被接受，甚至不必具有合法可采性，这类材料是指专家在某特定的学科中形成意见或推论所需合理依赖的材料。因此，专家证人被赋予可以依赖部分传闻证据的权利，如控方的精神病学家可根据医疗仪器做出的图谱，其他精神病学家的会诊报告或其他观察被告的专业人员的描述，做出被告患有精神病的意见。（美国诉菲利普斯案，1981年）但是，如果专家完全以传闻证据作为自己意见的依据，那么就剥夺了被告可以对专家所作意见的根据进行交叉质证的权利，这种情况属于违背美国宪法的规定。（美国诉劳森案，1981年）很显然，专家不能以缺乏真实性因而不可采的材料作为自己意见的根据。[1]

---

[1] 参见［美］乔恩·R. 华尔兹：《刑事证据大全》，何家弘等译，中国人民公安大学出版社2004年版，第440页。

根据美国《联邦证据规则》第703条，如果事实或数据资料是特定领域的专家就某事项形成意见或者推论时所合理依赖的那些事实或数据资料，那么该事实或数据资料不需要具有可采性，就可使该意见或推论被采纳。这一合理依赖标准扩大了专家证言的可采性，是一个重要的创新对实践有重要影响。它减少了对专家第一手知识的要求，第一手知识的残缺不再是专家作证的障碍。在面对证据法律要求（如传闻规则）与其他学科的惯例（如医院背景下对传闻报告的信赖之间）的冲突时，普通法倾向于要求其他学科的证人改变其做法。这意味着他们的证言只能依据具有可采性的证据。在很大程度上，这是诉讼程序假设问题模式的要点。要求其他学科遵循法律要求的缺点在于，其可能使完善可靠证据的获取更加困难而且成本更高。[1]《联邦证据规则》的起草者在第703条中摒弃了普通法的这一要求，规定专家可以根据在法律上不可采的数据资料作证，只要该数据资料是特定领域的专家所合理依据的一类事实或数据资料。

在确定专家对上述事实或数据资料的依赖是否合理时，证据提出者必须满足两方面的要求：一是这种类型的事实或数据资料是该领域的专家通常依赖的事实或数据资料，二是这些事实或数据资料具有足够的可靠性。[2]

（二）对专家意见依据的事实或数据资料的披露

美国《联邦证据规则》第705条规定，[3]除非法院另有命

---

[1] See Ronald J. Allen, Richard B. Kuhns and Eleanor Swift, *Evidence: Text, Cases, and Problems*, 757 (3rd ed. 2002).

[2] 参见王进喜：《美国〈联邦证据规则〉（2011年重塑版）条解》，中国法制出版社2012年版，第224页。

[3] 《联邦证据规则》第705条的原文为：Unless the court orders otherwise, an expert may state an opinion — and give the reason for it — without first testifying to the underlying facts or data. But the expert may be required to disclose those facts or data on crossexamination.

令，专家可以陈述意见，并说明作出该意见的理由，而不需要首先就所依据的事实或者数据资料作证。但是，在交叉询问中，可以要求专家披露这些事实或者数据资料。本条规定了提出专家意见所依据的事实或数据资料的程序和时间问题，目的是简化提出专家证人的程序，增加专家证言的效果，给证据提出者更多的灵活性。在普通法中，一旦证人取得作为专家证人作证的资格，就要求在质询该专家的意见之前，引出该意见的根据。这个要求与意见是和基于可采证据的要求一起的，使得人们被迫使用假设问题。专家通常要被询问很久，所涉及的问题包含有询问者所归纳的证据，然后在此基础上提供意见。使用假设问题的方式可以保证意见所依据的前提是前面证言的主题，并且在提供意见之前，意见阐明了该意见的事实根据。但是这种方式也在审判中产生了明显的不自然。[1]"……花那么多时间来提出假设问题……以探究意见的依据，本身就是虎头蛇尾。"[2]本条规定最重要的革新，就是消除了对专家以回应假设问题的形式作证的要求。而探究专家意见所依据的事实或数据资料弱点的证明责任，由对方当事人承担。[3]

案例一：

在非法持有枪支案件审判中，控方的指印专家说明了其专业背景、进行指印分析的一般科学基础，以及用于指印鉴定的特定比对技术，然后说在被告被逮捕时查获的枪支上的指印与

---

[1] See Ronald J. Allen, Richard B. Kuhns and Eleanor Swift, *Evidence: Text, Cases, and Problems*, 755 (3rd ed. 2002).

[2] See Christoper B. Mueller & Laird C. Kirkpatrick, *Evidence*, §7.14 (3rd ed. 2003).

[3] 参见王进喜：《美国〈联邦证据规则〉（2011年重塑版）条解》，中国法制出版社2012年版，第231页。

被告的指印样本匹配。在上诉法院审理时，上诉法院判定采纳该指印专家的证言没有错误，即使对该结论没有更为详细的说明，因为根据《联邦证据规则》第705条，揭示专家意见所依赖的基础，要由交叉询问者进行。[1]

案例二：

海员因为后背受伤起诉了雇主，在上诉中，被告辩称原告的专家证人回答的是假设性问题，这不当地假定了在证据中不存在的事实。上诉法院判定，被告的主张没有价值，因为法庭记录表明有足够的事实支持上述假设。此外，根据《联邦证据规则》第705条，被告方承担对专家证言所依据的事实和数据资料进行弹劾的责任，而他们在对该专家证人的交叉询问中，未能发现与假设问题不一致之处，未能就所称的问题提请法院注意。[2]

在上述两个案例中，专家可以陈述意见，并说明作出该意见的理由，而不需要首先就所依据的事实或者数据资料作证。对依据事实或数据资料进行反驳的证明责任，由对方当事人承担。本方律师在进行主询问时，可以提出假设性问题，尽管这不为《联邦证据规则》所鼓励。

（三）关于专家证人资格的交叉询问

只有当专家证人证实自己在该领域范围内是一个真正的专家时，他的意见证言才可以得到确认。在证人作证之前，本方律师必须提出必要的基本问题，以引出该证人所接受过的训练、经验和专门性技能等，律师称之为诉讼中的"证人专家化"。

在本方律师对证人进行主询问以确定专家资格结束之前，

---

[1] See United States v. Havvard, 260 F. 3d 597 (7th Cir. 2001).

[2] See Toucet v. Martime Overseas Corp., 991 F. 2d 5 (1st Cir. 1993).

反方律师有打断的权利,从而进入针对专家化的交叉询问,所有的提问严格限定在有关证人作为专家的资格方面。

例如:

公诉律师:"如果可以的话,请讲出你的全名。"

答:"弗雷德·斯蒂兹。"

问:"你住在哪里,斯蒂兹先生?"

答:"住在芝加哥伊利诺伊州西帕文街 373 号。"

问:"你的职业或专业?"

答:"我是一个文件检验者。"

问:"你的工作内容有哪些?"

答:"我检验有争议的文件,对它们的真实性作出认定。检验打字机文件和文件中字迹以及是否刮擦过等问题,并检验纸张、钢笔和墨水等。"

问:"你从事这一职业有多长时间?"

答:"从 1965 年开始。"

问:"你是专职从事这项工作吗?"

答:"是的。"

问:"以前你曾经在法庭上做过关于文书检验问题的证明吗?"

答:"我在加拿大的 42 起案件中作过证。"

问:"作为一名文件检验者,你受过专门训练吗?"

答:"哦,是的。我读过关于文检问题和我提到的有关学科的书籍,学过显微镜、墨水及其制造、纸张及其制造和照相的知识。拥有所必需的装备,有一个办公室和一个实验室作为工作及与在该领域中的其他专家经常交换意见的场所。"

问:"你的办公室和实验室在哪里?"

答:"在芝加哥北潘尼尔街 662 号。"

问:"你可以比对已知书写人笔迹和未知书写人笔迹并对其是否同一书写人作出鉴定结论或者倾向性意见吗?"

答:"是的。"

问:"那么我将向你出示第3号证据以进行同一认定。"

辩护律师:"如果可以的话,请等一等,我可以向这位证人提几个问题吗,法官阁下?"

法官:"可以。"

辩护律师:"斯蒂兹先生,你参加过讲授如何成为笔迹专家的专门学校吗?"

答:"没有,我认为没有。"

问:"那么你没有能够证明你在学院或者大学里专门学习过的学位或证书?"

答:"没有。"

问:"你的专门性证明只是根据你自己在检验文件中的经验吗?"

答:"是的,我读过这方面的书,因此我可以进行。"

辩护律师:"好,我们不坚决反对这位证人的证言,法官阁下。"

法官:"如果这意味某种异议的话,该异议被驳回。"[1]

在上例中,本方律师从专家证人的职业、从业时间、从业经历、作证案件的数量、接受过的培训等方面进行主询问,引出证人的专家资格。反方律师则从其毕业学校、学位证书等进行反询问,也运用了诱导性询问,对证人的专家资格提出质疑。最后,辩护律师的异议被法官驳回。

---

[1] 参见[美]乔恩·R.华尔兹:《刑事证据大全》,何家弘等译,中国人民公安大学出版社2004年版,第433-435页。

(四) 专家证人资格的协议认可

有时律师意识到对方的专家证人比较资深权威，具有给人深刻印象的可信度，以至于会使事实审理者肃然起敬，就会试图阻止其再听取有关可信度的描述。律师达到这一目的的方法就是通过协议积极的认可，或同意该证人具备作为专家证人的全部资格。这种策略通常不会获得成功，因为对方律师没有义务接受这种认可，除非协议规定该专家证人作证的权利不受限制。律师有权及相当具体的证明其专家证人的资格，而仅仅协议认可则不能使该证人得到全面展示，有经验的律师都知道在有专家之战的案件中，具体说明其专家所接受的培训和经验是非常重要的，因为事实审理者必须权衡每一方专家证言的分量，只有当他们有条件比较专家证人的相对资格时，才能合理地分配证据的分量。

例如：

问："大夫，请告诉陪审团你的全名好吗？"

答："杰弗里·埃迪。"

问："你住在哪里？"

答："伊利诺伊州芝加哥市，西艾迪生820号。"

问："你的职业？"

答："内科医生和外科医生。"

问："你在医学实践中的专长是什么？如果有的话。"

答："我擅长神经外科。"

问："我们回到刚才的问题，埃迪大夫，你从事医学多长时间了？"

答："到4月份整整13年。"

问："你毕业于哪所医学院？"

答："芝加哥西北大学医学院。"

问:"你读过研究生吗?"

对方律师:"请让我说一句,我们愿意认可那位埃迪大夫是合格的神经外科医生,并且可以在此作证。"

询问律师:"我们宁愿自己来证明这一点,法官阁下。陪审团有权了解他在医学和神经外科方面的培训和经验,他们必须决定给他的证言多大分量,也许要与另一方所传唤专家的证言相比较,没有全面了解他的资格,他们便不能非常好的作出这一决定。"

法官:"如果你接受该认可的话,可能会使这事进展得快一些,律师,但我不能强迫你这样做,你可以继续证明该证人的资格,就是不要再谈及太具体的问题。"

询问律师:"非常好,法官阁下,我们会约束自己,只问最重要的问题。埃迪大夫,你受过研究生教育吗?"

对方律师:"根据我们提出的认可,我们反对律师继续问此问题,法官阁下。"

法官:"驳回。"[1]

在上例中,本方律师从专家证人的职业、任职时间、专业特长、毕业院校进行主询问,面对该专家证人的强大权威,以避免进一步影响其在事实审理者心目中的分量,反方律师选择了主动认可专家的资格。但这一认可被本方律师拒绝,"我们宁愿自己来证明这一点"。法官也不能强迫本方律师同意,尽管认可有助于效率的提高。最后,本方律师继续围绕专家证人的资格展开主询问。

---

[1] William T. Pizzi, "Expert Testimony in the U.S.", 145 New L. J. 82, 83 (1995).

三、专家证人的适用范围

在民事案件中,最常使用专家证据的内容有:损伤的存在、特征、程度和原因,损伤的恢复程度,精神病,行业标准和工艺水平,专业护理的标准,产品的设计和检验,一方当事人的认知和意图等。在刑事案件中,专家证据的使用领域主要包括病理学、化学、毒物分析,生物学,痕迹学,弹道学和枪支火器学,等等。

由于现实生活的复杂性和多样性,使事实审理者在某些情况下必须有专家的帮助才能处理案件,许多案件中有关技术方面的问题已远远超出事实审理者的能力。只有在事实认定者无法独自作出判断性结论或者很是勉为其难时,专家证人和他们的意见才具有可采性。这也是美国西北大学威格默尔的观点,"我们采用的仅仅是一种概括性的原则,即法庭只要被告知在没有该专家证人的帮助下仍完全能作出判断,那么该专家的证言就是多余的,并应被排除在外。"

加拿大一个判例便是对此行为的一个很好说明,在贾纳州诉库兹麦克案(1954 年)中,被告被指控犯杀人罪刑,他辩解说是意外事故,而一个内科医生证明在死者的脖子和手上的伤口是由刀造成的,但他却进一步说,"我想当刀刺入死者脖子时,死者的手正放在脖子的后背处"。该加拿大法庭裁定内科医生在此问题上发表的意见不当,因为这一句意见证言只不过是普通人都可作出的推测,而不是必须需要有专门性学习或经验的人才可以作出的。[1]

同时,如果专家提供的证言不是其被认可的擅长领域,那

---

[1] 参见 [美] 乔恩·R. 华尔兹:《刑事证据大全》,何家弘等译,中国人民公安大学出版社 2004 年版,第 431 页。

么不管其证言是否客观真实，都被视为不可采信。[1]因为每个案件涉及专业知识领域的特殊性，在彼案中经过层层审查成为适格的专家证人，并不能当然在此案中作为适格的专家证人。一旦证人不能充分证明其专业知识与案件事实之间的相关性和充分性，法官应毫不犹豫地拒绝其作为专家证人提供证言。[2]

在美国，专家证人分为两类：一是不需要出庭作证的专家（Non-testifying expert），或者叫咨询专家（consulting expert）；二是出庭作证的专家（testifying expert）。不出庭的专家受到"工作成果保护（豁免）原则"的约束而免予参加证据开示，并可以在证据开示期日前转为出庭作证专家。而出庭作证专家需要参加证据开示并出庭，在出庭时，需要提交其在相关领域的资格证书并接受检验，以证明其专家能力，对方律师可以通过预先审查来质疑专家的适格性。[3]

一方面，事实裁判者对专家证人不能有排斥心理，对自己不通晓的专业问题要聘请专家和向专家请教。"知之为知之，不知为不知"，如果法官就专业问题不乐意借助于专家证人，这本身就不是专业法官的素养。另一方面，事实裁判者对专家证人也不能有过于依赖的心理。专家证人不能僭越专业的范围，不能就法律问题发表意见。

对于专家意见的范围，有两种模式：一是超出外行人理解标准，即专家意见的内容必须超过陪审团所掌握的知识范围，属于普通人的常识和经验范围之外，必须既是必要的又是无法

---

[1] Perez v. State of Nevada, 313 P. 3d 862 (2013).

[2] Maria Vouras, Examination of Expert Witness, George Mason American Inn of Court, Feb. 23, 2000.

[3] Eri J. D., Christopher, "What are the Differences Between an Expert Witness and a Consultant non Testifying Expert", Forensic Group. Retrieved, 19 November 2013.

避免的；如果关于某事项的专家证言被合理地认为处于裁判者的常识和经验范围之内，则不需要专家的帮助。二是帮助事实裁判者标准，威格摩尔就曾强烈批判普通法以超出外行人理解标准对专家意见进行限制的做法，认为只要专家证言对事实裁判者起到帮助，就应被采纳为证据。美国《联邦证据规则》702条采纳了这种观点，规定如果专家证言能帮助事实裁判者理解证据或确定争议事实的话，便具有可采性，这一帮助事实裁判者标准是对专家证言内容上的宽松要求。

在我国司法实践中，产生了法官对专家意见的盲从甚至推卸责任的现象，将本应事实审理者裁判的事实交由专家认定，这走向了另一个极端。

例如，一位资深鉴定专家就曾指出：

> 司法鉴定实务中出现一个怪圈——什么问题都要鉴定，但是实践当中又没有法规和规则去界定鉴定范围，所以我们在鉴定当中就会与法官和委托人之间对于鉴定范围这一问题存在争议。比如我们在长沙做的一个案子，一个冷库的钢结构的厂房，当时接到任务是他们只要求我们做钢结构厂房质量的鉴定，当我们根据钢结构的原理和具体建设情况出具了质量问题的结论后，法官说他无法据此分清是甲方责任还是乙方责任，没办法定损，也没办法确定赔偿数额，要求我们做具体的责任多大、修复费用的估价。我们鉴定中心只做质量鉴定，而在中国行政权力比较强，定损、估价等必须有质监局和物价局的评价中心来评估，而要对图纸进行认定的话，必须要由设计院认定。我们把道理跟法官讲，他不理解说，"你们既然能够鉴定，就什么都可以做，你们做就一定要做完，我们要凭你们的鉴定结案"。这样一来，就感觉在鉴定这一块，什么都要做。这就是鉴定的范围没有一个限定，然后很多东西，没办法给出一个结论，如

一些正在发展的技术,还没有达到成熟的程度。

以上实例说明鉴定范围没有具体规定,鉴定专家对证据的盲从以及法官对于科学证据采用的盲从也对证据学、诉讼法带来了影响。首先,鉴定随意性、可变性相当大,包括经验性的、主观性的。其次,在实务中最大的麻烦就是鉴定范围问题,哪些该做,哪些不该做,鉴定专家应该做的事情是什么?也就是说法官想把责任转嫁,但实际上又不可能。而作为实务者,法律法规对于鉴定人却没有相应的承认和保障。这几年在鉴定中总结了一些经验,得到某些机构的认可。[1]

可见,明确鉴定的范围至关重要,哪些需要专家、哪些不需要专家,都是在是否聘请专家证人时首先考虑的问题。按照我国最高人民法院2020年5月1日实施的《最高人民法院关于民事诉讼证据的若干规定》,专门就鉴定范围提出了规范,要求人民法院在确定鉴定人后应当出具委托书,委托书中应当载明鉴定事项、鉴定范围、鉴定目的和鉴定期限。

四、专家证人的选任

关于专家证人的产生和选任,主要有以下三种方式:

(一) 当事人委托专家证人

专家证人一般由当事人选任,美国《联邦证据规则》第706条(e)规定,即使是法院指定专家证人,也不限制和妨碍当事人传唤自己的专家。当事人可以选择观点对自己有利的专家,这被称为"选购专家"(expert shopping)。当事人对寻找最好的科学家并不感兴趣,最感兴趣的反而是寻找最佳的证人。其至

---

[1] 参见姜志刚、张斌、丁杰:"科学证据批判",载何家弘主编《证据学论坛》(第9卷),中国检察出版社2005年版,第220-221页。

有学者坦言,在美国民事诉讼上,通常情况下原告要寻找在科学观点上持极端立场的专家,而被告则要寻找正好持恰恰相反的极端立场的专家。[1]这一定程度上也造成了专家证人的偏袒性问题。

(二) 法院指定专家证人(Court-Appointed Expert Witnesses)

英美法系实行当事人主义,法院指定专家证人的情况相对较少,但也存在这方面的可能。在英美两国,法院指定专家证人主要有三种形式:①英国海事法院中的技术陪审员 (the assessor of English Admiralty Court);②英国高等法院家事分庭中的专家 (the court appointed expert in the Family Division of the English High Court);③美国《联邦证据规则》第706条规定的法院依职权任命的专家 (The court may appoint…any of its own choosing)。对于第一种情况,英国的技术陪审员所提供的意见不是证据来源,他们可以作为合议庭成员,坐在任命法官的右边,向法官提供未经宣誓的专业意见,既不行使事实与法律的裁判权,也不接受双方当事人代理律师的交叉询问,是准司法性的。而第二和第三种形式属于证据来源,也要接受双方的交叉询问。

美国《联邦证据规则》第706条"法院指定专家证人"规定如下:

(1) 指定程序。法院可以根据当事人的动议或者自行决定,命令当事人说明为什么不应当指定专家证人的理由,并可以要求各方当事人提出提名。法院可以指定经各方当事人同意的任何专家证人,也可以指定自行选择的专家证人。但是法院只能

---

[1] 参见 [美] 乔恩·R. 华尔兹:《刑事证据大全》,何家弘等译,中国人民公安大学出版社2004年版,第431页。

指定同意充任专家证人的人。[1]在实践中，绝大部分指定中立专家的程序都是由法院启动的，在 61 起指定专家证人的案件中，54 起是由法院启动，只有 7 起是由当事人提出的（其中，2 起由原告提出，2 起由被告提出，3 起由双方当事人共同提出）。[2]

美国联邦审判法官可以要求诉讼双方当事人提交可以候选使用的专家证人姓名，若专家证人由法官指定，被告人或公诉机关不认同的，法院可以要求他们说明理由。法官可以经当事人同意指定专家证人，也可以指定自己选择的证据证人。法院指定的专家证人，其职责由法官告知，可以用书面形式告知，也可以在双方当事人有机会参加的会议上告知。法院指定的专家应将其作出的鉴定意见告知当事人，并应审判法官或当事人的要求提供证言，法院指定的专家同样也受任何一方当事人的交叉询问。

（2）专家的角色。法院必须告知专家其专家职责。法院可以以书面形式进行该告知并将该通知复制件交法院书记员存档，或者在所有当事人都有机会的会议上口头告知上述职责。该专家：①必须就专家作出的任何研究结果告知当事人；②可以为任何当事人进行证言存录；③可以为法院或者任何当事人传唤作证；以及④可以为任何当事人交叉询问，包括传唤该专家的

---

[1] 这一条的原文为：(a) Appointment Process. On a party's motion or on its own, the court may order the parties to show cause why expert witnesses should not be appointed and may ask the parties to submit nominations. The court may appoint any expert witness that the parties agree on and any of its own choosing. But the court may only appoint someone who consents to act.

[2] Joe S. Cecil & Thomas E. Willging, *Court-Appointed Expert: Defining the Role of Expert Appointed under Federal Rules of Evidence* 706, Federal Judicia Center (1993), p. 29.

当事人。

(3) 报酬。专家证人有权取得法院确定的合理报酬。该报酬的支付如下：①在刑事案件和涉及宪法第五修正案规定的合理报酬的民事案件中，由法律规定的资金支付；以及②在任何其他民事案件中，由当事人依照法院规定的比例和时间支付，其支付方式与其他费用的支付方式相同。

具体而言：其一，在土地征用案件和刑事案件中，法院指定专家证人的费用由国库承担；其二，在其他民事案件中，法院指定专家的费用应当由当事人支付，双方的支付比例及时间由法院确定，法院可以对应何时向指定专家证人支付费用进行自由裁量；其三，如果民事案件的一方当事人因为经济原因无法支付指定专家费用的话，会对法院指定专家的使用造成障碍，这时实践中法官会做出一定的权衡，一般只有在经济困难一方的主张有一定的优势，或者另一方同意支付中立专家的费用时，才会在这种两难情况下指定专家。

(4) 就指定对陪审团进行披露，法院可以就法院指定专家授权向陪审团进行披露。联邦司法中心的调查表明，法官一般都会向陪审团进行披露，但同时也会向陪审团就指定专家证言的证明力做出详细的指示："你不能仅仅因为该专家是法院指定的独立的证人，就认为其所出具的意见比其他专家证人的意见具有更强的证明力。在对法院指定专家的证言进行评判的过程中，应将其与其他的专家证言平等对待，对其意见的基础和特征作出仔细而审慎的考量。"[1]

(5) 法院指定专家证人与当事人聘请的专家证人之间的关系，《联邦证据规则》706条（e）规定，本规则并不限制当事

---

[1] See Monolothic Power Systems, Inc., v. O2 Micro International Ltd., 558 F. 3d 1341, 1348 (Fed. Cir. 2009).

人传唤自己的专家，法院指定的专家证人并没有取代当事人聘请的专家证人，也不会破坏对抗制体系的基本结构。

法院指定专家证人，主要出于以下几个方面的考虑：[1]①当事人可能因为财力等原因无法获得专家的帮助；②当事人自行提供的专家证人，可能是最好的证人，但不是最好的专家；③在两个相互矛盾的解释同时出现的情况下，陪审团可能无法决定哪一个为正确，当证据涉及比较高深的技术性问题，且双方当事人购买专家来支持己方观点时，如果还期待陪审团能对相互冲突的专家证言做出评判的话，这种想法是非常幼稚的；④使用中立的专家有利于解决纠纷，法院指定医学专家证人的做法旨在促进涉及专门性问题争端的解决，同时防止当事人聘请的具有对抗偏见的专家提供欺骗性或夸大的言论；⑤对当事人雇佣的专家存在不信任，这可能是法院指定专家证人最重要的因素。经验表明，只要付钱双方当事人就能从聘请的专家那里得到相对立的意见。选购专家的做法，某些专家的受贿行为，以及许多著名的专家不愿涉身诉讼，这些现象都引起了深深的忧虑。由于对当事人聘请专家的中立性的怀疑，法院对自己选任的专家存在天然的信任感。法院委任中立的专家，想解决这种棘手的问题，为了迎合雇佣方的意愿或者利益，有经验的专家证人可以随意地掌控其专家证据，那种轻而易举、那种细致贴切，常常令人惊诧不已。

英美法学者登克尔伯格（Dunkelberger）等提出，法院专家充当的角色无非是给陪审团担任翻译，解释所涉及术语中的原理，以便陪审团能够理解而不去顾及各方当事人所片面强调的

---

[1] See Michael H. Graham, Evidence, An Introductory Problem Approach, 340-341 (2nd ed. 2007).

观点。[1]法院指定专家证人有时可能会避免诉讼中的窘境,即专家证人之战。事实上有些专家证人对金钱的胃口很大,"有钱能使鬼推磨",当事人可以重金买到愿意投靠其麾下的专家证人。所以,许多声誉好的专家不愿意卷入诉讼之中。相反,人们给法官指定的专家证人套上了公正中立的美名,虽然盛名之下其实难副,但趋势是指定的专家证人越来越受欢迎。审判法官可以指定一个客观中立的专家,在案件中尽量在当事人和律师中产生一种严肃认真的作用。[2]当然,法院对是否指定专家证人享有自由裁量权,实践中法院指定专家证人的情形并不多见。

同时,法院指定专家证人也存在以下不足和批评:①法官与审理顾问之间暗箱操作,当事人无法知悉或提出异议;②多浪费金钱,因为多了一组专家;③法院委任专家或审理顾问的素质成疑,不少一流的专家或人才就是因为害怕被反询问而不肯做专家证人;④法官有违中立性。[3]

(三)单一共同专家(single joint expert)

单一共同专家又称为"双方当事人共同选择的专家",这是英国特有的制度。为了克服专家证人党派性的固有缺陷,英国设计了单一共同专家制度。单一共同专家与法院指定专家不同,其最大的区别在于,前者的选择权由双方当事人行使,而后者的确定选择权由法院依职权行使。

英国单一共同专家制度背后的基本指导原则,体现的是其《民事诉讼规则》首要目标中的适当性原则(the principle of pro-

---

[1] T. Dunkelberger & S. Curren, "Debating Court-appointed Experts", N. Y. L. J., Feb. 13, 2001 at S13.
[2] 参见[美]乔恩·R. 华尔兹:《刑事证据大全》,何家弘等译,中国人民公安大学出版社2004年8版,第451页。
[3] 参见杨良宜、杨大明:《国际商务游戏规则:英美证据法》,法律出版社2002年版,第534-535页。

portionality)。基于对涉案金额及案件复杂程度的考虑，只有当法官被说服，认为确有必要时才可在诉讼中利用专家。因而，在多数案件中，在每一个需要专家的专业领域中只能任命一位专家。由此，单一共同专家制度为适当性原则的一种逻辑延伸。[1]

（四）技术顾问（Technical Advisors）

技术顾问就专业问题向法官提供解释，他不是专家证人，不能像法院指定的专家证人那样在法庭上提出证据，不能进行任何独立的事实调查，不用进行开示，无需出庭作证和接受双方的交叉询问。

技术顾问的适用非常少，一般只有在遇到的问题非常特殊、极其困难和复杂，法官不能通过常规方式解决的情况下，才会指定技术顾问。例如，在产品责任诉讼中，联邦地区法院曾指定科学专家组作为技术顾问，帮助法官理解硅胶乳房植入物造成身体系统性损伤的原因。在一些专利案件中，法院也会指定技术顾问帮助解决一些复杂的科学和技术性难题。在医疗纠纷诉讼中，技术顾问用来帮助计算在生产过程中因医疗过失而受伤的婴儿未来的工作收入能力。帮助法官理解心理测量学、电脑生成的立法选区计划等特殊的问题。

五、专家证人的开示

专家证据的开示是证据开示中一个最为复杂的类别之一，因为其不仅包括对对方专家意见的了解，而且包含着对对方专家的身份、资历、工作经历、专家意见形成的过程和理由等诸多因素的了解，是所有证据开示种类中最为复杂、技术性要求

---

[1] D' Eirdre Dwyer, *The Judicial Assessment of Expert Evidence*, Cambirdge University Press, 2008, pp. 210-211.

最高、资源耗费最多的一种证据开示。

在英美国家,法院对专家证言的控制权已经从庭审中行使为主,转入到审前证据开示及发现中行使为主,或者说从一种公开的监督和控制逐渐演变为一种暗中的监督和控制。审前阶段专家证言利用规则的重要性逐渐超过其庭审中利用的规则,当然,就每个案件的当事人来说,还不存在那种要求开示所有事实问题的一般性法定义务,现行法律并未要求所有的专家报告都应在(各方当事人)之间进行交换。(法律)只要求代理律师将那些他们意图在庭审过程中作为依据使用的报告进行交换。[1]

在英国,如法院允许双方当事人提出专家证据,一般会(在案件审理分配时或在案件管理会议上)发出(相应的)指令。(该指令)会要求双方在某一特定日期交换专家报告……在例外情况下,(这些)指令可就后续专家报告的进一步开示作出规定。从(节省)费用的角度来看,此类法院指令是具有合理性的。其原因在于,(其他诉讼当事人)有可能会同意接受原告提出的(专家)报告。[2]

英国判例法规定,如(双方当事人)进行完专家报告交换后,若(一方当事人的)专家就案件的某一实体问题改变了观点,这一观点变化应及时告知对方当事人。此外,如双方的专家报告已被提交给法院时,这一情况也应及时通知法院。

同时,为了尽量减少专家之间的意见分歧,实现集中审理的目标,英国《民事诉讼规则》规定有专家证人之间的讨论会

---

[1] Carol A. G. Jones, Expert Witness: Science, Medicine and the Practice of Law, Clarendon Press Oxford 1994, p.177.

[2] Stuart Sime, A Practical Approach to Civil Procedure, 12th edition, Oxford University Press 2009, p.426.

制度。有时,(双方当事人)专家之间的表面分歧看起来比实际情况要大。通过(双方专家间举行的)不做记录的会晤(An off-the-record-discussion),缩小双方存在争议的领域及识别出双方专家之间还存在其他哪些争议的方式,常为审判法院提供一定的协助。[1]

英国《民事诉讼规则》规定,只有在合理需要时才准许专家证据,没有法院的批准当事人不能委任专家出庭作证或者以专家意见作为依据。当一方当事人向法院申请批准,就必须去说明,在某一方面或行业需要依赖专家证据。如可能的话说出谁是专家。如获法院批准,只能是列明专家或者说明行业的专家,不得私下更换专家。法院可以限制胜诉方能向败诉方要回来的专家费用金额,这会使很有把握胜诉的一方也不敢乱花钱,也会使有钱一方不去以花多钱来压迫较穷的对手。

六、专家证人的费用和培训

(一) 专家证人的费用

由于实践中多数法院对于首次作为专家证人出庭的专家资格的审查更为谨慎,这就促使律师采用各种行之有效的方式寻找相关领域的专家,其中由曾经合作过的专家推荐是一种低成本、可信赖的方式。

近年来,德国最高法院根据《德国民事诉讼法》第 91 条,通过要求败诉一方为胜诉方的专家支付合理的费用和要求法院关注当事人专家的意见,提升了当事人专家在庭审中的影响力。

英国《民事诉讼规则》将胜诉方当事人可从对方处索取的专家费用限定为每名专家 200 英镑,(小额案件中)对专家的利

---

[1] Stuart Sime, A Practical Approach to Civil Procedure, 12th edition, Oxford University Press 2009, p. 429.

用就大幅度减少。在美国,出庭作证的专家证人的收入比那些整理文件资料、为出庭作证做准备的专家证人的收入要高52%。出庭作证的专家证人平均每小时收费385美元,参加庭前听证的专家证人平均每小时收费353美元,整理文件资料的专家证人则只有254美元。一半以上的出庭和参加审前听证的专家证人都按最低工作小时收费,医学专家证人尤为如此。参加审前听证的专家证人最低工作小时的中间值为3小时,出庭作证的专家证人为4小时。2010年,美国最大的专家证人在线库存网站ExpertPages公司对来自全美39个州不同领域的350名专家的收费情况进行了例行调查,显示专家证人的平均工作是每小时312美元,较2009年的每小时308美元有小幅增长。其中医学专家证人的收费最高,平均每小时427美元,比2009年增长了4.6%。[1]

美国不到一半(46%)的专家证人要求委托方律师和他们签署书面的聘用合同。要求委托方律师签署书面服务费合同的普通证人数量(58%)超过医学专家的数量(31%)。在所有参与调查的专家证人中,绝大部分的专家(73%)或多或少都会获得委托方预付的聘用金,预付金的中间值为1500美元。在接受调查的专家证人中,大部分反映,在近五年来遇到过被聘请方或对方律师拖欠费用的问题。[2]

(二) 专家证人的培训

在美国,需要澄清的是,所谓训练专家(educating an expert)意味着将其需要用以作出可靠意见的信息提供给他。这并非是一种教导专家应提出何种意见或应如何在法庭上作证的委婉说

---

[1] http://expertpages.com/survey2010.

[2] 参见常林:《司法鉴定专家辅助人制度研究》,中国政法大学出版社2012年版,第291页。在我国,专家辅助人的费用由申请人承担,《最高人民法院关于适用〈中华人民共和国民事诉讼法〉的解释》第122条规定,人民法院准许当事人申请的,相关费用由提出申请的当事人负担。

法（euphemism）。但在对抗制下，这是个相当微妙的问题，原因很简单，尽管律师说服自己的专家接受其主张的做法是不恰当的，但代理律师确应保证其自身或其被代理人把那些有利于本方的事实提供给专家（使用）。[1]

专家证人需要有以知识、技能、经验、训练或教育等作为衡量因素的专业能力。这种能力形成于专家长期的学习和工作过程中，学习与工作是培训专家的先决程序。除了专业能力，作为专家证人还必须具备其他能力：①对自身工作性质的理解，专家证人必须理解自己作证的目的是什么，是为了帮助当事人赢得诉讼，还是为了帮助法院查明事实；②要学会撰写一份简明扼要的报告，让事实审理者在最短的时间内最大限度地接受自己的观点；③要学会如何在法庭上表达自己的意见，包括准确的陈述自己的意见和沉着的回答对方当事人的询问。

为了使专家证人具备上述能力，英国专家学会为专家证人开设了一系列的培训课程，以教授专家们如何从一个纯粹的专家转变为专家证人。其中，英国专家学会与伦敦当地法院联合开设了一项特殊的课程。由真正的法官和真正的律师组成一个模拟法庭，让希望接受培训的专家们演练出庭的程序。由专家学会开设的这些课程收费颇高，但仍然受到欢迎，一些当事人在聘请专家证人后会主动出钱让自己的专家证人接受培训，甚至一些未被聘请但希望有朝一日能在法庭上一展身手的专家也自费接受培训。[2]

---

[1] Richard A. Crain, "Choosing the Best Custody Expert Witness", Family Advocate Vol. 30, No. 4（Spring 2008），p. 15.

[2] 参见徐继军：《专家证人研究》，中国人民大学出版社 2004 年版，第 7-8 页。

七、专家证人的责任

专家证人的首要职责是对法庭负责,就专门性问题作出准确结论。专家不是诉讼中某一方当事人的支持者或者辩护人,而是事实信息或专业意见的来源,专家证人绝对不能化身为某一方当事人的专家辩手或者雇佣的枪手,他们应该是真理的代言人,通过提出专家证言来帮助陪审团和法官发现最终的真实——准确地认定案件事实是做出公正裁决的基础。[1]

(一)任何人无权拥有专家证人(no property in an expert witness)

在英国有一个案件,当事人签了一份假合同骗取银行贷款,原告先委托了一位笔迹专家,但该专家的意见对原告不利认为其文件是假冒,原告自然就没有聘请该专家,该专家也忘记了这件事,这就是挑专选家(expert shopping)。当被告知悉后,向法院申请把该笔迹专家传唤到庭。原告反对,声称和该专家之间有合同规定其不能为他人在此案中作证,同时专家也享有作证特免权。

上诉庭的丹宁勋爵(Denning)判决被告胜诉。对于原告可以享有的诉讼特权,丹宁勋爵想出来一个说法,即专家较早给予原告的意见仍享有特权,可称为特权意见(privileged opinion),但之后该专家的意见则是独立意见(independent opinion),他也不再是专家证人,不存在特权了。丹宁勋爵说了一句名言:"专家证人在观察事实和在此基础上得出的独立意见,任何人没有独占权"。[2]

---

[1] 参见 English Feedlot, Inc. v. Norden Labs, Inc, Selvidge v. United States.

[2] "There is no property in an expert witness as to the facts he has observed and his own independent opinion on them."

实际上，丹宁勋爵担心富有的一方当事人会把所有合适的证人，尽早全部去委任、垄断和独占，会导致另一方寻找不到合适的专家证人协助。所以，丹宁勋爵也判决限制证人提供证据的合同是无效的，这与公共政策相违背，法院不应执行该合同。当然，与此有不同观点的判例也有。[1]

在澳大利亚 Makita Pty Ltd. v. Sprowles 一案中，法官在判决中指出，提交给法庭的专家证言应当是独立的专家所作出的陈述。……专家证人应当在其专业领域的范围内向法院提供客观独立、毫无偏见的证言。……专家证人应当始终以客观事实和科学原理为依据。

(二) 专家责任的无限豁免与有限豁免

科学证据对审判日益重要，但也存在滥用的情形，如专家证人作伪证，伪造实验室报告和基于未经检验证实的技术提出专家证言等，具体包括：①夸大检验结果的强度；②对单个证据进行同一认定时，夸大基因匹配的概率；③对多个证据进行鉴定时，误报基因匹配的概率；④明明只对一个物品进行了检验，却在报告中写受检物品为多个；⑤将不确定的检验结果报告为确定的结果；⑥频繁更改实验记录数据；⑦将检验结果搜集起来进行整理归类，造成一种遗传标记是从所有已检验样本中获得的假象；⑧报告中不记载相冲突的结果；⑨出现了相互冲突的检验结果后并进行补充实验，或者做了实验但不报告；⑩当检验结果与被害人相匹配时，暗示该结果也与某一位嫌疑人相匹配；⑪报告一些在科学上不可能出现的结果。[2]专家证

---

[1] 参见杨良宜、杨大明：《国际商务游戏规则：英美证据法》，法律出版社2002年版，第569页。

[2] In the Matter of an Investigation of the W. Va. State Police Crime Lab., Serology Div., 438 S. E. 2d 501, 516 (W. Va. 1993).

人在刑事案件中存在"亲警检"的倾向,其刑事和民事责任的承担,是之后需要面对的问题。

在英美法传统上,专家证人享有豁免权。但是豁免权的存废,一直有广泛争议。一方面人们担心专家不享有豁免权,容易导致专家在作证时因担心被当事人迁怒而畏首畏尾。另一方面,人们又担心专家因豁免权的庇护而丧失客观立场、无所顾忌。英美法对此问题的态度从最开始的完全豁免,即专家在提供意见时不能因职业疏忽而被起诉,转向采取有限豁免。

传统的完全豁免原则,主要基于三点考虑:①专家若承担被追责的风险,将冷却自己作证的热情,进而导致无法向法庭全面提交意见,在涉及对己方当事人不利的事实时,专家会含糊其辞;②判断专家提供的证言是否虚假,可能会涉及对据此作出的裁判的审查,这使情况更加复杂和艰难;[1]③由于专业问题在法庭上井喷出现,为了获得更多愿意为法院服务的专家,应更加宽容对待专家的行为。因此,20世纪80年代这种完全豁免原则在美国确立,法庭给予专家普遍的免予被诉的保护。在诉讼中,专家不会因为发表专家意见而被追责,即使他在发表意见的过程中,具有明显的过错。

但是,反对者认为,废除完全豁免原则可以让专家在法庭上的言行更加谨慎,而且专家给出的站得住脚的意见,也根本不怕当事人诘难和追责。随着法庭专家数量上的泛滥,专家在诉讼中的作用越来越重要,以至于"雇佣枪手"现象加剧费用越来越高。高价的聘任费用令专家在法庭上身价倍增,由于其无需承担责任,专家往往更加大肆地夸张事实或者为当事人文过饰非。当初为了让专家放心提供意见的生活现实基础正在动

---

[1] Stanton v. Callaghan [2000] QB 75, [1998] 4 A11 ER 961, [1999] 2 WLR 745.

摇,在专家利益保护和真实发现的价值之间摇摆不定的专家责任政策逐渐走向有限豁免。

目前,己方聘请的专家侵害了本方当事人的利益,该当事人可以通过违约或者侵权诉讼向自己聘任的专家追究民事责任。当事人不可以向对方当事人追究侵权的民事责任,即便是本方专家在庭审准备或开庭审理中以故意或者过失的方式侵犯了对方当事人的利益。[1]实行有限豁免的重要理由是尊重当事人和专家之间的聘任合约,促使其勤勉的完成诉讼任务,同时又排除因如实陈述而被对方当事人追责的隐忧。[2]

---

[1] Jonathan Ross, "Liability of an Expert Adviser or Witness", Denton Wilde Sapte, 3 October 2001.

[2] 参见毕玉谦等:《民事诉讼专家辅助人制度研究》,中国政法大学出版社2017年版,第193-194页。

第二章
专家意见的可采性

研究经常发现，对于同一个问题，不同的专家最诚实的意见都可能相互冲突，更有甚者就连最不诚实的意见也都会南辕北辙。同时，也应注意到事实和意见的区别，例如，医学专家可能被传唤陈述某些医学上的事实，而不只是意见而已。这些事实是被专家们公认的。但在意见上，连专家自己都常常众说纷纭，使得这些意见最多仅能视其为"专家意见"而已。[1]专家意见的可采性，是专家证言能否采纳的核心问题。通常来说，法庭科学工作者只能使用那些其原理已经得以公开发表并获得了相关领域完全认可的方法，但是，总会遇到个别情况，如牙科或者文学等某些领域的专家，试图将其专业知识应用于法庭科学问题中。法院总是需要面对新型科学证据的有效性问题，或者关于证据提取过程中所使用的技术方法的实用性问题。

证据法的基本原则是证据要有相关性和可采性，除非被其他一些规定所排除或者有损一面超出了基本原则的证明价值。现在面临的一个问题是，在采纳一份科学证据之前，或者更具体地在采纳一份新型科学证据之前，是否存在任何阻碍需要清除。如果是，就必须使用证据排除规则进行处理。如果不是，

---

[1] 参见［美］弗兰西斯·威尔曼：《交叉询问的艺术》，周幸、陈意文译，红旗出版社1999年版，第80页。

相关人员必须解释法院是如何决定一种新型证据是否具有相关性的。在英国，对于专家证据增加额外要求的企图被否决了。在美国，则要求对证据进行测试以作为相关性的额外补充，这其中最著名的就是"弗赖伊规则（Frye）"。

在可采性问题上设定特殊的条件，这种做法是充满挑战的。所谓特殊条件，无外乎在界定科学的问题上设置一些标准，或者提高证明力，只有比其他证据具有更高的证明力，科学证据才能具有可采性。如果在界定科学问题上设置一些标准，那么这种定义科学的做法只是简单地将争论转变为机械的运用所选标准，而没有考虑到证明力。在庭审过程中，无论什么样的语言表达方式，事实裁定的都是基于对证明力的评价而实现的。对于那些新型的或者备受争议的科学证据，解决问题的关键在于如何实现对其证明力进行评价？对于这个问题，现在仍然没有找到具有可操作性的准确答案。[1]

一、专家意见的内容

在美国，要求专家意见报告书应当包括表达的所有观点、根据和理由，并附有以下相关材料：①专家证人形成其观点所考虑的数据或其他信息；②被用来作为观点、概要或用来证明观点的所有证物；③专家证人的资格证明，包括在前十年内专家证人所有著作作品清单；④为该研究和作证所需支付的补偿；⑤在前四年内该专家作为专家证人在法庭上或通过庭外证言为其他案件提供证言的清单；⑥就案件中专家进行研究提出证言所应被支付的报酬，由当事人作出的陈述。这些需要出示的材料应依照法院指定的时间和顺序做出，除非法院有其他指定或

---

〔1〕 参见［美］伯纳德·罗伯逊、G. A. 维尼奥：《证据解释——庭审过程中科学证据的评价》，王元凤译，中国政法大学出版社2015年版，第274、277页。

当事人有其他约定,这些出示应当在开庭审理期日或开庭准备就绪前至少 90 日内作出。如果一方当事人企图否定或反驳上述被开示报告书中的观点、根据、理由及所附相关材料,应在对方当事人出示后 30 日内提出。

上述美国法的内容在英国的《诉讼指引(PD)》第 35 章第 3 条,专家报告的格式和内容(Form and Content of an Expert's Report)中也能看到。所不同的是,英国法还规定了美国法没有的两个内容:一是要写明专家理解其对法院之义务,以及他已经遵守了有关义务;二是载有列明所有重要指示要旨的陈述(不论是书面指示或是言词指示)。如果有关事实或指令对专家报告的观点或者观点之依据至关重要的话,那么陈述应概括对有关专家证人提出的事实和指令。这体现出英国法院对专家证人制度的利用进行职权规范的决心。[1]

我国最高人民法院 2020 年 5 月 1 日实施的《最高人民法院关于民事诉讼证据的若干规定》要求,人民法院对鉴定人出具的鉴定书,应当审查是否具有下列内容:①委托法院的名称;②委托鉴定的内容、要求;③鉴定材料;④鉴定所依据的原理、方法;⑤对鉴定过程的说明;⑥鉴定意见;⑦承诺书。鉴定书应当由鉴定人签名或者盖章,并附鉴定人的相应资格证明。委托机构鉴定的,鉴定书应当由鉴定机构盖章,并由从事鉴定的人员签名。

二、弗赖伊(Frye)规则

在 1923 年之前,美国法院采纳专家证言的标准是相关性规则,它有三个方面的要求:①争议的问题与案件事实相关;②争

---

〔1〕 参见毕玉谦等:《民事诉讼专家辅助人制度研究》,中国政法大学出版社 2017 年版,第 51—52 页。

议的问题涉及专门的、非常识性的经验和知识；③对专门问题提供意见的专家证人必须具有专家资格。其中第三项专家必须具有专家资格是最为核心的要求。[1]直到 1923 年的弗赖伊诉合众国案（Frye v. United States），才确立了专家证言的产生基础。

（一）案情

在弗赖伊案件中，被告人被判二级谋杀罪。在审判前，被告自愿做了收缩压测谎检验（一种早期的测谎测试）。在审判过程中，被告人的律师提出了一名专家证人，就对被告人进行的测谎结果作证。该测试被称为心脏收缩压测谎。主张血压会受到证人情绪变化的影响，心脏收缩压升高，是向自主神经系统的交感神经发送神经冲动所导致的。被告方律师声称，科学实验已经证明，恐惧、愤怒和疼痛总是能导致心脏收缩压的升高，有意识的欺骗或者说谎、隐匿事实或者有罪，伴随着受测试人对被揭穿的恐惧，将导致心脏收缩压呈曲线形式升高，这恰恰与随着测试触及被测试者试图欺骗测试者的关键点时，其内心的恐惧与试图控制恐惧之间的挣扎情况相呼应。

换句话说，被告方律师主张，真话是自然而然的，说真话不需要有意识而为，而说谎则需要有意识为之，这会反映在血压上。这种情况下导致的血压升高很容易被发现，很容易与仅仅是因为害怕受测试而引起的血压升高区别开来。在前者情形下，血压要高于后者所导致的血压，并且随着测试的进行而越来越明显。而在后者情形下，如果测试对象是在说真话，在测试刚开始的时候血压显示到最高，随着测试的进行则会逐渐降低。

控方对此提出异议，指出被告方专家证言所依据的科学理论和方法缺乏科学有效性和科学可靠性，法院支持了该异议。

---

[1] 参见刘晓丹：《论科学证据》，中国检察出版社 2010 年版，第 54 页。

接着，被告方律师提议让所提出的证人在陪审团面前进行这种测试被法院拒绝。被告方律师同意关于此问题找不到直接的判例，其答辩理由为，规则是这样的，如果就案件所要探究的事项而言，由于主题具有科学、艺术或者行业性质，需要就此有先前的习惯、经验或者学习，而没有经验的人不可能证明其能够就此形成正确的判断，那么专家或者训练有素的证人的意见可以采纳为证据，以借此获得知识。当有关的问题并不在通常的经验或者知识范围内，而是需要有特别的经验或者特别的知识，那么在与问题相关的特定科学、艺术或者行业内训练有素的证人的意见，应当采纳为证据。

控方没有对专家证言的相关性、专家的资格提出质疑，控方挑战的是构成被告方专家证言基础的科学方法的可靠性和有效性。法院最后排除了被告方的专家证言。被告人提出上诉。[1]

(二) 主要内容

哥伦比亚地区上诉法院在支持地区法院排除收缩压测谎检验的专家证言时，指出科学原理或者发现究竟在何时跨越了实验和证实（demonstrable）阶段之间的界限很难界定。在这一过渡区域的某一点上，科学原理的证据力（evidential force）必然会得到认可。虽然在采纳从公认的科学原理或者发现中推演出的专家证言方面，法院将发挥很大作用，但是据以进行推演的事情必须得到了充分确立，在其所属特定领域获得了普遍接受（general acceptance）。

上诉法院排除了专家证言，认为心脏收缩压测谎还没有在生理学和心理学典据中获得这样的地位和科学认可，即这种地

---

[1] Frye v. United States, 293F. 1013 (D. C. Cir. 1923), 1014. 本文中关于弗赖伊、多伯特等案件的判决书，引用自王进喜编译：《证据科学读本：美国"Daubert"三部曲》，中国政法大学出版社2015年版。

位和科学认可将支持法院采纳从迄今为止所做的发现、发展和实验中推演出的专家证言。最后法院维持原判。

(三) 评价

弗赖伊案意见对必须获得普遍接受的事情,没有讲清楚这是指讲真话和血压之间的关系,还是指专家测量和解释血压变化的能力或是两者都有。尽管该意见模棱两可且法院未能进一步解释或引证先例来支持其主张,一些法院还是采纳了"普遍接受性"测试,一般称为"弗赖伊测试"。[1]

弗赖伊规则的表述非常简要,[2]弗赖伊检验标准成为此后几十年主流的专家证言可采性标准。这一"普遍接受性"测试或者说"弗赖伊测试",要求专家证言依据的原理和方法必须建立在其所属领域普遍接受的基础之上。专家证言可靠性判断的主体是科学团体。法院愿意采用普遍接受标准,是因为该标准不要求法官理解有争议的科学主张,是否采纳科学证据的权力由法官让位给了科学团体。

弗赖伊规则在确立初期,一度成为所有州的适用标准,支持弗赖伊规则的学者和法官认为:①无论是法官还是陪审员,对科学证据都没有做出有根据判断的知识基础,毕竟是科学家在做实验,而不是法官在做实验;②通过确保法官将他们对新技术的可采性决定,建立在科学家们普遍接受的基础之上,可以在一定程度上促成法院之间关于科学证据裁决的一致性;③弗赖伊检验使陪审团避免受到对新的科学发现总是无根据的毫不怀疑的思维定式的误导;④由科学家们对科学证据的可采性作

---

[1] 参见[美]罗纳德·J. 艾伦、理查德·B. 库恩斯、埃莉诺·斯威夫特:《证据法:文本、问题和案例》(第3版),张保生、王进喜、赵滢译,高等教育出版社2006年版,第727页。

[2] "该判决简短而没有引注",参见 Daubert v. Merrell Dow Pharm., Inc.

出决定，可以免去对科学证据进行长时间的听证等。

但是，反对弗赖伊规则的学者认为，①该规则存在适用上的模糊性：普遍接受的对象是什么？科学原理和发现所属的领域如何确定？普遍接受的主体如何确定？什么程度的接受才算是普遍接受？接受的标准是什么等，都存在模糊性。②该规则具有保守性：这个规则过于保守，当法院等待新科学技术赢得普遍接受时，法院将持续地落后于科学的进步。③该规则将法官的职权让位给科学家：法院经常将普遍接受标准既适用于技术，也适用于那些理论和技术而推导出的结论，将采纳和采信科学证据的权力让渡给了专家。[1]

甚至有学者指出，使用测谎仪、笔迹学、催眠术以及药物而得到的证言，声音强度分析，声谱测试，各种形式的光谱学，飞行器红外线传感探测，酒精含量的呼吸样本再测试，受虐妇女和儿童施虐者心理特征测验结果，指征强奸的创伤后精神障碍，指征性变态的阴茎体积描记术、天文学计算、血型及 DNA 检验，全部都深受其害。[2]弗赖伊规则亟须进一步完善。

三、《联邦证据规则》第 702 条

(一) 主要内容

1975 年生效的美国《联邦证据规则》第 702 条规定，[3]如果科学、技术或其他专业知识，将帮助事实裁判者理解证据或

---

[1] 参见刘晓丹：《论科学证据》，中国检察出版社 2010 年版，第 56-57 页。
[2] See McCormick on the Evidence § 203, at 306 (John William Strong, ed., 5th ed 1999.
[3] 702 条文的原文为：The court may exclude relevant evidence if its probative value is substantially outweighed by a danger of one or more of the following: unfair prejudice, confusing the issues, misleading the jury, undue delay, wasting time, or needlessly presenting cumulative evidence.

裁断有争议的事实，因其知识、技能、经验、培训或教育而具备专家资格的证人，可以以意见或其他形式对此作证。但须符合下述条件：①证言基于充足的事实或数据；②证言是可靠的原理或方法的产物，并且③证人将这些原理和方法可靠地适用于案件的事实。

对于专家证言可采性的标准，这一条文要求：

1. 科学、技术或其他专业知识

《联邦证据规则》第702条使可采纳的证言涵盖了事物众多的来源和广袤的范围，包括科学、技术和医学专家，而其他专业知识这个用语更将该规则的范围远远地延伸到超出科学技术和医学的领域。按照《联邦证据规则》起草咨询委员会的解释，本规则措辞宽泛。所依据的知识领域不仅仅局限于科学和技术，而是囊括了所有专业知识。与此相同，专家不被视为狭义上的专家，而是指任何因其知识、技能、经验、培训和教育而具备资格的人。因而，该规则范围内不仅包括严格意义上的专家，如医师、物理学家和建筑师，还包括有时称为有技能的证人之大规模群体，如银行家或就土地价值作证的土地拥有者。

2. 帮助事实裁判者

根据《联邦证据规则》，事实裁判者不可能拥有的任何知识都有资格被采纳，无论这些知识是如何获得的。一个具有技能的人可以就该技能及其含义作证，即使这一技能是通过经验而不是传统的正规学习而获得的。进一步讲，具有可采性资格的知识是相对于事实认定者而言的。如果一个潜在证人拥有事实认定者不可能具有的知识，即使其他地方的某个其他事实认定者也可能具有，该证言将具有可采性。例如，如果纽约市的一个案件与氮肥质量有关，对氮肥有多年经验的爱荷华州的一位农民将具有专家资格，即使该农民从未受过该事项的专业培训。

如果审判案件在艾奥瓦州一个农业区进行，很可能就不需要采纳专家证言，因为事实认定者对相关争议问题可能有非常好的常识和经验。

3. 有资格成为专家的证人

若一个专业信息将帮助事实裁判者，审判法官必须决定提供介绍该信息的人是否有资格这样做。符合资格无需受过正规教育，人们可以基于知识、技能、经验、培训以及教育而获得作为专家的资格。因此，法院据此采纳了极为广泛的证言种类。联邦调查局探员被允许根据他们的执法经验对各类刑事犯罪图谋的构成作证，农民对他们受损庄稼的可能价值作证，等等。关键问题在于所建议的证人是否具有专业知识，以及是否对陪审团有所帮助，而不论这些知识如何获得。[1]

4. 专家证言要符合下述三项条件

①证言基于充足的事实或数据；②证言是可靠的原理或方法的产物；③证人将这些原理和方法可靠地适用于案件的事实。

（二）评价

美国《联邦证据规则》第 702 条规定了专家证人的资格和专家证言可采性的条件，对此要注意：

1. 专家证言也受《联邦证据规则》第 403 条的限制

美国《联邦证据规则》第 402 条关于相关性的基本标准，是一个宽松的标准，但是第 403 条作了限制，规定因损害、混淆、浪费时间或者其他原因而排除相关证据，如果相关证据的证明价值为以下一个或多个危险所严重超过，不公平损害、混淆争点或者误导陪审团、不当拖延、浪费时间或者不必要地出

---

[1] 参见 [美] 罗纳德·J. 艾伦、理查德·B. 库恩斯、埃莉诺·斯威夫特：《证据法：文本、问题和案例》（第 3 版），张保生、王进喜、赵滢译，高等教育出版社 2006 年版，第 723-725 页。

示重复证据,那么法院可以排除该证据。[1]

科学或专业证据是否应当被采纳,取决于该证据相关性及其与《联邦证据规则》第403条因素的抵消性评估。仅有微弱证明力的证据应当被排除,一些据称是专业的证据也许显得没有证明力。由于有《联邦证据规则》第403条的忧虑,若因科学术语而给证据套上其不该享有的合法性光环,该证据便可能具有误导性。证据的复杂性也许会混淆而不是帮助陪审团成员。而且,也许最重要的是一些专业证据的推测性或低证明力也许不值得花时间先去论证该证据可能的相关性,再去探讨该证据中所有可能不足的方面。[2]

2. 弗赖伊规则与《联邦证据规则》第702条的关系

自弗赖伊案件形成普遍接受标准以来,几十年间,普遍接受标准一直是审判中确定新型科学证据可采性的主导标准。但是,判例和学界认为,1975年的《联邦证据规则》第702条已经拒绝了弗赖伊规则,里面没有包含普遍接受标准,在咨询委员会的注释中也没有提到弗赖伊规则。

在后文专门论及的多伯特(Daubert)案件中,联邦最高法院认为,原告的主要抨击不是针对弗赖伊规则的内容,而是针

---

[1] 这一修正前的、1975年生效的条文原文为:Rule 702. Testimony by experts: If scientific, technical, or other specialized knowledge will assist the trier of fact to understand the evidence or to determine a fact in issue, a witness qualified as an expert by knowledge, skill, experience, training, or education, may testify thereto in the form of an opinion or otherwise, if (1) the testimony is based upon sufficient facts or data, (2) the testimony is the product of reliable principles and methods, and (3) the witness has applied the principles and methods reliably to the facts of the case. 本条规则于2000年修正,2011年重塑时对此没有实质性修改。

[2] 参见[美]罗纳德·J. 艾伦、理查德·B. 库恩斯、埃莉诺·斯威夫特:《证据法:文本、问题和案例》(第3版),张保生、王进喜、赵滢译,高等教育出版社2006年版,第725-726页。

对其继续效力，其主张弗赖伊标准因《联邦证据规则》的制定而已经被取代，联邦最高法院同意此种观点。认为《联邦证据规则》第702条规定如果科学、技术或其他专业知识，将帮助事实裁判者理解证据或裁断有争议的事实，因其知识、技能、经验、培训或教育而具备专家资格的证人，可以以意见或其他形式对此作证，这一规则的条文根本就没有将普遍接受确立为可采性的一个绝对前提条件。被告也没有清晰地表明《联邦证据规则》第702条或者《联邦证据规则》整体上要吸收普遍接受标准。《联邦证据规则》的起草者没有提及弗赖伊案件，"普遍接受标准"的要求是较高的，而《联邦证据规则》倾向于降低该标准。

联邦最高法院认为，弗赖伊案件比《联邦证据规则》早了半个世纪，考虑到《联邦证据规则》的容许性背景，以及规定的关于专家证言的具体规则并没有提及普遍接受，《联邦证据规则》在一定程度上吸收了弗赖伊案的主张是没有说服力的。弗赖伊案使得普遍接受成了采纳专家科学证言的唯一标准。这一严苛的标准，在《联邦证据规则》中阙如，并且与《联邦证据规则》不相容，在联邦最高法院审判中不应当适用。因此，《联邦证据规则》第702条取代了弗赖伊规则。

另外，在制定法和普通法的关系上，联邦最高法院在 United States v. Abel, 469 U. S. 45（1984）案件中，考虑了在解释《联邦证据规则》时，普通法背景的相关性，指出《联邦证据规则》在证据领域具有主导地位，但是引用报告人 Cleary 教授的话解释说，普通法可以用于帮助《联邦证据规则》的适用，从原则上讲，根据《联邦证据规则》，并没有保留关于证据的普通法。"除……另有规定外，所有相关证据均具有可采性。"当然，在现实中，普通法知识继续存在，尽管是在进行授权活动时，作为指导源泉的某种变化了的形式存在的……联邦最高法院判定，Abel 案件中存在争议的普通法规则，与《联邦证据规则》第402 条关于可采性的一般要求完全一致，并且认为起草者不可能意图改变该规则。此外，联邦最高法院在 Bourjaily v. United States, 483 U. S. 171（1987）案中，没能在《联邦证据规则》中找到特定的普通法原则，因而判定普通法原则已经被取代。[1]

四、多伯特（Daubert）规则

（一）案情

多伯特规则源于 1993 年的多伯特诉梅里尔·道药品公司（Daubert v. Merrell Dow Pharm., Inc.）一案，原告杰森·多伯特（Jason Daubert）和艾瑞克·苏乐（Eric Schuller）是有严重出生缺陷的两个幼儿，存在严重的肢体萎缩。两个幼儿和他们的父母在加利福尼亚州南区法院起诉被告梅里尔·道药品公司，认为他们妈妈由于服用了被告生产的药品——盐酸双环胺（Bendectin，又叫苯涤丁），而导致了两个幼儿的畸形。盐酸双环胺是被告梅里尔·道药品公司投放市场的止呕处方药。

被告认为，盐酸双环胺没有造成人体先天缺陷，而且原告没有提供该药品造成人体先天缺陷的任何可采的证据。为了支持其主张，被告提交了医师和流行病学家史蒂文·H. 拉姆（Steven H. Lamm）的宣誓陈述书，拉姆医生是在接触各种化学品而具有的风险方面很权威的专家。[2]他说已查阅了所有关于盐酸双环胺与人类先天缺陷的文献——三十多种已发表的研究，

---

[1] See Daubert v. Merrell Dow Pharm., Inc.
[2] 拉姆医生在南加州大学获得了医学硕士和博士学位，他曾任国家健康统计中心先天缺陷流行病学顾问，并就接触各种化学和生物品所带来的风险程度发表了多篇文章。

涉及13 000多位患者。没有研究发现盐酸双环胺是导致人类畸形胎的制剂。根据这一研究，拉姆医生得出结论说，还没有证明在妊娠头3个月母亲使用盐酸双环胺，是造成人类先天缺陷的风险因素。

原告没有对这一已经发表的关于盐酸双环胺的文献中的描述作出辩驳，相反，针对被告的主张，原告们以自己的8位专家的证言作出了回应，其中的每一位专家都有令人难忘的资质。[1]这些专家得出结论说，盐酸双环胺能够导致先天缺陷。其结论的依据是"体外"（试管）和"体内"（活体）动物研究，这些研究发现盐酸双环胺与畸形存在关联。对盐酸双环胺化学结构的药理研究，表明了该药物的结构和其他已知的导致先天缺陷的物质结构具有相似性。以及对以前发表的流行病学（人类统计）研究成果的再分析。

加利福尼亚州南区法院同意了被告的简易判决动议，该法院说，科学证据仅在它所依据的原理被充分证明已经在其所属领域获得了普遍接受的情况下才具有可采性，而原告的证据不符合这一标准。考虑到就盐酸双环胺有大量的流行病学研究资料，法院判定，不是基于流行病学证据的专家意见，不能采纳来证明因果关系。因此，原告所依据的动物细胞研究、动物活体研究以及化学结构分析本身，不能就因果引起具有合理争议的陪审团问题。同时，原告进行的流行病学分析，好像是基于对先前发表的发现该药品与先天缺陷之间没有因果关系的研究

---

[1] 例如，Shanna Helen Swan 获得了哥伦比亚大学生物统计硕士学位，并获得了加州大学伯克利分校统计专业博士学位。她是加利福尼亚州健康和服务局负责确定先天缺陷原因的部门负责人，并担任过世界卫生组织、美国食品和药品管理局及国家健康研究所的顾问。Stewart A. Newman 获得了哥伦比亚大学化学学士学位和芝加哥大学化学硕士和博士学位，是纽约医学院的教授，十多年来从事化学品对肢体发育影响的研究。其他几位专家的资质也同样令人印象深刻。

数据所做的重新计算，因其没有发表或者未经过同行评议，被判定不具有可采性。

原告上诉到联邦第九巡回法院，第九巡回法院维持了原判。该法院通过引用弗赖伊判例指出，除非科学技术的可靠性在相关科学界得到了普遍接受，否则基于此技术的专家证言不具有可采性。该专家意见所依据的方法与该领域被公认的权威们所认可的程序存在重大背离……不能表明其作为一种可靠的技术获得了普遍接受。联邦第九巡回法院强调，在考虑盐酸双环胺的风险时，其他上诉法院也都拒绝采纳那些就流行病学研究进行的既未发表也未受到同行评议的再分析结果。再分析结果只有在其受到本研究领域其他同行核实和审核之后，才可以被科学界所普遍接受。第九巡回法院以未曾发表，也未经过正常的同行评议程序，且只是为了诉讼使用之目的而制作为由，拒绝了原告专家的再分析结果。该法院得出结论说，就采纳关于盐酸双环胺造成了对他们伤害的专家证言而言，原告的证据所提供的根据不足，因此，原告未能卸下他们在审判中证明因果关系的举证责任。

本案基于跨州理由被移送到美国联邦最高法院。鉴于法院之间在采纳专家证言的适当标准问题上，存在尖锐的分歧，最高法院同意发出调卷令。

（二）主要内容

1. 专家证言要具有有效性、可靠性

美国联邦最高法院认为，弗赖伊标准被《联邦证据规则》所取代，并不意味着《联邦证据规则》本身对于所称科学证据的可采性没有什么限制，也不意味着审判法官不能对这种证据进行审查。相反，根据《联邦证据规则》，审判法官必须确保所采纳的任何科学证言或者证据不仅具有相关性而且可靠。这种义务的主要体现就是《联邦证据规则》第702条,其显然旨在对专家可以作证的主题和理论进行某种程度的规制。如果科学、技术或其他专业知识,将帮助事实裁判者理解证据或裁断有争议的事实,专家可以就此作证。专家证言的主体必须是科学、知识。科学意味着要立足于科学方法和程序。与此类似,知识意味着不仅仅是主观信念或者无根据的猜测。该词适用于已知的事实,或者从这种事实推论出的或者基于良好根据而被接受为真理的任何思想。当然,得出结论说科学证言的主题必须要已知到确定的程度,这将是不合理的。按理说,科学中是没有确定性的。但是,为了具有科学知识之资格,推论或者主张必须源自科学方法。提出的证言必须为适当的验证——充分根据——所支持,建立在已知的基础上。总之,专家证言与科学知识的有关要求,确立了证据可靠性标准。[1]

2. 专家证言对于认定案件事实要具有帮助性、相关性

《联邦证据规则》第702条进一步要求能帮助事实审判者理解证据或者确定争议事实。这一条件主要与相关性有关。与案件中任何问题都无关的专家证言,不具有相关性,因此也就没有什么帮助作用。《联邦证据规则》702条规定的一个额外因素——相关性的另一个方面——是案件中提出的专家证言是否与案件事实有充分的联系,从而将帮助陪审团解决事实争议。这一因素被Becker法官聪敏的描述为"适合"(fit)因素。"适合"并不总是显而易见,对于某个目的而言具有科学有效性,对于另一个不相关的目的而言,并不必然具有科学有效性。例

---

[1] 科学家经常区分"有效性"(原理是否支持其所宣称要说明的事项)和"可靠性"(原理的适用是否能够产生一致的结果)。尽管"准确性、有效性和可靠性彼此之间的区别可能是微不足道的",这里所指的是证据的可靠性——可信性。

如，对于月相的研究，可以就某个夜晚是否黑暗提供有效科学知识，如果黑暗是争议事实，该知识将会帮助事实审判者。然而，在缺乏支持这种联系的可信根据的情况下，关于月亮在某个夜晚是满月的证据，可能就不会帮助事实审判者确定某个人在那天夜里是否会异常可能地非理性行事。《联邦证据规则》第702条的帮助标准，要求将与相关审查的有效科学关系作为可采性的前提条件。

这些要求体现在《联邦证据规则》第702条中，这一点并不令人惊讶。与普通证人不同，专家在提供意见的时候，被允许有很大的自由度，包括那些并非基于第一手知识或者观察者的意见。也许，这种对第一手知识——这一规则是对最为可靠的信息来源的普通法坚持的最为深入的表达。这一通常要求的放松是以这一个假设为前提的，即专家的意见在其学科领域内的知识和经验方面具有可靠的基础。

3. 专家证言可采性的要件

面对提出的专家科学证言，审判法官必须在一开始根据《联邦证据规则》第104条（a），确定专家是否在准备就①将帮助事实审判者理解或者确定争议事实上的，②科学知识作证。这需要进行这样的预备性评估，即证言背后的推理或者方法是否具有科学上的有效性，以及推理或者方法是否能适当地适用于争议事实。笔者相信联邦法官具有进行这种审查的能力。许多因素与这种审查有关，笔者不准备冒昧地提出一个明确的核查清单或者标准。但是某些一般性评论是适当的。

（1）能否被检验。通常情况下，在确定一项理论和技术是否属于能够帮助事实审判者的科学知识时，要回答的一个关键问题是，其是否能被（或者已被）检验。今天的科学方法，基于形成假设并检验这项理论和技术，来看其是否能被证伪。确实,恰是这一方法将科学与其他领域的人类探究活动区别开来。构成科学解释的陈述,必须能够进行经验检验。一个理论的科学地位标准,是它的可证伪性、可反驳性或者可检验性。

(2) 同行评议与发表。另一个相关的考虑因素是,理论或者技术是否受到了同行评议并发表。发表并不是可采性的必要条件,它与可靠性之间没有必然的联系,在某些情况下,依据充分而具有创新性的理论并未发表。此外,一些命题太具体、太新颖,或者对人们的兴趣而言太有限而没能发表。但是,提交科学界进行审查是"良好科学"的一个组成部分,在一定程度上是因为这样做增加了其方法中的实质缺陷被发现的可能性。因此,在同行评议的杂志发表(或者没有发表)这一事实,在评估某项意见所依据的特定技术或者方法是否具有科学有效性时,将是相关的(虽然不是决定性的)因素。

(3) 已知或潜在的误差率。此外,就某项特定的科学技术而言,法院通常应当考虑已知或者潜在的误差率,例如,United States v. Smith, 869 F. 2d 348, 353-354(CA7 1989)(对有关声谱鉴别技术的错误率研究进行了调查),以及关于该技术操作的标准是否存在及其如何维护,参见 United States v. Williams, 583 F. 2d 1194, 1198(CA2 1978)(指出了关于声谱分析的职业组织的标准)。

(4) 在科学团体中普遍接受的程度。尽管允许,但可靠性评估并不要求相关科学界的明确确认,也不要求对科学界的特定接受程度作出明确确定。在判定特定证据的可采性时,广泛的接受可以是一项重要因素,一项已知技术如果在科学界仅能得到微弱支持,则可以带着怀疑的眼光来看待它。

《联邦证据规则》第702条所设想的这种审查,是一种灵活的审查。它的首要主题是提出要求裁断事项背后原理的科学有效性，即证据的相关性和可靠性。当然，关注点必须完全是原理和方法，而不是其所产生的结论。

在根据《联邦证据规则》第 702 条对所提出的专家科学证言进行评估时，法官自始至终还应当铭记其他可适用的规则。《联邦证据规则》第 703 条规定，依据不可采的传闻作出的专家意见，只有在下列情况下才能被采纳，即这些事实或者数据是特定领域的专家就该事项形成意见或者推论时，所合理依赖的那种类型的事实或者数据。《联邦证据规则》第 706 条允许法院自行获得其自己选择的专家的帮助。最后，《联邦证据规则》第 403 条在相关证据的证明价值为不公平损害、争点混淆或者误导陪审团……的危险所严重超过时，则允许法院排除该证据。Weinstein 法官曾解释说，专家证据因为存在评估上的困难，既有力也具有相当的误导性。由于存在这样的风险，法官根据《联邦证据规则》第 403 条权衡时，所可产生的损害与证明力之间，与外行证人相比，要对专家施以更为严格的控制。

4. 法官的守门人角色

通过简要讨论本案当事人和"法庭之友"的两个潜在的担忧来结束本案。

（1）被告表达了这样的担心，即废除普遍接受性这一采纳证据的排他性要求，将导致全面自由，迷惑的陪审团面对荒谬、不合理的伪科学主张将手足无措。在这一点上，被告方似乎对陪审团和对抗制的总体能力感到关于悲观。有力的交叉询问、相反证据的出示，以及对证明责任的指示，都是攻击不可靠但是具有可采性证据的传统、适当方式。此外，如果审判法官的结论是，所提供用以支持某一立场的微弱证据，不足以使理性的陪审团成员得出该主张与不真实相比更可能是真实的结论，那么法院仍可以自由指示作出一个判决，并同样可以作出简易判决。……这些常规方法,不是根据不可调和的普遍接受标准而进行的全面排除才是保证科学证言的基础达到《联邦证据规则》第702条标准的适当保障。

(2)原告和他的"法庭之友",在更大程度上表达了一种不同的担心。原告提出承认法官的筛选角色,允许其排除无效证据,将支持那种令人窒息的、压制性的科学正统,并有损于对真理的探求。公开论证确实是法律与科学分析都不可缺少的组成部分,然而,在法庭里探求事实真相与在实验室里探索真理之间有着重要区别。科学结论将受到延绵不绝的修改,而法律则必须终局性地快速解决争端。科学研究是通过对众多假设进行的广泛、全面的思考而推动的,那些不正确的假设最终会被证明不正确,这本身就是一个进步。然而,在就过去的特定事项作出迅速、终局、具有约束力的法律判决(常常具有不同寻常的重要性)时,可能是错误的猜想没有什么用处。笔者承认,在实践中法官的守门角色无论多么灵活,有时都不可避免地会阻碍陪审团学习真知灼见和创新。但是,那是要由《联邦证据规则》所达成的平衡,规则不是为了对宇宙奥秘进行彻底的探究,而是为了解决特定的法律争端。[1]

最后,美国联邦最高法院得出结论说,根据《联邦证据规则》,普遍接受并不是科学证据可采性的必要前提条件,但是《联邦证据规则》——特别是《联邦证据规则》第702条——确实给审判法官分配了这样的任务,即保证专家证言既立足于可靠的基础,也与当前的任务具有相关性。立足于科学上具有有

---

[1] 这不是说司法解释活动——与裁判性的事实认定活动相对——与科学活动在基本特点没有任何共同之处。法官的工作在一定意义上讲是永恒的,在另一种意义上讲是转瞬即逝的……在大量的实验和在实验过程中,要不断地去其糟粕、留其精华。

效性原理基础上的相关证据，将符合这些要求。加利福尼亚州南区法院和上诉法院的审查几乎完全关注的是普遍接受，出版物和其他法院的判决也是这么做的。因此，撤销上诉法院的判决，案件发回按照本意见重审。[1]

（三）评价

多伯特案件关于专家证言可采性的判决具有划时代意义，终结了实行几十年的弗赖伊普遍接受标准。联邦最高法院在判决中，第一部分论述了《联邦证据规则》和弗赖伊案件的关系，认为《联邦证据规则》已经取代了弗赖伊标准。第二部分阐述了专家证言的有效性和可靠性，提出了专家证言采信的四项条件：①能否被检验；②同行评议与发表；③已知或潜在的误差率；④在科学团体中普遍接受的程度。第三部分论证了法官对于科学证据的守门人角色，指出在法庭里探求事实真相与在实验室里探索真理之间有着重要的区别，法律则必须终局性地快速解决争端。

多伯特案件激发并且持续激发着以科学证言为题的学术论文雪崩，[2]大量关于专家证言的论著如雨后春笋般发表出来。科学知识是什么？何时具有可靠性？此类貌似简单实际具有欺骗性的问题早已是纷争不断的根源。学校里是否该在讲授进化论的同时讲授创世论学说？这个问题引发了另一个问题，即创世论学说或进化论，称为科学而不是信仰、信念或其他什么东西是不是更为适当？在法庭上，刑事案件、亲子鉴定案件、宪法第一修正案相关案件、民事责任案件（与其他案件一起）常

---

[1] See Daubert v. Merrell Dow Pharm., Inc.
[2] 参见［美］罗纳德·J. 艾伦、理查德·B. 库恩斯、埃莉诺·斯威夫特：《证据法：文本、问题和案例》（第3版），张保生、王进喜、赵滢译，高等教育出版社2006年版，第741—743页。

常引起有关科学证据的问题，因为证据的可靠性可能存在激烈的争论。[1]

多伯特案件是围绕处方药盐酸双环胺的 1000 多起案件中的一件，盐酸双环胺是用于妊娠妇女在早孕期止呕的处方药，在 1957 年获得美国食品和药物管理局的批准后在药品市场销售，直到生产商迫于诉讼的压力将其从市场上撤回。全世界共有 3300 万妇女服用过该药物。1977 年麦克迪诉梅里尔国家实验室一案，是第一个因盐酸双环胺引起诉讼的大案，上诉之后梅里尔最后赢得了诉讼。但是很多诉讼随后立案，美国辛辛那提市城区大法官卡尔·B. 鲁宾把等待审判的 750 个与盐酸双环胺有关的案件一并处理。梅里尔公司没有承认负有责任，但是拿出 1.2 亿美元以了结案件。大多数索赔者的律师同意这一方案，但少数人不同意并设法抵制该项交易。梅里尔公司撤回了其解决问题的方案，转而走向法庭。陪审团裁决支持梅里尔公司，驳回了 1100 个索赔者的诉讼请求，梅里尔公司几乎打赢了全部官司。但由于诉讼费用急剧上涨，梅里尔·道药品公司在 1983 年 6 月 9 日从市场上撤下了盐酸双环胺。根据美国产科与妇科学院的说法，梅里尔·道公司的决定，造成了医疗方法上的空白。梅里尔·道公司的发言人宣布，"即使我们打赢了所有官司，我们也不会把盐酸双环胺重新投入市场"。[2]

多伯特一案中的多数法官确实依赖了一些非同寻常的权威材料，这些法官引用了很多他们熟悉的法律领域的东西，如法律评论、法律论著、《联邦证据规则》中的咨询笔录等，同时引

---

[1] [美] 肯尼斯·R. 福斯特、彼得·W. 休伯:《对科学证据的认定——科学知识与联邦法院》，王增森译，法律出版社 2001 年版，第 1 页。

[2] [美] 肯尼斯·R. 福斯特、彼得·W. 休伯:《对科学证据的认定——科学知识与联邦法院》，王增森译，法律出版社 2001 年版，第 6 页。

用了20世纪最有影响力的波普尔等科学哲学家的著作。法庭还引用了富有影响的医学期刊编辑的文章，引用了三份科学家小组意见入卷的法院案情摘要中的两份。这些科学家小组中，有一个包括十八位科学家，其中六位是诺贝尔奖获得者，其专业领域包括化学、物理、气象学、传染病学、环境医学、畸形学等。可以说，联邦最高法院法官综合了包括其并不擅长的诸多学科的知识。

在多伯特案中引起争议的问题是，1975年《联邦证据规则》制定后，弗赖伊规则是否仍然适用。联邦最高法院非常谨慎地把自己的讨论范围限定在多伯特案件中所提供的科学证据上。九名法官一致认为，就科学证据而言，弗赖伊规则已经因为新的证据规则的出现而终止效力。他们用一种更注重细节、更为复杂的讨论，取代了较为简单（有争议地简单化）的弗赖伊规则检验法。但是这一狭隘的结论并没有明确科学知识的含义，并且也确实没有断定科学知识和普遍接受的含义是几乎完全一致还是完全不同。多伯特案中这一具有重要意义、具有门槛性质的判决很容易受到过高估计或者误解。

法庭上对科学的运用提出了似乎有差别、但在更深层次上相关联的两个问题，即科学的不确定性和科学的不当使用。"垃圾科学"出现的前提是某个证人试图提供完全荒谬的科学数据解释或者提出不为科学证据支持的观点。"垃圾科学"是法律问题而不是科学问题。它是法律程序的对抗性质培育出来的，依赖于非专业人士评价科技方面的争论时所遇到的困难而存在。

在科学上，最终检验理论或数据的有效性是时间。科学是累积性的，并且在很大程度上能够自我修正。科学的目标与法律的目标完全不同，这可能是科学家和律师总是被对方的做法弄得非常沮丧的原因。科学寻求的是一种综合性的理解，这种理解的发展要通过涉及很多科学家的集体程序。法律审判的程序和目标与此截然不同，审判寻求的是在有限的时间内解决集中讨论的法律争端。更重要的一点是，科学家接近证据规则问题的方式与律师迥异，科学家看待证据，并不正式区分可采信的证据和不可采信的证据，而这种区分对法律来讲却非常重要。法律审判必须在两者之间做出二元并且完全终局性的选择。科学界对这些方面的要求要低得多。法官运用的证据准则必须措辞明确、质朴、得到优先处理。科学界则可以依赖变化更多、直觉的、结局开放性的准则。

  法官们很明显不能把自己的责任推卸给科学家，也不能对科学的能力坚持难以企及的高标准。然而多伯特案中列出的一般性准则与科学家用来评价科学证据的准则非常相似，与任何聪明的非专业人士用来评价关于世界的经验主义说法的准则也非常相似。科学的目标与认知有关——就多伯特案中多数法官所描述的那样，是为了实现没有边际的理解。司法程序的目标是为详细列举出来的法律争端提供解决方案。面临值得怀疑的科学证言时，法官的任务与无限的真相没有关系。他们的任务是公平地运用《联邦证据规则》，忠实于规则的具体内容，在根据某些具体要求做出具体判决的非常实际的情况下使判决合乎情理。但这些规则，就像多伯特案中解释的那样，涉及必须以某种方式得自于科学本身的一些准则。[1]

  值得指出的是，"对于处于诉讼核心的人物——杰森·多伯特（Jason Daubert）现在已经三十几岁，他已经大学毕业，有了幸福的婚姻。不管这个案件有什么其他的意义，至少该案件没有

---

[1] [美]肯尼斯·R. 福斯特、彼得·W. 休伯：《对科学证据的认定——科学知识与联邦法院》，王增森译，法律出版社2001年版，第20-22页、第26页。

毁掉他的生活"。[1]

五、通用电气公司（General Electric Company）规则

（一）案情

从1973年开始，罗伯特·乔伊那（Robert Joiner）在乔治亚州托马斯威尔（Thomasville）的供水与照明部当电工。在工作中，他经常接触变压器，这些变压器使用了矿物油为基本成分的电解液作为冷却液。乔伊那常常必须把手和胳膊伸进冷却液中进行修理工作。冷却液有时会溅到他身上，偶尔还溅到他眼里和嘴里。1983年，该市发现某些变压器中的冷却液含有多氯联苯。人们普遍认为，多氯联苯对人体健康有害。1978年，国会在有限例外的情况下，禁止生产和销售多氯联苯。

1991年，乔伊那被诊断患有小细胞肺癌。1992年，他和妻子在乔治亚州法院起诉马斯托公司（Monsanto）、通用电气公司（General Electric）和威斯豪斯电气公司（Westinghouse Electric），其中，马斯托公司1935年到1977年生产多氯联苯，通用电气公司和威斯豪斯电气公司生产变压器和电解液。乔伊那曾有8年的吸烟史，他的父母都是烟民，其家庭有肺癌史。因此，他可能已经处于罹患肺癌的高度风险中。乔伊那声称，他因为接触多氯联苯而促成了他的癌症，如果他没有接触这些物质的话，他就不会身患癌症这么多年。

被告将案件移交到地区法院，申请简易判决，其主张：①没有证据表明乔伊那大量接触过多氯联苯；②没有可采的科学证据表明多氯联苯促成了乔伊那的癌症。

原告的专家证人斯凯特博士（Dr. Schecter）是一位预防医

---

[1] 参见[美]理查德·伦伯特编：《证据故事》，魏晓娜译，中国人民大学出版社2012年版，第153页。

学方面的专家,他指出乔伊那接触多氯联苯是导致他患肺癌的原因,这一点已被医学界和科学界所肯定。尽管斯凯特博士在证人席上承认他只在律师办公室遇到原告一次,从未对他进行过身体检查。为了支持他的论点,斯凯特博士引证了另一名研究者进行的两个研究,报告了幼鼠注射了同样的致癌剂产生了肝癌。原告的另一位专家证人是特雷伯博士(Dr. Teitelbaum),一位毒物学家,他认为原告的小细胞癌归因于乔伊那在工作中接触了多氯联苯。然而,在被问及是否知道有关于人的小细胞癌是由多氯联苯引起的研究时,特雷伯博士的回答是,"我认为这一问题是不可能进行调查与证实的,而且尚没有这种研究"。

地区法院排除了原告的专家证言,判定:①乔伊那是否已经接触了多氯联苯,不是案件的实质问题;②乔伊那的专家证言没有证明接触多氯联苯和小细胞癌之间存在因果关系。

第十一巡回区上诉法院推翻了地区法院的判决,判定因为挑战专家证言的《联邦证据规则》展现了对采纳的优先性,在审查法官排除专家证言的决定时,法官适用了特别严格的标准。通过适用该标准,上诉法院判定,地区法院对乔伊那专家证言的排除是错误的,地区法院犯了两个根本性错误:一是地区法院排除了专家证言,因为它从研究中得出了与每个专家都不同的结论。上诉法院认为,地区法院应当将其角色限定为确定提出的专家证言的法律可靠性,要让陪审团决定相互冲突的专家意见的正确性。二是地区法院判定,就乔伊那是否接触过多氯联苯不存在真正的重要事实争议。上诉法院认为这也是不正确的,因为审判记录中的证言支持这样的命题,即有过这种接触。

联邦最高法院发出了调卷令。

(二)主要内容

联邦最高法院判定,滥用自由裁量权是对地区法院的证据

第二章 专家意见的可采性

裁定进行审查的适当标准,案件的问题恰恰是法院是否接受或者排除证据的自由裁量权事项问题;但是,上诉法院将不会推翻这样的案件,除非裁决是显然错误的。上诉法院认为在地区法院决定排除科学证据的背景下,多伯特案件在某种程度上改变了这一般规则。但是,多伯特案件根本没有讨论对证据裁决的上诉审查标准问题。

尽管与弗赖伊案相比,《联邦证据规则》允许地区法院采纳的科学证言的范围在某种程度上更宽,他们也为审判法官设定了筛查这种证据的"守门人"角色。上诉法院对这种裁决适用"滥用自由裁量权"标准进行审查时,不能就允许专家证言的裁决和不允许专家证言的裁决进行绝对的区分。专家证言的可采性问题不是一个事实问题,是要根据滥用自由裁量权标准来进行审查的。最高法院判定,上诉法院在审查对乔伊那的专家证言的排除时,犯下了错误。因为对该裁决适用了过于严格的审查,它未能遵从审判法院,而这是滥用自由裁量权审查的标志。

地区法院同意被告的意见,即原告专家所依据的动物研究并不支持其主张,不能证明接触多氯联苯导致了其癌症。研究用的幼鼠腹膜被直接注射了大量的多氯联苯,而乔伊那是个成年人,其所宣称的与多氯联苯接触的浓度,在0%-500%之间,是非常小的。同时,没有研究表明成年鼠在接触多氯联苯后会患上癌症。其中一个专家承认,没有研究表明多氯联苯对其他物种有致癌作用。原告对此批判没有做出回应,没有解释其专家如何以及为什么从这些似乎相去甚远的动物研究中推测出其结论的。本案争议的焦点是,这些专家的意见是否能够得到其宣传依据的动物实验的充分支持,地区法院拒绝让专家依据这些研究,并非在滥用自由裁量权。

原告指出了多伯特案中的一句话,即当然,关注点必须完全是原理和方法,而不是它们所产生的结论。但是结论和方法并不能截然分开,受过训练的专家通常根据存在的数据进行推测。多伯特案件和《联邦证据规则》都没有要求地区法院采纳仅仅根据专家自己的话而与存在的数据联系在一起的意见证据。法院可以得出结论,认为在数据和提出的意见之间存在的分析间隙太大。笔者判定,在审查地区法院采纳或者排除科学证据的决定时,滥用自由裁量权是适当的标准。对于接触多氯联苯是否导致了原告的癌症,其专家不能充分证明。地区法院在排除他们的证言时,并没有滥用自由裁量权。

另外,地区法院认为乔伊那是否接触过多氯联苯不存在真正的争议,上诉法院推翻了这一结论。被告在向本院提交的申请书中,并没有对这一决定提出质疑。乔伊那是否接触过多氯联苯,如果有这种接触,乔伊那专家的意见是否可以采纳,这都是没有回答的问题。因此,撤销上诉法院的判决,将案件发回,按照本意见审理。[1]

(三)评价

乔伊那诉通用电气公司案中,确立了自由裁量权滥用规则。所谓裁量权滥用(Abuse of Discretion)标准,是指上诉法院对一审法院判断专家证言可采性问题时,是否有滥用自由裁量权进行审查,只要一审法院在审查过程中恪尽职守,没有出现明显重大的错误,上诉法院都会尊重一审法院的判断。

在多伯特案件之后,几乎所有的联邦上诉法院仍然遵循传统的裁量权滥用规则。在1994年Bradley v. Brown案中,法官认为,多伯特规则将专家证言的可靠性问题细分为若干因素,这样有利于一审法院正确判断专家证言的可采性,其相信一审法

---

[1] See Joiner v. General Elec. Co., 522 U.S. 136 (1997).

院的法官有能力承担起专家证言"守门人"的职责，上诉法院的法官只有适用裁量权滥用规则，对一审法院存在明显错误的判断进行纠正，就能够很好地起到监督纠错的作用。

在 1995 年 Borawick V. Shay 案中，法官认为，以多伯特规则替代弗赖伊规则，本身就意味着对专家证言采信规则严酷性的降低，意味着将更多的裁量权授予一审法院，让一审法院的法官成为专家证言可靠性的"守门人"，这样一来，就没有理由放弃裁量权滥用规则。

虽然裁量权滥用规则仍然为大多数上诉法院所适用，但也有一些法院尝试适用其他的规则，来审查一审法院对专家证言的判断。例如，美国第六巡回法院就尝试采用"多样化标准"（multiple standard）来替代裁量权滥用规则。[1]但是，一些尝试采用其他标准的法院在经过一段时间的司法实践后，往往又重新选择了裁量权滥用规则。

20 世纪 90 年代初期和中期，一些巡回法院对一审法院将大量涉及科学领域的专家证言加以排除的做法感到忧虑。在 1994 年 In re Paoli R. R. Yard PCB 案件中，第三巡回法院对一审法院的专家证言采信采取了比裁量权滥用更为严格的检验标准，以防止一审法院过多地排除涉及科学领域的专家证言。对此，审理该案的法官解释道，"我们对地区法院正确适用多伯特规则以及《联邦证据规则》第 702、703 条的能力感到怀疑。事实上，上诉法院在判定专家证言的可采性问题上做得不会比一审法院差，因为对专家证言可采性判断应重点考察作出专家证言所依赖的科学方法，而了解科学方法的合理性只需进行书面审查就

---

[1] 该标准是第六巡回法院在 Cook v. American S. S. Co. 53 F. 3d 733 6th Cir. 1995 案中提出的，将一审法院对专家证言可采性的判断再细分为三类：①专家证人资格的判断；②专家证言可靠性的判断；③使用专家证人必要性的判断。

可以了，没有必要经过询问专家证人的程序，所以上诉法院也具备判断专家证言可采性的能力。"

这种观点在第十一巡回法院审理的通用电气公司案中得到了体现。第十一巡回法院没有适用裁量权滥用规则，而是对一审法院的专家证言采信采用了一个的检验标准，并最终否定了其判断。联邦最高法院对此明确表示反对并在此强调：地区法院作为一审法院有权并有能力对专家证言的可采性作出正确的判断，地区法院的判断足以确保专家证言具有相关性和可靠性，上诉法院在审查地区法院的相关判断时仍应适用裁量权滥用规则，在一般情况下应当尊重地区法院的判断，轻易不得变更，只有在判断发生明显的谬误时上诉法院才能加以修正。同时，联邦最高法院也明确支持了多伯特规则对弗赖伊规则的取代，促进了多伯特规则在实践中的适用。由于裁量权滥用规则强调对地区法院判断的尊重，使得上诉法院在判断专家证言的可采性问题时实际上也适用了多伯特规则。[1]

六、库霍轮胎公司（Kumho Tire Company）规则

（一）案情

1993年7月6日，帕特里克·卡迈克尔（Patrick Carmichael）驾驶的小型厢式车的右后轮爆胎了，在由此造成的事故中，一名乘客死亡，其他人都严重受伤。1993年10月，卡迈克尔一家对轮胎的制造商和经销商（统称为"库霍轮胎 Kumho Tire"）提起了这一跨州诉讼，诉称轮胎有缺陷。

原告聘请的轮胎故障分析专家丹尼斯·卡尔森（Dennis Carlson, Jr）指出，卡迈克尔一家使用的这种钢带子午线轮胎，

---

[1] 参见徐继军：《专家证人研究》，中国人民大学出版社2004年版，第34-35页。

是由多层弹性线绳的"胎体"（帘布层和钢丝层）构成的。卡尔森承认轮胎已经行使了很长时间，胎面已经磨光，上面有两个空洞并没有进行足够的修补，但是系其制造或者设计上的一个缺陷导致了爆胎。他的这一结论在一定程度上立足于三个前提：①在胎面磨光后，轮胎的帘布层应当在相当长的时间内与胎面内侧粘在一起；②事故之前，有关轮胎的胎面已经与其内侧的钢丝带束层胎体分开了；③这种"分离"造成了爆胎。

库霍轮胎向地区法院提出动议，认为卡尔森的方法未能达到《联邦证据规则》第702条的可靠性要求。地区法院同意库霍轮胎的意见，认为法官应当作为专家证言可靠性的"守门人"，并且根据多伯特案件提到的与可靠性相关的因素对卡尔森的方法进行了审查，如理论的可验证性、它是否是"同行评议或发表的主题""已知或潜在的误差率"以及"在相关科学界内……的接受程度"。地区法院判定，所有这些因素都不支持卡尔森方法的可靠性，排除其专家证言。

第十一巡回区法院推翻了该判决，认为联邦最高法院在多伯特案件中明确将其裁决限定为仅仅涵盖科学背景，多伯特规则仅仅适用于专家立足于科学原则的适用这种情况，而不是立足于技能性或者以经验为基础的观察这种情况。其结论是，卡尔森的证言立足于经验的，在多伯特案的范围之外，应当依据《联邦证据规则》702条进行审查。

联邦最高法院发出了调卷令。

（二）主要内容

1. 关于多伯特规则的适用范围

联邦最高法院认为，在多伯特案中，法院明确说明是该规则中的知识而不是修饰该词的词（例如科学），确立了证据可靠性标准。作为一个语言问题，该规则将其可靠性标准适用于所有处于其范围内的科学、技术或者其他专门事项。多伯特案指出,《联邦证据规则》702 条、703 条赋予了专家证人比其他证人所没有的证言自由度,这是建立在这样的假设上的,即专家的意见在其学科领域内的知识和经验方面,具有可靠的基础。《联邦证据规则》将该自由度赋予了所有专家,而不仅仅是科学专家。

如果法官的守门义务取决于科学与技术或者其他专门知识之间的区别,那么要求法官运用这样的证据规则,即使不是不可能,也是非常困难的。这二者之间没有清晰的界限,诸如工程学这样的学科也立足于科学知识,纯科学理论自身的发展也可能取决于观察及适当建造的机械。进行这样的区分没有令人信服的需要,各类专家的结论与其观察之间是通过运用 Learned Hand 法官所称的源自专门经验的……普遍真理而联系起来的。

多伯特案件的一般原则适用于《联邦证据规则》702 条中所规定的专家事项,该规则就所有这些事项,确立了证据可靠性的标准。在就这类证言的事实根据、数据、原理、方法或者其适用产生了充分的疑问时,审判法官必须确定,该证言是否在(相关)学科领域的知识和经验方面,具有可靠的基础。

被告问及在审判法官确定工程专家证言的可采性时,是否可以考虑多伯特案所说的与法官的守门决定有关的几项更为具体的因素……对于问题中加了粗体的"可以"这个词,笔者认为对该问题的回答是可以。多伯特案讲得很清楚,其所提及的因素并不构成确定的清单或者标准,守门审查必须与特定案件的事实联系在一起,依赖于有关特定案件的特定情况。

2. 地区法院的自由裁量权是否合法

就像确定专家的有关证言是否可靠一样,审判法院在确定如何检验专家的可靠性时,必须有同样的自由度,并决定是否需要或者何时需要采用特别指示或者其他程序来调查该可靠性。地区法院并没有怀疑卡尔森的资格，其资格包括机械工程学的硕士学位，在 Michelin America 公司十年的工作经验，以及在其他侵权案件中作为轮胎故障顾问提供过证言。相反，排除该证言，是因为尽管存在这些资格，最初怀疑并判定不可靠的，是专家在分析通过目视检查获得的数据时所使用的方法，以及这种分析的科学基础（如果有的话）。

卡尔森作证说，在四个过度使用迹象（胎肩磨损比例更大，胎圈造成的沟槽痕迹，胎侧褪色，轮缘的瘢痕），在至少缺少两个迹象的情况下，他的结论是轮胎缺陷造成了这种分离。他的分析取决于对一个更不明确的命题的接受，该命题是，他的视觉和触摸检查能够确定他面前的轮胎没有过度使用，尽管他看到了恰恰存在这种迹象的某些证据（以及两个孔洞）。

地区法院在就卡尔森在这些情况下使用的方法进行的辩护进行寻找后，没有找到令人信服的辩护。相反，卡尔森发现：①没有一个多伯特案的因素，包括在相关专家共同体内的"普遍接受"，能表明卡尔森的证言具有可靠性；②卡尔森的分析没有发现能够超过那些多伯特案件所列明的因素的支持可采性的抵消因素；以及③当事人在其诉状中没有指明这些因素，将这三个原因通盘考虑，地区法院的结论是卡尔森的证言不可靠。

本案的特定问题，涉及使用卡尔森的二因素标准和他相关的目视和触摸检查方法，在似乎是很小的观察差异基础上得出结论。笔者在记录中没有找到迹象表明工业中的其他专家使用卡尔森的二因素标准，或者卡尔森这样的轮胎专家通常使用这种非常细微的差别——例如按照卡尔森自己的理论，胎肩的相对更大磨损的对称性是必然的——来支持其结论。尽管轮胎测试很多，也没有提到能证实卡尔森的方法的文章或者论文。

总之,《联邦证据规则》702 条赋予了地区法院法官自由裁量权,来根据特定案件的特定事实和情况确定可靠性,对这种裁量权的滥用可以进行审查。本案中,地区法院并没有滥用自由裁量权。因此,撤销上诉法院的判决。[1]

(三) 评价

多伯特案件产生之后,围绕其适用范围问题,美国司法界有着激烈的争论,各法院大致有三种做法:①多伯特规则仅仅适用于科学领域的专家证言,而且该专家证言所依赖的科学方法应当是新的方法(novel),这是多伯特规则最窄的适用范围。②多伯特规则适用于涉及科学领域的专家证言,但专家证言所依赖的科学方法并非一定是新的方法,这是适用的中等范围。③多伯特规则可以适用于所有的专家证言,这是最宽泛的适用范围。事实上,上述三种做法只是大致上的划分,在三种基本做法之下还形成了各种数不清的具体做法。[2]

在库霍轮胎案中,联邦最高法院的裁决终结了这场关于多伯特规则适用范围的争论。联邦最高法院认为,《联邦证据规则》第 702 条催生了多伯特规则,所以多伯特规则在适用范围方面应当与《联邦证据规则》第 702 条保持一致。而《联邦证据规则》第 702 条的适用并不区分科学证言和非科学证言,可以适用于一切的专家证言,因此多伯特规则的适用范围应当是宽泛的,可以适用于一切专家证言的可采性判断。从这个判例开始,多伯特规则逐渐成为美国各法院判定专家证言可采性的普遍性规则。

---

[1] See Kumho Tire Co. v. Carmichael. 526 U. S. 137 (1999).
[2] 参见徐继军:《专家证人研究》,中国人民大学出版社 2004 年版,第 36 页。

七、《联邦证据规则》第 702 条的修订

(一) 主要内容

在多伯特案件之后,1998 年 8 月 8 日修订的《联邦证据规则》第 702 条,增加了专家证言的三项可采性标准:①证言基于充分的事实或数据资料;②证言是可靠的原理或方法的产物;并且③证人将这些原理和方法可靠地适用于案件的事实,即充分性、可靠性和适用性。

关于适用性标准,要求专家证人将其采用的科学原理和方法可靠地适用于案件的事实,进一步强调科学方法和结论之间不能存在分析上的空白,法官不仅评估专家证言依赖方法的可靠性,而且还要评估专家意见的说服力,没有满足适用性标准的科学证据不具有可采性。

2000 年 12 月,《联邦证据规则》第 702 条进行了修正,新增了一项专家证言的要求,即专家的科学、技术或者其他专门知识将会帮助事实审判者理解证据或者确定争议事实。2011 年美国《联邦证据规则》重塑时,对第 702 条的语言进行了修正,没有实质性修改。这样目前《联邦证据规则》第 702 条的完整条文内容为,[1]在下列情况下,因知识、技能、经验、训练或者教育而具备专家资格的证人,可以以意见或者其他的形式就此作证:①专家的科学、技术或者其他专门知识将会帮助事实

---

[1] 702 条修正后的原文为:Rule 702. Testimony by Expert Witness——A witness who is qualified as an expert by knowledge, skill, experience, training, or education may testify in the form of an opinion or otherwise if: (a) the expert's scientific, technical, or other specialized knowledge will help the trier of fact to understand the evidence or to determine a fact in issue; (b) the testimony is based on sufficient facts or data; (c) the testimony is the product of reliable principles and methods; and (d) the expert has reliably applied the principles and methods to the facts of the case.

审判者理解证据或者确定争议事实；②证言基于足够的事实或者数据；③证言是可靠的原理和方法的产物；以及④专家将这些原理和方法可靠地适用于案件的事实。也就是专家证言的采信，要具备帮助性、充分性、可靠性和适用性等标准，将"多伯特案件""通用电气公司案件"和"库霍轮胎案件"的内容进行了法典化。

(二) 评价

关于专家证言的可采性，美国经历了相关性规则——1923年弗赖伊规则——1975年《联邦证据规则》——1993年多伯特规则——1997年通用电气公司规则——1999年库霍轮胎规则——2000年《联邦证据规则》的修订，这样一个发展历程。[1]美国有关专家证言可采性规则的规定，一百多年来，一直处于不断的发展变化中，从无到有、从宽到严又从严到宽，由几个典型的判例逐渐加以完善，体现了人们认知能力的不断加强及对科学技术认识的不断理性化。

在证据证言可采性规则的形成过程中，作为司法实践先锋的法院与立法机关都起到了积极的作用，其中《联邦证据规则》更是司法机关与立法机关合作的结晶。在弗赖伊规则适用之后，其不利于新科学方法在诉讼证明中运用的弊端为司法机关感知，通过司法机关与立法机关的合作，司法机关降低专家证言可采性标准的要求在规则中得到了体现。而如何解释《联邦证据规则》第702条对专家证言可靠性的要求，又在司法实践中通过多伯特判例得到具体化。这种自下而上，再自上而下的立法方式保障了制定法对司法实践要求的真实反映，而司法判例对制

---

[1] 其中，1993年多伯特案件、1997年通用电气公司案件和1999年库霍轮胎案件，被称为"多伯特三部曲"（the "Daubert" Trilogy）。

定法的解释又赋予制定法呆板的条文以生命力。[1]

当然,尽管与其他英美法系国家相比,美国有关科学证据的可采性规定走在了前列,并将有关科学证据的可采性规则扩展适用于一般的专家证据,在如何判断专家证据的有用性和可靠性方面制定出一套行之有效的方法。但由于美国是一个联邦制国家,联邦最高法院的判决和解释并不必然适用于各州,迄今为止,在是否采纳专家证据所适用的标准上仍存在某些混乱的局面,例如有的州适用比较严格的普遍接受弗赖伊规则,有的州采用《联邦证据规则》第702条。但是,无论专家证言可采性的规则如何发展变化,其根本宗旨是发现真相和维护公正。[2]

---

[1] 参见徐继军:《专家证人研究》,中国人民大学出版社2004年版,第39页。
[2] 参见季美君:《专家证据制度比较研究》,北京大学出版社2008年版,第102页。

第三章
专家证言可靠性的保障

　　规定专家证人出庭作证，是利用专家所具备的专业知识，帮助外行的事实审判者理解证据或者是决定存在争议的专门性问题，以便准确认定案件事实。但值得警醒的是，专家证言如同一把"双刃剑"，事实认定者感受到专门知识的强大有力时，也可能由于自身的无知被专家证言所蒙蔽。相比外行证言，不可靠的专家证言有时造成的危害可能更大，特别是在刑事审判中。众所周知，在所有的交通工具中，飞机的安全系数是最高的，但一旦出现飞行事故，其危险程度往往是毁灭性地。从某种意义上说，专家证言的证据特性，犹如交通工具中的飞机，一旦法庭上出现不可靠的专家证言，对于整个法庭审判或许是一场重大灾难。由于产生外行证言的推论过程是以普通常识为介质的，而常识是包括陪审团或法官等事实认定者在内的任何人所具备的经验性知识。因此，当外行证人在法庭上作证时，陪审团、法官及律师与这些外行证人是处在同一个交流和对话平台的，或者说是置身于同一个思维空间的。因此，对抗制程序中通过质证和交叉询问等制度检验证人证言可靠性的功能得以彰显，法官、陪审团或律师，完全可以凭借自身拥有的常识对外行证言进行分析和辨别，及时揭穿谎言和其他不可靠的证词。反之，正如英国的 Paul. Roberts 教授所说的那样，"专家证人与法官或陪审员及律师之间的对话，如同动物与人类之间的对话"。这虽然是一个很尖酸的比喻，但却道出了法庭审判活动中专家证言这一特殊证据的可靠性问题，确实发人深思。Paul. Roberts 教授强调，实际上，最近一些涉及统计学证据的臭名昭著的错误裁判，最终证明是由专家们的错误引起的[1]。澳大利亚历史上最为有影响力的一个错案，[2] 也是因为陪审团在自身缺乏相关专业知识的背景下，秉持着对专家证言的充分信赖，而最终认定实际上无辜的被告有罪。正如美国某法庭判决书中写道，[3]专家证言不同于其他任何证人证言，因为陪审员也许会认为，这是科学，是一个基于专业性的判断，因此会给予专家证人证言本应得到的更多信任。

当专家辅助人出庭作证制度在我国刑事诉讼法和民事诉讼法修改之际，正式以立法的形式登上大雅之堂时，可谓是褒扬声一片[4]。诚然，规定专家证人出庭作证，是我国借鉴普通法系的先进经验，贯彻审判中心主义及直接言词原则的司法文明之举。但值得注意的是，"玫瑰虽美，但却有刺"，如果不能搭建起我国法官与专家证人平等对话的平台，不能确保被告方能够拥有自己的专家证人与检控方平等对抗，专家证言"这朵玫瑰"可能会时不时刺伤法官的双眼，导致错案，从而与当初的立法意图事与愿违。

一、影响专家证言可靠性的各种因素

（一）专家在作证过程中运用了不可靠地专业知识

美国《联邦证据规则》702 条规定，"当满足下列条件时，因

---

[1] Paul Roberts, "Communicating and Interpreting Statistical Evidence in the Administration of Criminal Justice".
[2] Chamberlain v R (No 2) (1983) 153 CLR 521.
[3] See United States v. Hines, 55 F. Supp. 2d 62, 64 (D. Mass, 1999)
[4] 郭明生："为专家辅助人出庭制度叫好"，载 http://jxwafy.chinacourt.org/public/detail.php? id=760，访问日期：2015 年 2 月 19 日。

其具备的知识、技能、经验或因接受过专业培训和教育而获得专家资格的证人，也许（may）可以意见或其他形式作证：①专家的科学、技术或者其他专门知识将会帮助事实审判者理解证据或者确定争议事实；②证言基于足够的事实或者数据；③证言是可靠的原理和方法的产物；④专家将这些原理和方法可靠地适用于案件的事实"。从该规定不难看出，法官这个"守门人"（gatekeeper）对专家证言的采纳问题责任重大。首先，法官需要判断证人是否具备专家资格。其次，法官要对构成专家证言的四个实用性具体要素进行严格审查。而也许（may）一词，更是道出了美国联邦立法对专家证言可靠性的高要求。但在司法实践中，专家证言并没有被审慎鉴别，许多不适格的专家证人证言涌入法庭，成为事实审判者定案的重要依据，从而酿成冤假错案。即便作为法治发达国家的美国也是如此。美国弗吉尼亚大学法学院教授 Brandon L. Garrett 和"无辜者工程"的共同创立者兼联席主席的 Peter J. Neufeld，于 2008 年在美国的 25 个州，对多达 156 名依靠事后 DNA 检验而获无罪释放的无辜者的先前庭审案卷材料进行实证研究，发现无辜者被错判，与出庭作证的专家证人不适格这一因素密切相关。[1]这一调查研究结果显示，主要是两种不可靠的专家证言导致了无辜者被错判。一是法庭科学专家误用了有关人口的实证数据（empirical population data），二是专家意见没有实证数据的支持。根据《联邦证据规则》第 702 条（b）的规定，专家证言必须建立在充分的事实或数据之基础上。但是，在 Garrett 教授该项研究中提到的 Durhanm 案件中，检控方的专家证人作证说，大概有 5% 的人拥有像 Durhanm 一样的红黄色头发。但实际上是没有任何实证数

---

[1] See Brandon L. Garrett, Peter J. Neufeld, "Invalid Forensic science testimony and wrongful convictions", Virginia Law Review, Volume 95, March 2009.

据对人的头发特性的概率加以表征的。因此，该专家的证言完全没有数据的支持，更谈不上建立在充分的数据之基础上了。《联邦证据规则》第702条（d）则强调，专家将这些科学原理和方法可靠地适用于案件的事实。而Garrett教授此项研究中涉及的Dotson一案显示[1]，导致Dotson被错误指控的重要原因之一，是控诉方的专家没有将相关的统计学方法恰当地适用于该案，错误的使用了有关人口的实证数据。该案专家作证说，Dotson和精子的提供者都属于B型血，在白种人中，只有11%的人是B型血，这就意味着Dotson属于11%的B型血人群而成为精子提供者怀疑对象，而不是作为非B型血的89%人群被排除。这样的推理逻辑是正确的。但问题在于，由于本案被害人也属于B型血，因此，有可能在被检测的样本中混合了被害人自身的体液，同时还有可能，在样本中发现的B型血载体完全来自于被害人。此时，就相当于检测的样本中没有任何关于精子提供者的特征要素。因此，任何一个男性都可能是潜在的精子提供者。这样一来，Dotson就不应该归入11%的人群范畴，而属于100%的可能性范围。很显然，本案专家证言出错的主要原因是其没有结合案件具体情况，错误地使用了统计学方法。

（二）专家证人的偏见

曾在1989年时，美国儿科协会就在医学界率先阐释什么是适格的医学专家证人证言。到2002年时，进一步将适格医学专家证言的标准修订为捍卫内科医生专家证言的客观性。[2]但遗憾的是，司法实践的作证过程中，专家证人有意识和无意识的

---

[1] Dotson是自1989年法庭科学获得迅猛发展后，美国运用DNA技术使无辜入狱者获得释放的第一人。

[2] See "Expert Witness Participation in Civil and Criminal Proceedings", From The American Academy of Pediatrics.

偏见一直是一个不可回避的难题。

1. 有意识的偏见

从理论上讲，专家证人在作证过程中产生有意识的偏见，不应该出现在美国的司法实践中。因为，根据美国《联邦证据规则》的立法精神，是不允许专家证人产生偏见的。从《联邦证据规则》第702条（a）这一规定可以看出，专家证人的角色定位是帮助事实审判者。既然与中立的事实审判者处于同一战线，专家证人也应该中立客观的依据专业知识发表意见，以帮助外行的事实审判者理解证据或是确定争议事实。与律师基于职业道德积极主张其所代理的当事人的观点不同，专家证人的职责是帮助事实审判者在法庭审判过程中发现事实真相。但实际上，如同美国19世纪的党派偏见一样，专家证人的偏见问题，在当今美国或许是最为严峻的司法困境。首先，与事实证人因其知晓案件事实基于亲身知识出庭作证不同，专家证人出庭作证是一种利益驱动行为，因此，常常不惜歪曲事实而作出有利于其雇主的专家意见。正如Sam Gross教授在其一篇非常有影响力的论述专家证言问题的文章中所写到的，专家的收入取决于其证言必须满足那些购买他们证言的消费者的利益。如果专家不这么做的话，他们将会失业。[1]虽然，外行证人也会产生偏见，但比起这些为了维持生计，或者是为了获得可观收入而出庭作证的专家来，外行证人偏见问题显然不及专家证人那么严峻。因为，目击证人对于案件纠纷本来毫不知情，只是碰巧案件发生时他（她）在场。实际上，其证言对于双方当事人来说都是有用的。因此，基于自身知识出庭作证的事实证人，相当于在

---

[1] Roger C. Park, David P. Leonard, "Evicence Law", Third Edition, West, a Thomson business, 1998, 2004, p17.

履行一种公民义务，[1]其因出庭作证或许可以获得少量的人工费，但与专家证人作证获取的巨额收入相比，不可同日而语。有数据显示，仅一年的时间里，O'Donnell 因从事专家咨询工作所获得的报酬将近 750 000 美元，[2]面对如此巨大的利益诱惑，专家证人难免产生偏见。其次，对抗制体制下双方律师一味获胜的心理，也在某种程度上催生了专家证人的偏见。利用法官和陪审员对专家证言的迷恋心理，双方律师往往在对抗中打出专家证人这张王牌以获取事实审判者的认同，而最终获取胜利。当然，律师赢得庭审的前提是先要说服专家证人支持己方的主张和观点，一旦被律师成功"收买"，专家证人在法庭作证过程中便理所当然的产生了偏见。而且，Brandon L. Garrett 教授研究团队的调查研究结果显示，检控方律师为了实现有罪指控，其雇佣的专家证人更容易产生偏见。[3]比如，在上述提到的 Dotson 一案中，检控方的专家证人就故意隐瞒了被害人也是 B 型血的事实，导致陪审团被误导。

2. 无意识的偏见

无意识的偏见是与有意识的偏见相对的。有意识的偏见是在明知的心理状态下产生的，而无意识的偏见是潜意识的，往往是由行为人的职业特性或思维习惯所决定的，是产生偏见之人自身所无法控制的。以指纹专家为例，美国国家技术与标准学院（national institute of standards and technology）2012 年的一份调查报告显示，在对指纹证据进行检验的过程中，很多时候，这些检验者都不可避免地添加了自己的主观判断。比如，可以

---

[1] See Gross, supra note 1, at 1127.
[2] Newton v. Roche Babs, Inc, 243 F. Supp. 2d 672 (W. D. Tex. 2002).
[3] Brandon L. Garrett 教授研究团队在美国 25 个州展开的调查，是首次专门针对因检控方不可靠的专家证言而导致错误指控进行的研究。

分析这些诸多特性中的潜在特性吗？潜在的与已知的，这两者之间的明显差异是一个真正的区别吗？或者说它只是一个人为结果？为了回答这些问题，检验者必须要借助主观判断。[1]与指纹专家一样，许多专家在开展专业工作的过程中都不可避免地要依赖主观判断，这自然就为偏见敞开了大门。日本学者认为，[2]如果专家证人只是单纯向事实审判者再现其专门知识的话，通常是不会出错的。但事实上，专家总是在不经意间试图对知识进行扩张，从而导致某些错误。

专家证人无意识偏见产生的原因，是专家在进行主观判断的过程中，接触到了众多具有干扰性的外部信息，这些外部信息过早的植入了专家证人的思维系统，从而影响其作出客观中立的判断。在刑事司法领域，这样的外部信息主要有两种表现形式，一是检控方关于被告认罪的指控意见。事先知晓此类外部信息，会导致专家证人发表不利于被告的意见。一项心理学研究结果显示，[3]6名专家受邀对指纹证据进行检验，在未被告知相关外部信息之前，他们各自进行了专业分析。但是，当6名专家获取了关于被告已经认罪的信息后，17%的专家改变了之前的意见。美国国家技术与标准学院在其2012年的调研报告中总结道，为了避免专家证人无意识的偏见，特别是针对被告的偏见，最好是设计出合理的程序，阻止专家证人接触关于被告有犯罪前科或被告已认罪的相关外部信息。同时，辩护方可以利用传闻证据排除规则，将某位专家证人在从事专业检验工作之前，已经从某位警察那里听闻到不利于被告的外部信息这一事

---

[1] See Giannelli, "Scientific Evidence", Chapter 16 Fingerprints.
[2] 参见[日]高木光太郎：《证言的心理学：相信记忆，怀疑记忆》，片成男译，中国政法大学出版社2013年版。
[3] See Spinney, The Fine Print, 464 Nature 344 (Mar. 18, 2010).

实揭露出来,然后将其证言排除。二是同行前辈针对同一专门性问题的先前意见。美国政府一项正式的调查结果显示,[1]后一位专家检验人往往会屈从于某位资深专家针对同一专门性问题已经得出的检验结果。通常,当后一位专家比前一位专家的资历浅,或者前一位专家是后一位专家的老师时,后面的专家最有可能产生无意识偏见。

(三)专家证言相互冲突时,事实认定者的"赌博"心理

在司法实务中,经常出现这样的情形,在某个案件的庭审中,双方当事人各自聘请的专家证人,就案件中某个专业性问题发表相互对立的意见。澳大利亚历史上著名的Chamberlain错案,正是由于双方当事人各自聘请的专家就案件遇害者生前所穿衣服上的"剪割线"的形成发表了互不一致的专业意见,使外行的陪审员困惑不已,并最终导致了错误指控。既然所谓的专家们都不能就某个专门性问题达成一致意见,又如何期待外行的事实认定者(法官或陪审团)获知真相并据此作出裁判?

但问题是,事实认定者的使命就是对案件事实作出决定,尽管扑朔迷离的案件事实(特别是案件中专家们各执一词的专业性问题)着实令人迷惑。此时,事实认定者的通常做法是,选择相信他们认为可信的专家的证言。不难看出,这相当于外行的事实认定者在对他们无法确知的事物进行一场"赌博",更多的是凭借自己的直觉或审判经验选择相信某个专家证人的证言,并据此作出裁判决定。美国旧金山的一个审判顾问公司(The Synchronics Group)[2]的调查研究显示,在法庭上表现优

---

[1] See Stacey, A Report on the Erroneous Individualization in the Madrid Train Bombing, 54J. Forensic Identification 707 (2004).

[2] The Synchronics Group Trial Consultants, established in 1981, is one of the oldest jury and trial consulting firms in American.

秀的专家证人会被陪审团认为更可信，而优秀专家的判断标准为，[1]面对陪审员时，双手置于椅子扶手上而不是交叉于胸前，或者避免胸前被文件等其他物体遮掩、双手掌外露而不是被衣袖遮住、保持平衡笔直的站姿以及面对陪审员或抗辩者时表现出坚定的眼神等。例如，当一位专家在作证过程中即使面对重重压力的时候，依然保持稳定不变的眼神，陪审员会认为专家是可信的，或者是当某个专家以真诚、尊重的眼神直视对方的抗辩者时，陪审员更倾向于认为，这位专家是公正且具有合作精神的，是致力于寻求事实真相的诚实的证人。为了迎合陪审员的判断标准，诸如（The Synchronics Group）这样的庭审培训组织在培训优秀的专家证人时，往往强调"赢得陪审员的心，而非赢得辩论"。但值得注意的是，经过培训而在庭审中举止表现优秀的专家证人，如同银幕上演技一流的演员，可能言不由衷。此时，如果陪审员根据经常经验选择相信此类专家证人的话，相当于进行了一次错误的赌注。

（四）专家证人的可信性

通常，影响证人可信性的四大要素是指：①对其用来报告所观察到事物的语言之解释能力；②证人的诚实与真诚；③观察结果的准确性；④证人对于其观察结果之记忆的准确性。[2]这是所有证人证言的四个"软肋"：叙事能力，诚实性，观察能力及记忆力。专家证人虽然主要是依靠其专门知识而非亲身知识在法庭上作证，依然要面对上述这些软肋。根据《联邦证据规则》703条的规定，一个专家可以根据其认识到的或者是亲自

---

[1] See "Five imperatives for expert", http://www.synchronicsgroup.com/, (accessed 19/2/2015).

[2] See Morgan, "Hearsay Dangers and the Application of the Hearsay Concept", (1948) 62 *Harv LR* 177.

观察到的案件事实或者案件中涉及的数据,来发表意见。Dale A. Nance 教授认为,专家可信性是影响专家证言可靠性的重要因素之一。[1]因此,专家证人在作证时发表的意见通常是建立在两部分知识之基础上,即专家认识到的或观察到的案件事实和专门知识。因此,与外行证人一样,其证言可靠性往往也与专家的记忆力或观察能力有关。以 Donaldson v. Northern Trading Company 一案为例,[2]原告方聘请的专家证人(一名注册电气工程师)作证说,原告在乘电梯时因电梯突然加速急剧下降导致原告受伤,系被告方(该电梯制造商)的疏忽责任引起。该专家证言主要基于以下事实和理由,通常只有三种原因会引起电梯超速运行:①电梯超载;②电压过大;③电机场路电流减弱。首先,根据原告所说,当电梯事故发生时,电梯里乘客的重量只有核准重量的一半,专家据此排除了第一种可能。其次,根据被告所说,事故发生后,他们当即派人对电梯进行了检查,发现电梯的整机电流处于良好的运行状态,专家据此又排除了第二种可能。最后,该电气工程师根据自己到事故电梯现场观测的结果(电梯厂商将电气连接到电机装置时,没有使用防松垫圈),及听别人说厂家才在事故发生前六天重新安装了该电梯的电机装置,据此认为,由于被告方的疏忽,导致电梯的电气连接出现松动,致使电机场路电流减弱,从而引起电梯超速运行。不难看出,该电气专家首先运用电气方面的专业知识分析了引发电梯超速运行的三种科学原理,再结合他分别从原被告处听到的以及亲自观察到的案件事实,通过三个推论,最终得

---

[1] See Dale A. Nance, Reliability and the Admissibility of Experts, Seton Hall Law Review, VOL. 34: 191.

[2] See Donaldson v. Northern Trading Company, 612 N. E. 2d 754 (ohio Appeals, 1992).

出最有可能导致事故发生的专家意见。因此，除了科学原理的有效性外，专家的记忆力及其观察灵敏度都是影响该专家证言可靠性的潜在因素。

二、如何保障专家证言的可靠性

专家证据既强大有力，又是如此深远的迷惑着陪审员的双眼，使他们被误导和困扰，各地区法院必须审慎衡量专家证言的证明力。[1]因此，如何保障专家证言的可靠性，是一个不容回避的话题。从上述影响专家证言可靠性的诸多因素来看，除了专家本身的观察灵敏度、诚实性、专业性等因素外，对专家证言进行审查的事实审判者也是考察要素。保障专家证言的可靠性，需要从以下几方面着手。

（一）规范专家证言可靠性检验标准及专家的职业伦理

在美国的司法实践中，为了保障专家证言的可靠性，赋予了法官"守门人"的角色。要求法官根据可靠性检验标准对专家证言进行严格审查，将真正可靠的证言采纳为证据。但是，Brandon L. Garrett 教授调研团队的研究报告显示，发生在美国的错误指控主要集中在20世纪80年代，即联邦最高法院还没有提高专家证言可靠性要求那段时期。比如，在多伯特标准实施之前，一直是普遍接受的弗赖伊标准占主导。虽然弗赖伊标准被许多专家称为严格的检验标准，但是当专家证言以某项新技术为依据时，普遍接受标准可能会把很多可靠的专家证言排除了。另一方面，那些被某个科学界所普遍接受的专门知识却往往又是不可靠的。比如，笔迹鉴定这个行业本身就是缺乏可靠性的，但笔迹鉴定意见却一直以来被事实审判者所广泛接受。在美国，

---

[1] See United States v. Frazier, 387 F. 3d 1244, 1263 (11th Cir. 2004)

为了提高专家证言可靠性检验标准，多伯特规则及 2000 年的《联邦证据规则》第 702 条的修正案相继出台。法官作为专家证言的"守门人"，还是应该从科学的视角多发问，这一科学原理是经过科学检验的吗？这些数据是通过何种方式获得的。在司法实务方面，美国律师协会（American Bar Association）开展了一系列有关法庭科学方法可靠性的改革。同时，美国国会给国家科学协会（NAS）分配的任务是，创建一套提高法庭科学质量的方法。[1]

同时，应该有一个如同律协一样的专门组织对专家进行教育、培训和指导，以规范专家的职业伦理。不论是作为原告方还是被告的证人，专家都应该以发现科学真理和案件事实真相为宗旨，尽可能穷尽案件事实的所有细节以保证专业意见的完整性和准确性。美国的国家法庭科学学院（National Insititute of Forensic Science），是一个独立的联邦机构，旨在促使专家在书写报告及作证过程中使用标准的专业术语，以免误导陪审团。

（二）对专家证人的程序性规制

1. 对专家证人进行交叉询问

交叉询问制度被喻为英美对抗制系统中揭穿谎言最为有利的武器。面对专家证人有意识的偏见这一难题，美国不少学者肯定了交叉询问制度对于遏制专家偏见的作用，虽然作用有限。Allen 教授认为，交叉询问将有助于揭露专家证人在陪审团面前产生的偏见[2]，专家证人的偏见问题确实是交叉询问过程中一个适当的议题。[3]交叉询问的主要目的，要么是为了使证人丧

---

[1] See Comm. on Identifying the Needs of the Forensic Science Cmty, available at http：www.nap.edu,（accessed 19/2/2015）.

[2] Ronald J. Allen &Joseph S. Miller, The Common Law Theory of Experts：Deference or Education?, 87 Nw. U. L. Rev. 1131, 1145-1146 (1993).

[3] See Wrobleski v. de Lara, 727 A. 2d 930, 938 (Md. 1999).

失信誉，要么是为了减少证人之间的相互冲突。特别是，当一方当事人的证人证言给对方当事人的利益造成损害时，对方律师通常会通过交叉询问针对该证人的信誉展开攻击。比如，针对证人在作证过程中表现出的不确定性，或者是当庭证言与先前相关陈述不一致的地方。而且，根据美国庭审经验，针对专家证人常常因为利益驱动而在出庭作证时产生有意识偏见这一现象，当对专家证人进行交叉询问时，首先，询问其近期因提供专家服务工作而获得的收入是多少。其次，询问其从专家服务工作中获取的总收入又是多少。最后，在交叉询问时，应该询问专家意见是否确实基于其自身的研究或分析，对于陪审团是否真正有帮助。[1]值得注意的是，虽然《联邦证据规则》705条出于简化专家证人出庭作证的目的，没有要求专家证人在发表意见之前，就其所依据的事实或数据作证，但是根据该规定，却可以要求专家证人在交叉询问时披露其发表意见时所依据的事实或数据。不难看出，《联邦证据规则》705条是在强调通过交叉询问制度，保障《联邦证据规则》702条中关于专家证言需要建立在充分的事实或数据之基础上的可靠性要求。

2. 对专家证人的信誉进行弹劾及建立起对不可信专家证人的问责制

在美国的司法实践中，对证人进行弹劾的形式通常包括以下几种[2]：对证人的偏见和偏好进行弹劾；对证人的诚实之品性进行弹劾；对证人的先前不一致陈述进行弹劾；对证人感知能力或观察力存在的缺陷进行弹劾；对证人的精神疾病或智力

---

[1] See People v. Spence, Court of Appeal of California, Fourth Appellate District, Division One, December 27, 2012, Opinion Filed D059463.

[2] Roger C. Park, David P. Leonard," Evicence Law", Third Edition, West, a Thomson business, 1998, 2004, p485.

缺陷进行弹劾。从影响专家证言可靠性的因素来看，专家证人若是在作证过程中产生偏见，或者是其感知、观察能力存在缺陷，在美国的司法实践中都是可以因此而受到弹劾的。虽然有学者认为，[1]《联邦证据规则》没有明确提及关于偏见的弹劾方法，但是在联邦的司法实践中，这样的弹劾技能依然是可以应用于攻击专家证人之偏见的。在 John Abel 一案中，[2] 美国联邦最高法院判定，《联邦证据规则》并没有在条文中说到使用偏见进行弹劾的问题，但是《联邦证据规则》有通过证明偏见来进行弹劾的意图。另外，在美国普通法的司法实践中，还可以通过一些外在证据（extrinsic evidence）对专家证人的可信性进行弹劾。比如，如果一名医生在作证时表明自己有丰富的从医经验，但如果对方律师发现他（她）的医师执业证是两年前刚取得的，就可以以此外部证据（医师执业证）对该专家的可信性进行弹劾。

在美国历史上，考虑到证人身份的自然属性，证人在作证过程中是享有法律豁免权的，即证人不因其不适当的作证行为而被问责，专家证人也一度与事实证人一样享有此项权利。但是，随着不可靠专家证言的频现及其对司法公正造成的危害，有评论家认为，由于专家证人往往是因为受原告或被告聘请而积极自愿出庭作证的，与事实证人因为知晓案件事实基于亲身知识出庭作证不同。因此，证人豁免权这项权利不应该适用于专家证人。对于不可靠地专家证人，可以由该专家所属的组织给予其除名的纪律处分，甚至可以针对专家证人的不适当作证

---

〔1〕 United States v. Abel, 469 U. S. 45（1984）; Imwinkelried, Giannelli, Gilligan & Lederer, Courtroom Criminal Evidence §713 (5th ed. 2011).

〔2〕 王进喜：《美国〈联邦证据规则〉（2011年重塑版）条解》，中国法制出版社2012年版，第173页。

行为提起控诉。

三、对我国专家辅助人出庭作证的启示

从美国关于专家证言可靠性的研究结果来看,对于当下的中国专家辅助人制度,至少有这么几方面是值得反思和警醒的:①非公益性的专家证人模式,容易催生专家偏见;②检控方为了实现有罪指控,容易剑走偏锋,检控方不可靠的专家证言频现;③辩护方专家证人缺位,控辩不平等,导致错误指控;④控方专家证人过早获悉被告认罪或被告有犯罪前科的外部信息,导致不利于被告的无意识偏见。

Brandon L. Garrett 教授团队的研究结果显示,所有冤案的一个共同特点是,检控方往往拥有阵容强大的专家证人,与之形成对比的是,辩护方常常在缺少专家证人帮助的情况下,不能与检控方平等对抗,导致辩护方律师未能有效通过交叉询问质疑检控方专家证人不可靠的证言。强调控辩平等的美国尚且如此,在辩护方势力相较控诉方明显处于弱势的我国司法体制下,当涉及检控方专家证人出庭作证的情形,其专家证言的可靠性不得不令人担忧和怀疑。而且,美国针对专家证言的可靠性设置了双重审查。首先,由法官来决定专家证言的可采性问题,经法官审查具备专家证人资格的,其证言才可以作为证据在法庭上使用。其次,由陪审团对专家证人的可信性和证言的证据分量进一步加以审查判断。即便有这样的双重审查标准,美国法庭中不可靠的专家证言依然防不胜防。而我国的法庭审判,只有外行的法官对专家辅助人的证言进行单方面审查,其可证言靠性问题更需审慎。

《中华人民共和国刑事诉讼法》(以下简称《刑事诉讼法》)第 192 条第 2 款规定,公诉人、当事人和辩护人、诉讼代理人可

以申请法庭通知有专门知识的人出庭,就鉴定人作出的鉴定意见提出意见。《中华人民共和国民事诉讼法》(以下简称《民事诉讼法》)第 76 条规定,当事人可以申请人民法院通知有专门知识的人出庭,就鉴定人作出的鉴定意见或者专业问题提出意见。虽然这两条规定只是含糊其辞地说,当事人可以申请法院通知有专门知识的人出庭,没有大方承认当事人与专家辅助人之雇主与雇员的关系。但是,《浙江省高级人民法院关于专家辅助人参与民事诉讼活动若干问题的纪要》第 18 条规定,专家辅助人出庭的报酬等有关费用,由申请该专家辅助人出庭的当事人负担。这一规定已经明确表明了当事人与专家辅助人之雇主与雇员的关系。如果任由我国的专家辅助人如同英美国家的专家证人那样,在非公益性的雇主与雇员关系下发展的话,这一被众多人看好的新制度,到头来可能会事与愿违。因此,应该强调由法庭指派公益性专家出庭就鉴定意见或专门性问题发表意见。尽管,我国有学者提出,对于确实因经济困难没有能力聘请专家辅助人的犯罪嫌疑人、被告人,如果其提出申请,办案机关应该为其免费提供专家辅助人,以维护其合法权益。[1]但正如美国学者在实证研究中显示的那样,专家证人往往在利益驱动下才会积极出庭作证。我国的封开案也正好印证了这一研究结果,该案专家辅助人之所以不同意出庭,最重要原因是被告人家属经济困难,无力支付专家辅助人出庭所需费用。[2]为了实现真正的控辩平等,保障辩护方能够对控方专家证人的不可靠证言有效展开交叉询问,我国有必要借鉴意大利的相关

---

[1] 杨霄芳、张博:"构建我国刑事诉讼专家辅助人制度的几点设想",载《法制与社会》2013 年第 7 期。
[2] 王思鲁、黄坚明:"从控辩平等视角论刑事诉讼专家辅助人制度之完善",载 http://bbs.tianya.cn/post-law-612065-1.shtml。

经验，由国家来保障弱势一方当事人平等对抗的权利。意大利刑事诉讼法对于专家辅助人的规定较为典型和全面，其中《意大利刑事诉讼法典》第225条规定，在决定进行鉴定后，公诉人和当事人有权任命自己的技术顾问，各方任命的技术顾问数目不得超过鉴定人的数目。在国家救助法规定的情况和条件下，当事人有权获得由国家公费提供的技术顾问的协助。[1]另外，美国《联邦证据规则》706条也规定了法院指定专家证人的情形。根据《联邦证据规则》的立法宗旨，法院指定专家证人，往往处于以下五点考虑：①当事人可能因为财力等原因无法获得专家的帮助；②当事人提供的专家证人，可能是最好的证人，但不是最好的专家；③在两个相互矛盾的解释同时出现的时候，陪审团可能无法决定何者正确；④使用中立的专家有利于解决纠纷；⑤对当事人雇佣的专家存在不信任。[2]不难看出，《联邦证据规则》的立法者早就意识到由当事人一方雇佣的专家证人证言的不可信，特别是出于对检控方专家证言的不信任，及正当程序下控辩双方平等武装的需要，很多人认为，根据Ake V. Oklahoma一案[3]，被告应该拥有获得专家支持的权利。但在美国对抗制体制下，强调当事人是证明案件的主要责任人，以及考虑到指定专家证人的昂贵成本，在司法实践中，大部分州都没有按照规定去资助贫困的当事人获得专家的帮助，法官很少行使指定专家证人的权力。这也是为什么美国法庭会存在如此

---

[1] 黄风译：《意大利刑事诉讼法典》，中国政法大学出版社1994年版，第78页。

[2] See Michael H. Graham, Evidence, An Introductory Problem Approach, 340-41 (2nd ed. 2007)

[3] See Ake V. Oklahoma, 470 U. S. 68, 83 (1985)

多来自检控方的不可靠专家证言[1]。作为更多体现职权主义色彩的我国法庭来说，针对经济困难而无力聘请专家辅助人的被告方，我国的法官能否积极主动的使用指定专家证人这项体现控辩平等的权利呢？从美国的经验教训来看，法官能否行使好这项权力，直接关系到我国专家辅助人出庭作证制度的实施效果。

总之，相比外行证人证言，除了专家的可信性（感知、记忆、表达能力及诚实性）会影响专家证言的可靠性外，专家运用的专业知识本身的可靠性及因专家的特殊职业和身份所导致的职业偏见（如前文中提到的无意识偏见）等其他复杂因素，进一步增加了外行的法官或陪审团在事实认定中对专家意见的可靠性进行鉴别的难度。我国之所以在2012年修改《刑事诉讼法》和《民事诉讼法》时增加关于"专家辅助人出庭作证"的规定，正是因为认识到了影响专家证言可靠性因素的复杂性。因此，其试图通过专家辅助人这样的专家出庭，以便对专家出具的鉴定意见进行质证，与鉴定人等专家进行对抗。事实证明，法庭上专家之间的相互抗衡，对于发现和揭露瑕疵专家意见是极为有效的，特别是对于保护被告的权益意义重大。我国著名的安徽"陷警门"案，是专家辅助人出庭作证捍卫被告合法权益的积极例证。[2]但值得注意的是，专家辅助人在法庭上发表的意见，也构成了与鉴定意见同等性质的专家证言，其可靠性

---

[1] Brandon L. Garrett 教授调研团队在其报告中写道，这些后来被认定无罪者的比例比之前报道出来的要高。

[2] 在该案中，两名警察以故意伤害致人死亡罪被判处有期徒刑10年。在二审中，辩护方认为由最高人民检察院出具的鉴定意见是严重不可靠地，并聘请我国知名法医鉴定专家刘良教授对控诉方的鉴定意见进行质证，从而最终认定两名被告人无罪。参见毛立新："用好专家辅助人制度"，载《第八届尚权刑辩论坛上的点评发言》。可见，保证被告方拥有优秀的专家辅助人与强大的检控方抗衡，是保障被告人合法权益，实现控辩平等和司法公正的重要条件。

同样复杂难辨。因此，当我国在司法实践中切实运行这项新制度时，一定要汲取美国司法实践中的经验教训，不能任由当事人来聘请专家辅助人，而应该由国家对无力聘请专家的被告方进行资助，由法庭为一些被告方聘任专家辅助人。事实上，特别是在刑事案件中，相比被告方，控诉方往往表现得财大气粗，他们拥有更多的优势资源去聘请优秀的专家替己方作证。Brandon L. Garrett 教授团队调研结果显示，如果专家辅助人制度运行不当的话（即不能让被告方享有同等的专家资源与控诉方对抗），会因检控方专家偏见等一系列不可靠因素导致专家证言不可靠，从而最终酿成冤假错案的司法悲剧。近些年来，我国的一系列重大冤假错案，在某种程度上，与被告方不能充分平等地行使辩护权是密切相关的。"他山之石，可以攻玉"。美国的相关司法经验教训提醒我们，必须保障被告方拥有同等优质的专家资源与检控方抗衡。否则，专家证言这把"双刃剑"可能会时不时错伤无辜。

四、专家辅助人的定位

从整体上说，对于专家证据制度，大陆法系国家形成了以法院专家为主，当事人专家为辅的模式，英美法系国家形成了以当事人专家为主，法院专家为辅的模式。我国整体上属于大陆法系国家，除了传统的司法鉴定制度，立法上确立了专家辅助人制度。

而专家辅助人是指根据诉讼双方申请并经法院同意，出庭代理聘请方就专业性问题进行陈述、解释、说明以及对有关鉴定意见或其他涉及专业性问题的证据发表质证意见的专业人员。由于"对绝大多数法官而言，面对诉讼上的专业技术问题简直就是文盲（或无知）"。[1]专家辅助人由当事人聘请，用以弥补事实认定者和当事人专业知识的不足，对鉴定意见进行质证。我国的专家辅助人制度是一项新事物，是借鉴英美法系专家证人制度和日本诉讼辅助人制度的一项立法设计，由此建立了我国鉴定人+专家辅助人的"双轨制"专家证据制度。

（一）专家辅助人在我国的发展历程

1. 2001 年之前，立法空白时期

在 2001 年之前，专家辅助人制度在我国立法阙如。但是司法实践中却产生了一些专家辅助人参与诉讼的例子，其中具有标本性的是 1998 年福州市中级人民法院审理的"IP 电话案"。

（1）起因：福州陈氏兄弟私营 IP 电话，涉嫌非法经营罪。

1997 年 3 月，35 岁的福州马尾区市民陈锥通过因特网下载了网络电话软件 Net2-Phone，他将组装的 586 兼容机与住宅电话通过调制解调器连接在一起设置成网络电话。9 月，陈锥利用因特网电话为其弟弟陈彦经营的诚信家用电器商场促销商品，但凡到诚信家用电器商场购买家用电器可免费利用因特网电话与在国外的亲友通话 5 分钟。有些顾客要求提供更长一些通话时间，于是陈彦就在 10 月申请了一部公用电话，将公用电话设置成因特网电话，通过电信 163 开始对外经营长途电话业务。

12 月 22 日，福州市马尾区电信局柯副局长检查公用电话时，告诉陈锥不能利用因特网电话对外从事国际长途业务，于是陈锥就停止了因特网电话业务。12 月 23 日，福州市电信局向福州市公安局马尾区分局报案称，电话用户陈彦利用微机互联网通话软件，对外开办国际长途电话业务，按挂发不同国家、地区每分钟收取 6 元至 9 元通话费不等，违反了长途通信业务

---

[1] David L. Bazelon, "Coping with Technology Through the Legal Process", 62 *Cornell L. Rev.* 817, 817 (1976/1977).

和国际通信业务由邮电部门统一经营规定,严重损害国家和邮电企业利益,扰乱了电信市场秩序,也严重威胁到国家安全,请求立案侦查,并依法追究其刑事责任。

福州市公安局马尾区分局经调查,认为报案内容属实,于12月25日就上诉人陈锥、陈彦的行为是否涉嫌《中华人民共和国刑法》(以下简称《刑法》)第250条规定的非法经营罪犯罪嫌疑及是否能够立案侦查向福建省公安厅刑警总队请示。福建省公安厅刑警总队于1998年1月2日批复福州市公安局马尾区分局,同意立案侦查,并要求该局依法查处。1998年1月3日,福州市公安局马尾区分局对该案刑事立案。同年1月7日,福州市公安局马尾区分局对陈彦的住宅进行了搜查,扣押了陈彦用于网络通话的电脑及配件,并限制了陈彦的人身自由。1月9日,陈彦在其家属缴纳了暂扣款20 000元后被解除对人身自由的限制。1月10日,福州市公安局马尾区分局传唤陈锥。1月22日,福州市公安局马尾区分局再次传唤上诉人陈锥。1月24日,陈锥在家属缴纳了30 000元的暂扣款后被释放,收据为"非法经营电信"暂扣单据。

(2) 一审:陈氏兄弟起诉公安局,一审驳回起诉。

1998年5月20日,陈锥、陈彦委托在网上认识的律师杨新华向福州市马尾区人民法院提起行政诉讼,起诉福州市公安局马尾区分局,认为其行为并未触犯刑法,而福州市公安局马尾区分局却滥用职权,长期暂扣钱物是非法的行政强制措施。请求确认福州市公安局马尾区分局的行为是滥用职权,暂扣钱物的行政强制措施违法并予以撤销,赔偿利息损失及律师代理费和诉讼费用。

福州市公安局马尾区分局辩称,他们的行为是刑事司法行为,非行政行为,不受法院的司法审查。并强调说,此案是新类型的犯罪,案情复杂需要有较长时间作有关技术鉴定及损失估计,目前侦查仍在进行中。请求依法裁定驳回原告起诉。

一审法院认为,福州电信局向被告举报原告未经审核批准,擅自经营电信业务。被告经审查原告的行为涉嫌违反《刑法》第 225 条的非法经营罪的规定,依照《刑事诉讼法》第 86 条规定,经批准后立案,进行刑事侦查,是依法行使刑事侦查职能。在刑事侦查中被告所进行的搜查、提取证据、扣押款项等行为,不是具体行政行为,没有规避司法审查,不属行政诉讼审查范围,于 1998 年 7 月裁定驳回原告陈锥、陈彦的起诉。

(3) 二审:驳回一审裁定,发回重审。

陈氏兄弟向福州市中级人民法院提起上诉称:①原审裁定认定被上诉人福州市公安局马尾区分局是"依法行使刑事侦查职能"是错误的。本案上诉人的行为不构成犯罪,被上诉人的立案缺乏事实依据,是滥用职权的具体行政行为。一审法院仅对被上诉人的行为进行形式上的审查,并未进行实体审查,就轻率地认定其"依法",也是错误的。②一审法院认定被上诉人没有规避司法审查也是错误的。被上诉人错误地对上诉人刑事立案,发现上诉人的行为不构成犯罪后,又不根据《刑事诉讼法》第 130 条的规定撤销案件,在立案 8 个月后,仍不作任何处理,其意图就是为了规避司法审查。请求本院撤销一审判决,确认被上诉人的行为属于滥用职权,确认被上诉人扣押财物的行为违法并予以返还,并判令被上诉人赔偿上诉人的经济损失 15 000 元。

11 月 11 日二审第一次开庭,双方交锋,各执一词,辩论激烈。陈氏兄弟指控福州市公安局马尾区分局,先以取保候审的名义索取保证金,现在又说是非法所得。认为福州市公安局马尾区分局在滥用职权,捏造罪名强加于人。使用因特网本身就包含文本、图像和声音的传输,这是因特网的基本功能,他们有因特网的合法账户,其对因特网的使用也是正常使用,并没有构成什么社会危害。福州市公安局马尾区分局由此应辩,陈氏兄弟的行为破坏了市场经济的秩序,利用因特网非法开办国际长途业务,使国家利益受到严重损害,涉嫌"非法经营罪",所以福州市公安局马尾区分局暂扣其作案工具和部分非法所得,并且坚持这是在侦查一个"新类型犯罪"的观点。针对本案涉及网络科技和被上诉人所说的"新类型"案件,本案审判长福州市中级人民法院许永东法官大胆地提出,由上诉人、被上诉人和法庭各邀请专家出庭作证,说明网络电话的原理、和传统电信业务的区别以及对科技和社会进步的意义,以便给法院判案提供有效的参考。

12月2日上午,二审第二次开庭。共有五位来自三方面的专家证人到庭,分别是原告证人老榕,法庭证人为瀛海威福州公司总经理张成,被告方证人有三人,一个是福建省数据局总工程师丁大明,其余两个是邮电管理部门的干部。专家证人出庭作证的主要内容,是说明网络电话的原理与传统电信业务的区别,以及网络电话对科技与社会进步的意义,以便给法庭判案提供有效参考。这是法官在第一次开庭时提出要请专家证人的原因。

1998年12月2日福州IP电话案开庭,福州市中级人民法院行政庭一个涉及网络电话的"新类型案件"的庭审,由于邀请网民出庭作证,为法官判案提供参考而显得格外引人注目。这位当庭作证的网民在网上久负盛名,他的名字叫"老榕"。

1)专家老榕为什么出庭作证?

"老榕"是1997年出名的。1997年他在网上发过一个名为《大连金州没有眼泪》的帖子,被全球的中文网站和许多印刷媒体转载，被誉为"最有影响的中文帖子"。此后，老榕参与发起和组织了"网上救助绝症贫困大学生何婷芳"活动，成为中文网络上首例通过因特网发动各界人士救助的活动，使家境贫寒、身患绝症的女大学生奇迹般逃离了"死神"的魔掌。1998年长江水灾期间，老榕又参与发起了网上希望活动，通过因特网募集救助资金，使数十位因受灾失学的孩子重返校园。

此番作为网上名人出庭作证，更使老榕这位"网上大侠"声名大振。在IT界权威媒体《电脑报》刚刚评出的"1998年中国十大网民"中，老榕榜上有名。尽管老榕在网上声名赫赫，可许多网民对他的真实面目并不清楚。其实，老榕才36岁，大学学的计算机软件专业，后又在美国从事过网络方面的研究与开发工作。他现在是福州一家知名IT企业的老板，有自己的真实姓名。只是他不希望在媒体上公开身份，因为"网上网下是两个社会，相通的是爱心，不通的是身份"，所以连他单位的迎宾小姐都不知道她的上司就是"老榕"。

谈及法庭作证，老榕说，"同是网民的陈氏兄弟通过因特网找到我，说法官要求上诉方和被上诉方各找专家，为IP电话的原理和相关技术问题作证。看到陈氏兄弟的电子邮件后，我马上答应下来。我觉得，在法庭上为现代科技作证是我的义务，法庭让专家作证对因特网的健康发展非常有好处。"不久，老榕就收到法院的正式通知，要求他在12月2日上午作为专家证人就有关技术问题出庭作证。老榕说，"到了法庭，我才见到在网上认识已久的陈氏兄弟"。

2）老榕在法庭上说了什么。

在法庭上，老榕将左手按在《中华人民共和国宪法》上，郑重宣读了《证人誓言》后，打开笔记本电脑里的资料，开始层层论证。"手按宪法宣誓的时候，我很激动，有一种神圣的使命感。作为证人，我的义务是就 IP 电话的技术问题回答法庭的询问。法官们比较关心 IP 电话的原理、发展趋势、使用 IP 电话是否给他人造成侵害等等技术问题。"老榕说。

老榕在法庭上的证词，归纳起来有几个方面，IP 电话是因特网的一个基本功能，它的原理和传统电话是截然不同的，从技术发展的角度来看，它是"通讯史上贝尔发明电话以来的第二个里程碑"。从技术上和网络科技发展来说，把 IP 电话和传统电话在管理上画等号，其实是和把电子邮件与普通信函划等号一样可笑的。IP 电话对传统电信的冲击，就像当年程控交换机对人工接线员的冲击，是先进科技带来的冲击，不仅不应当被打压，反而应当鼓励。科技之所以成为第一生产力，就在于它能够不断使人们在更低的成本、更舒适的环境和更便利的手段下满足需求。老榕认为，法律应当保护 IP 电话。

IP 电话与传统电话是两回事。老榕介绍说，传统电话的语音信息是通过电话线传输的，而 IP 电话的传输主体是在因特网上。IP 电话自 1995 年问世以来，经历了"电脑—电脑""电脑—电话""电话—电话"三个发展阶段。目前的"电话—电话"通信双方可以都是普通电话。这使得 IP 电话能够与传统电信业务分庭抗礼。

IP 电话的工作流程是怎样的呢？老榕举例说，一个用户将电话由北京打到伦敦，首先拨打一个指定的号码与当地的网关服务器连接，在网关机的提示下，输入被叫号码，网关服务器根据号码通过因特网连上伦敦的另一台网关服务器，后者将呼叫信号通过本地电话网呼叫伦敦方，由此建立连接。在这里北京的网关服务器将语音转换成数字信号传送给因特网，同时根据网址呼叫伦敦的网关服务器，而伦敦的网关服务器将数字信号转化为语音信号传递给用户。

与传统电话相比,尽管 IP 电话存在通话质量较差等毛病,但其费用之低廉相当诱人。因为用传统电话打长途,需要一个专门的通话线路,所以成本较高。而 IP 电话主要传输部分在因特网上,而在因特网上的收费与距离无关,所以对于长途通信而言,IP 电话的收费(通话两地的市话费和上网费)比传统话费低得多。

3)IP 电话崛起乃大势所趋。

老榕断言,IP 电话的崛起势不可挡。美国 IP 电话市场的规模近年来以每年 14% 的速度在增长,预计到 2001 年时总额可达到 18 亿美元。1998 年 4 月,美国联邦通信委员会裁定,使用计算机和特殊软件打 IP 电话不算是长途电话。据美国电信战略咨询机构估计,到 2000 年美国 IP 电话的通话量将超过传统电话,到 2003 年 IP 电话业务将占国际长途电话市场的 36%。

在瑞士,电信公司自 1998 年 7 月下调了移动电话和部分国际长途电话的收费标准,并开设了因特网电话业务,用户只需一次性交一笔小额的登录费,就可以低廉的价格通过因特网打国际长途电话。在新加坡,电信部门计划推出包括 IP 电话在内的新的网络服务项目。

在我国,IP 电话目前多半还局限在网吧里,带有游戏的色彩。虽然 ISP(互联网服务商)有经营网吧的权利,在这里的 IP 电话也有国际联网业务的经营许可证,但国家有关文件明确规定,"我国目前在计算机互联网上仅提供计算机信息服务,暂不开办电话、传真等电信业务"。尽管如此,在广州、上海、北京等地事实上已存在经营 IP 电话业务的"地下"公司。1998 年 8 月,上海的一家网络接入服务股份公司因涉嫌"非法经营长话业务"被查封,接着广州也发生类似案件。此番福州陈氏兄弟涉嫌"非法经营电信案"进一步敲响了警钟。

毋庸置疑，IP电话是今后通信发展的重要方向，但在我国现阶段还属于实验阶段。据《中国计算机报》透露，北京电报局目前正和一些技术比较成熟的公司联手进行IP电话试验，待相应的政策、法规出台后，能及时提供这种服务。

老榕认为，我国电信产业管理体制正面临前所未有的挑战和机遇。然而，长期以来电信垄断以及垄断带来的保守心态，事实上已经成为我国信息产业发展的一大障碍。电信部门在行业上既是裁判员又是运动员，还是规则的制定者，这是很不合理的。IP电话不过是不断发展的先进信息技术和我国落后的电信产业管理体制正在或者将要发生重大冲突的一个例子。如果我们束缚自己的手脚，过不了几年就会看出它的恶果。[1]

在上述案件中，专家辅助人参与诉讼的启动权在法官，是法官主动要求双方当事人聘请专家解释IP电话的原理和相关技术问题。在双方当事人提出专家名单后，由法院审查是否准予出庭，向专家发出《出庭通知书》，在通知书中列明要求专家回答的技术问题，同时要求专家出庭必须宣誓。双方当事人和法院聘请的专家之间各执一词，就专业问题进行说明，为法官判案提供了参考。正像专家老榕最后强调的，法庭的判定应该是促进而不是阻碍科技的发展，违背IP电话必然普及这一科技发展趋势的判决，必将成为科技历史上的笑柄。

2. 2001年—2013年，证据规定的实践

2001年12月6日，最高人民法院出台了《关于民事诉讼证据的若干规定》，自2002年4月1日起施行，该规定第61条明确，当事人可以向人民法院申请由一至二名具有专门知识的人员出庭就案件的专门性问题进行说明。人民法院准许其申请的，

---

[1] 参见 http://www.txrjy.com/thread-829885-1-1.html？from=groupmessage&isappinstalled=0，访问时间：2018年1月20日。

有关费用由提出申请的当事人负担。审判人员和当事人可以对出庭的具有专门知识的人员进行询问。经人民法院准许,可以由当事人各自申请的具有专门知识的人员就有案件中的问题进行对质。具有专门知识的人员可以对鉴定人进行询问。可见,《最高人民法院关于民事诉讼证据的若干规定》第 61 条确立了专家辅助人的申请、职能、参与诉讼的方式和费用等问题具有开创性,最高人民法院后来制定的《最高人民法院关于行政诉讼证据若干问题的规定》也有类似的内容。

我国建立专家辅助人制度的基本意图有四项:一是协助当事人有效行使辩论权,二是有助于法官形成正当、合理、有据的心证,三是弥补法官专业知识的不足,四是制约鉴定人,由于法官对鉴定意见的过度信赖,有可能会助长鉴定人的任意性和非理性。

这一规定尽管已经实施十余年,但是专家辅助人在司法实践中适用的比率之低是超预期的,主要是在知识产权等专业性较强的案件中。

3. 2013 年之后,立法完善时期

2012 年 3 月全国人大修改了《刑事诉讼法》,第 192 条规定,公诉人、当事人和辩护人、诉讼代理人可以申请法庭通知有专门知识的人出庭,就鉴定人作出的鉴定意见提出意见。2012 年 8 月全国人大常委会对《民事诉讼法》进行了修订,第 79 条规定,当事人可以申请人民法院通知有专门知识的人出庭,就鉴定人作出的鉴定意见或者专业问题提出意见。上述两部诉讼法于 2013 年 1 月 1 日生效实施,在法律中正式确立了专家辅助人制度,将其作为专家意见证据来看待。

在 2013 年 1 月 1 日生效的《最高人民法院关于适用〈中华人民共和国刑事诉讼法〉的解释》(以下简称《刑事诉讼法解

释》)第 215 条、216 条、217 条、240 条中,对专家辅助人进行了规范:审判人员认为必要时,可以询问证人、鉴定人、有专门知识的人。向证人、鉴定人、有专门知识的人发问应当分别进行。证人、鉴定人、有专门知识的人经控辩双方发问或者审判人员询问后,审判长应当告知其退庭。公诉人、当事人及其辩护人、诉讼代理人申请法庭通知有专门知识的人出庭,就鉴定意见提出意见的应当说明理由。法庭认为有必要的,应当通知有专门知识的人出庭。是否申请法庭通知证人、鉴定人、有专门知识的人出庭,并列明有关人员的姓名、性别、年龄、职业、住址、联系方式。法庭笔录中的出庭证人、鉴定人、有专门知识的人的证言、意见部分,应当在庭审后分别交由有关人员阅读或者向其宣读。

2014 年 12 月 18 日最高人民法院通过,并于 2015 年 2 月 5 日施行的《关于适用〈中华人民共和国民事诉讼法〉的解释》(以下简称《民事诉讼法解释》),就专家辅助人的具体功能和目的进行了细化,第 122 条规定,当事人可以依照民事诉讼法第 79 条的规定,在举证期限届满前申请一至二名具有专门知识的人出庭,代表当事人对鉴定意见进行质证,或者对案件事实所涉及的专业问题提出意见。具有专门知识的人在法庭上就专业问题提出的意见,视为当事人的陈述。人民法院准许当事人申请的,相关费用由提出申请的当事人负担。第 123 条要求,人民法院可以对出庭的具有专门知识的人进行询问。经法庭准许,当事人可以对出庭的具有专门知识的人进行询问,当事人各自申请的具有专门知识的人可以就案件中的有关问题进行对质。具有专门知识的人不得参与专业问题之外的法庭审理活动。可见,《民事诉讼法解释》在 2001 年《最高人民法院关于民事诉讼证据的若干规定》的基础上,对专家辅助人在诉讼中的申请、活动方式及范围，对专家辅助人的询问和费用作了规定，并且明确了专家辅助人意见的性质视为当事人陈述。

对于《民事诉讼法解释》提到的有专门知识的人，在最高人民法院的权威解读中，将其界定为，专家辅助人在诉讼中的功能，只是单一地协助当事人就有关专门性问题提出意见或者对鉴定意见进行质证，回答审判人员和当事人的询问、与对方当事人申请的专家辅助人对质等活动也是围绕着对鉴定意见或专业问题的意见展开的。其功能和目的只是辅助当事人充分有效地完成诉讼活动，他并不具有法官的专业助手的功能。[1]为了解决诉讼中的专门性问题，我国民事诉讼中存在三种机制——专家陪审员、鉴定人、专家辅助人，如果再加上由法院聘请的非鉴定人专家，则存在四种机制。如何在诉讼程序中合理地运用这些机制，不至于造成专业人员的过度使用，是今后的诉讼实务需要妥善应对的问题。[2]

2020年5月1日实施的新修订《最高人民法院关于民事诉讼证据的若干规定》，对于专家辅助人的规定则较为简单，没有实质性的变化，要求申请有专门知识的人出庭的，申请书中应当载明有专门知识的人的基本情况和申请的目的，人民法院准许当事人申请的，应当通知双方当事人。审判人员可以对有专门知识的人进行询问，经法庭准许，当事人可以对有专门知识的人进行询问，当事人各自申请的有专门知识的人可以就案件中的有关问题进行对质。对有专门知识的人的询问参照适用关于询问证人的规定，有专门知识的人不得参与对鉴定意见质证

---

[1] 参见沈德咏主编：《最高人民法院民事诉讼法司法解释理解与应用》（上），人民法院出版社2015年版，第394页。

[2] 参见李浩："民事证据制度的再修订"，载《中外法学杂志》2013年第1期。

或者就专业问题发表意见之外的法庭审理活动。

2020年6月15日最高人民法院公布的《关于知识产权民事诉讼证据的若干规定（征求意见稿）》，就鉴定和专家辅助人作了深入的详细规定。

首先，关于鉴定，下列查明事实的专门性问题可以委托鉴定：①被诉侵权技术方案与专利技术方案、现有技术方案的对应技术特征在手段、功能、效果等方面的异同；②被诉侵权作品与主张权利的作品相应部分的异同；③当事人主张的技术秘密与公有领域技术的异同、被诉侵权的技术信息与商业秘密的异同；④涉案技术是否存在缺陷；⑤电子数据的真实性、完整性；⑥其他专门性问题。经人民法院准许，知识产权民事诉讼的鉴定人可以将部分鉴定事项委托其他检测机构进行检测，并由鉴定人根据检测结果出具鉴定意见。当事人就案件查明事实的专门性问题自行委托有关机构或者人员出具的意见，人民法院应当审查该意见所依据的检材、方法、出具人的资质等，对其证据能力和证明力作出认定。知识产权民事诉讼当事人可以向人民法院申请委托专业机构或者专业人员就案件的专门性问题作出评估报告、经济分析报告或者市场调查报告。经人民法院同意，双方当事人可以协商确定专业机构或者专业人员，协商不成的，由人民法院指定。

其次，关于专家辅助人交换和质证的证据涉及商业秘密的，当事人不得查阅、摘抄、复制、拍照，但经人民法院准许的代理律师、专利代理师、有专门知识的他人可以查阅。当事人可以申请有专门知识的人出庭，就有关专门性问题提出意见。人民法院根据案件审理情况，也可以依职权通知有专门知识的人出庭。人民法院应当对有专门知识的人的身份信息、学历资格、技术职称、从业经历、职业操守等进行审查。具有下列情形之一的,不得作为有专门知识的人出庭;①有专门知识的人拟说明的问题仅涉及法律解释与适用的;②有专门知识的人系本案鉴定机构的鉴定人员或同一鉴定机构的其他专家的;③不适合以有专门知识的人的身份出庭的其他情形。有专门知识的人出庭的,依照《最高人民法院关于民事诉讼证据的若干规定》第84条的规定参与庭审活动。对于有专门知识的人在法庭上就专门性问题提出的意见,申请其出庭的一方当事人当庭未提出异议的,视为该当事人的陈述。当庭提出异议的,应当详细说明异议理由。有专门知识的人因出庭而支出的交通、住宿、就餐等必要费用,由败诉一方当事人负担,当事人申请有专门知识的人出庭的,由该当事人先行垫付。人民法院依职权通知有专门知识的人出庭的,由人民法院先行垫付。

再次,关于技术调查官人民法院指派技术调查官参与庭前会议、开庭审理的,技术调查官可以就案件的专业技术问题询问当事人、诉讼代理人、有专门知识的人、证人、鉴定人、勘验人等。技术调查官属于审判辅助人员,其在法庭上就专业技术问题进行的询问视为审判人员的询问。

最后,总体而言我国当前立法粗疏造成专家辅助人身份的边缘化、诉讼地位的模糊化以及权利义务和程序运行中的各行其是,导致该制度在产生之初就游走于法律的边缘等问题,存在"拿人钱财、替人消灾"的质疑,专家辅助人异化为"游戏科技"的"讼师"。法庭也成为专家观点争斗且没有硝烟的宣讲个人科学实验报告的"战场"与相互诋毁同侪的讥讽"平台",国外专家证人力求革除的弊端被搬入中国并在法庭上上演。甚嚣尘上的"复旦投毒案",所谓的愚人节捉弄会演变为专家之间捉弄的"愚人节案"。[1]

(二) 专家辅助人的法律地位

我国确立的鉴定人和专家辅助人并存的"双层"专家证据制度，对于我国三大诉讼法的发展具有重大意义。专家辅助人制度的立法初衷，是通过专家辅助人出庭与鉴定人出庭形成互动和对抗，增强鉴定意见的质证质量和效果减少重复鉴定，协助法官正确采信鉴定意见，有助于提高诉讼的公正性。同时，倒逼鉴定人增强责任意识、增强鉴定意见科学性。关于我国专家辅助人的法律地位，可以从反面排除来把握，即他不是当事人、不是诉讼代理人、不是普通证人，也不是鉴定人。那么专家辅助人到底应当怎么界定呢？专家辅助人的本质就是独立的专家证人，其发表的见解就是专家意见。

在实践中，德国法院认为当事人专家的意见不能视为证据，而仅仅是作为一方当事人的主张。我国《民事诉讼法解释》第122条第2款规定，具有专门知识的人在法庭上就专业问题提出的意见，视为当事人的陈述。因此，司法解释将专家辅助人意见等同于当事人陈述，视为陈述证据来看待。

笔者认为，将专家辅助人意见作为当事人陈述证据是不妥当的。因为"当事人陈述"应当是案件当事人对时间、人物、行为、事件、环境等具体事实的描述，不包括其对主张的辩解。而专家辅助人对具体的案件事实最初并不知情，其仅仅是利用专业知识、经验或技能对专业发表的说明，与鉴定人的意见没有本质区别，应当属于专家证人意见的范畴。对此，《刑事诉讼法解释》就比较合理，"有专门知识的人出庭，适用鉴定人的有关规定。"专家辅助人出庭比照鉴定人的规定，那么其发表的意

---

[1] 参见郭华：《专家辅助人制度的中国模式》，经济科学出版社2015年版，第4页。

见也就类似于鉴定意见,尽管鉴定人的资格要求有时要比专家辅助人高得多。事实上,在理论和立法层面,如果将专家辅助人的意见视为当事人陈述的一部分,这种立场就显然表明对当事人所聘请专家的不信任。这种规定似乎是在暗示,这种专家辅助人在诉讼上有替一方当事人说假话的权利。[1]因为基于当事人和案件的利害关系,一般认为当事人陈述的可靠性是不强的,法院认定事实主要还是依赖其他证据。同时,将专家辅助人意见视为当事人陈述的一部分,还会助长专家辅助人的主观性、偏私性、片面性和"党派性",不利于专家辅助人保持中立、忠于法庭义务的实现。

事实上,专家辅助人与当事人的区分还是非常明显的,专家辅助人只能是具有一定知识、技能、经验的自然人,与案件没有直接利害关系,也不能聘请诉讼代理人代为陈述。专家辅助人提供的专业意见范围也非常广泛,小到对某一专业术语或基本概念的解释说明,大到对某一建筑设施的工程质量问题的鉴定等等,不需要对案件事实具有亲历性。当事人只需遵循诚实信用原则作证即可,而专家辅助人还有忠于科学、忠于真相的义务。将专家辅助人意见混同于当事人陈述,将导致专家辅助人中立性的丧失,也不利于专家辅助人制度的长足发展。对此,《刑事诉讼法解释》将专家辅助人比照鉴定人的规定,比民事诉讼视为当事人陈述更为科学合理。

张保生教授也认为,中国的刑事专家辅助人具有既类似于律师又类似于鉴定人、证人的多重属性。围绕专家辅助人意见的性质,也形成了质证方式说、鉴定意见说、证人证言说等多种观点。角色定位上的混乱,不仅造成了独具特色的鉴定人与

---

[1] 参见毕玉谦等:《民事诉讼专家辅助人制度研究》,中国政法大学出版社2017年版,第28-29页。

专家辅助人的双轨制,而且常常使专家辅助人意见的法庭采信陷入困境。从最高人民法院有关专家辅助人的新近规定看,专家辅助人的角色呈现出向专家证人转变的趋势。这种转变的核心要求,一是实现鉴定人和专家辅助人的诉讼地位平等,专家辅助人意见和鉴定意见在专家证言意义上的证据效力平等。二是使专家辅助人回归专家证人本色,将强加给专家辅助人的不合理的质证职责交还给律师、检察官。三是提高律师、检察官熟练运用交叉询问规则、对科学证据进行质证的能力,充分发挥法官的科学证据"守门人"作用,以适应事实认定科学化的需要。[1]

从本质上说,专家辅助人的意见就是英美法上的专家意见,尽管当前我国的相关规范较为粗疏。广义上的专家意见,可以包括法院的辅助技术人员的咨询意见、鉴定人的意见、专家辅助人意见、当事人聘请的不出庭专家的咨询意见等。这种大专家证人体制,有助于统一专家证据的认定标准,提高专家证据质量,减少专业鉴定领域混乱的现状。[2]

(三)专家辅助人的参与程序

我国实行司法鉴定制度,司法鉴定的"守门人"的职能就是防止垃圾的科学与冒牌的专家进入法庭,这是各国司法鉴定制度产生和构建的首要原则,也是诉讼制度中不可或缺的程序规范和证据规则。[3]专家辅助人是对鉴定人的一大有力制约力

---

[1] 参见张保生、董帅:"中国刑事专家辅助人向专家证人的角色转变",载《法学研究》2020年第3期。

[2] "屁股决定脑袋",在我国当前实务界,多数法官和律师认为专家辅助人的角色定位类似于鉴定人,而鉴定人更多的认为专家辅助人类似于证人,还有许多律师认为专家辅助人是独立的诉讼参与人,并且可以作为鉴定意见。参见潘广俊、陈喆、胡铭:"专家辅助人制度的现状、困境与改善建议:以浙江省为例的实证分析",载《证据科学》2014年第6期。

[3] 参见常林:《司法鉴定专家辅助人制度研究》,中国政法大学出版社2012年版,序言。

量,一定程度上可以发挥这种"守门人"的功能。由当事人聘请的专家在法庭调查中以近似苛刻的眼光和态度,来放大鉴定人意见中可能出现的瑕疵与偏差,会迫使鉴定人不断强化其责任意识,在履行鉴定职责时不断追求卓越、精益求精。

  当前,我国专家辅助人介入的案件数量相对较少,民事案件主要集中在医疗损害责任赔偿和商标权、专利权、不正当竞争等知识产权案件。在刑事方面,2013年4月16日,安徽省黄山市祁门县警察方卫、王晖涉嫌故意伤害案由马鞍山市中级人民法院二审开庭,华中科技大学同济医学院刘良教授,以"有专门知识的人"的身份出庭,就此案的司法鉴定意见提出意见,刘良教授成为我国刑事诉讼中专家辅助人出庭第一人。[1] 此后,专家辅助人出庭散见于媒体报道,例如,广西检察系统2016年出台《刑事"专家辅助人"出庭工作实施办法》,正式启动专家辅助人出庭工作,2016年下半年至2017年上半年,广西检察机关申请专家辅助人出庭案件3件。

  为了专家辅助人制度的有效实施,我国还需要完善专家辅助人参与诉讼的具体程序规则,例如专家辅助人出庭宣誓制度、故意提供虚假意见的责任追究制度、出庭不良记录和"黑名单"制度等。如果涉案的专业性问题已经不再具备司法鉴定的条件时,可以申请启用专家辅助人,注意专家辅助人的资质和资格条件是否符合专业要求,提前向其说明庭审流程、梳理涉及的专业内容,专家辅助人协助当事人或者代理律师对鉴定意见进行质证。

1. 专家辅助人的权利和义务

  我国目前关于专家辅助人权利的规定范围过窄,专家辅助

---

[1] 李蒙:"新刑诉法下专家辅助人首次出庭",载《民主与法制杂志》2013年第15期。

人主要拥有：①获得相关费用的权利；②提出专业意见的权利；③参加庭审和质证的权利。我国专家辅助人承担的义务主要包括：①出庭义务；②接受法院和当事人询问的义务；③在其专业范围内参与庭审的义务。今后我国立法和司法解释应当进一步明确专家辅助人对当事人和法院各自应当承担的责任。

2. 专家辅助人的人数

可能是基于诉讼成本和诉讼效率的考虑，《民事诉讼法解释》限定了当事人聘请专家辅助人的人数，即"一至二名"，如果一个案件涉及诸多领域的专业问题时，"一至二名"专家辅助人显然是不够的。对此《刑事诉讼法解释》第217条的规定，就较为科学，即申请有专门知识的人出庭不得超过二人。有多种类鉴定意见的可以相应增加人数。

3. 专家辅助人能否旁听法庭

如前所述，专家辅助人旁听审判可以更全面了解案件事实，准确发表专业意见是有一定助益的。然而，我国《民事诉讼法解释》第123条规定，具有专门知识的人不得参与专业问题之外的法庭审理活动。《刑事诉讼法解释》第216条则更为明确规定，证人、鉴定人、有专门知识的人不得旁听对本案的审理。对于专家辅助人旁听审判来说，都是需要改进的。

4. 专家辅助人的回避问题

在我国，鉴定人属于法定的回避对象，在可能影响公正鉴定时应当退出诉讼。那么，如果专家辅助人存在亲属、利害关系等是否应当回避呢？我们认为，对此应当赋予法官的自由裁量权，当专家辅助人出庭作证严重影响其中立性或者可能损害当事人利益时，专家辅助人应当回避。

5. 专家辅助人的宣誓

我国目前尚未建立证人和专家辅助人的出庭宣誓制度，但是可以借鉴证人和当事人的如实陈述保证书制度，可以让专家辅助人出庭时签署一份保证书，确保采用科学、公正的立场就专业问题发表意见。

6. 专家辅助人对鉴定人的质证

律师与专家辅助人在开庭时协同作战，分别就事实法律问题和专业问题进行发问，对鉴定人进行质询，揭露专家证言的真伪。但在我国司法实践中，当事人及其律师对鉴定人的询问往往流于走过场蜻蜓点水、不痛不痒，即使击中要害时也难以进行实质性的辩论。这时就应发挥专家辅助人的优势，就专业问题对鉴定人进行交叉询问。

7. 指定专家辅助人

在诉讼过程中，对某些专业问题还没有达到必须通过鉴定解决的程度时，若双方当事人都不提交专家意见，也不申请本方专家出庭，那么法院可根据案件的性质依职权为对此负有证明责任的一方当事人指定专家，由该专家向法院提交意见证据或者出庭发表专业意见，以帮助法院科学、合理的理解案件中的专门性问题，作出公正的裁决。

8. 指定共同专家辅助人

为了防止专家辅助人的偏见性，特定情况时法院可以指定一名共同的专家，由其出庭就专业问题发表意见，以此解决专家辅助人的中立性问题。

9. 专家辅助人意见的采信

专家辅助人出庭对于挑战可能"绑架法院裁判"的鉴定意见具有重大意义。当前影响法院对专家辅助人意见采信的因素主要有：专家辅助人缺乏合法的身份，专家辅助人当事人立场的拟制，专家辅助人倾向意见的冲突和专家辅助人出庭资质无门槛等。[1]我国应当将专家辅助人的意见作为一种独立的证据看待,经过质证之后查明属于科学客观的专家意见,法院应当作为定案的根据。

附录1. 2014年7月11日浙江省高级人民法院《关于专家辅助人参与民事诉讼活动若干问题的纪要》

为贯彻《中华人民共和国民事诉讼法》第七十九条的规定,浙江省高级人民法院就专家辅助人参与民事诉讼活动有关问题组织了专题研讨,形成纪要如下:

第一条 本纪要所称的专家辅助人即为《中华人民共和国民事诉讼法》第七十九条中的"有专门知识的人",是指受当事人委托,出庭就鉴定意见或者案件涉及的专门问题提出意见的人。

第二条 本纪要所指的专门知识,是除法律知识和经验法则外,只有医学、建筑、审计、专有技术等特定领域的专业人员才能熟知、掌握的知识、经验和技术。

第三条 以下情形当事人可以申请一至二名专家辅助人出庭:(一)需要专家辅助人出庭就鉴定意见提出意见的;(二)需要专家辅助人出庭就案件涉及的其他专门性问题提出意见的。

第四条 当事人申请专家辅助人出庭,应当向人民法院提出书面申请。

专家辅助人出庭申请书应附专家辅助人的个人基本信息以及能够证明该专家辅助人具有相关专门知识的证明材料,如职业资格、专业职称、从业经验等。

人民法院可根据案件审理需要,要求申请人补充有关专家辅助人的材料。

---

[1] 参见毕玉谦等:《民事诉讼专家辅助人制度研究》,中国政法大学出版社2017年版,第324页。

第五条 当事人向人民法院申请专家辅助人出庭,应当在举证期限届满前十日或者申请鉴定人出庭作证时一并提出。

第六条 人民法院在收到当事人申请后,应当就专家辅助人的证明材料及出庭的必要性进行审查,并在三日内决定。

第七条 人民法院准许专家辅助人出庭的,应当在决定作出后三日内通知申请人、专家辅助人;同时通知案件的其他当事人,并附上专家辅助人的相关资料。不准许专家辅助人出庭的,应当在决定作出后三日内通知申请人。

第八条 人民法院应当在开庭前三日通知专家辅助人出庭,并告知专家辅助人的权利义务。

专家辅助人无正当理由未按期到庭参加诉讼的,视为当事人自动撤回申请。

第九条 当事人申请专家辅助人出庭并经人民法院准许后,不得申请更换。

但以下情形除外:(一)因健康原因不能出庭的;(二)全部或部分丧失民事行为能力的;(三)有其他正当理由不能出庭的。

第十条 专家辅助人享有以下权利:(一)阅卷了解鉴定意见或者其他专门性问题的相关资料;(二)就鉴定意见进行质证;(三)就其他专门性问题进行说明、发表意见。

第十一条 专家辅助人应承担下列义务:(一)独立、客观地发表意见,如实回答法庭及其他诉讼参与人的发问;(二)不得在同一案件中同时担任双方当事人的专家辅助人;(三)保守诉讼中知悉的国家秘密、商业秘密、个人隐私。

第十二条 专家辅助人不得单独出庭,应当与申请方当事人或者诉讼代理人共同出庭。

第十三条 审判人员和当事人及其诉讼代理人可以对出庭

的专家辅助人进行询问。经人民法院准许,可以由当事人各方申请的专家辅助人就案件中的专门问题进行对质。专家辅助人可以对鉴定人进行询问。

第十四条 专家辅助人只能就鉴定意见或者案件涉及的专门性问题进行质证或者说明、发表意见。

第十五条 专家辅助人在法庭上就鉴定意见或者专门性问题发表的意见视为当事人陈述。

第十六条 人民法院要求专家辅助人提交书面意见的,专家辅助人应当庭或者在法庭指定期限内提交书面意见。书面意见应就鉴定意见或者其他专门性问题提出结论并说明理由。

书面意见观点及理由应当与当庭发表的言词意见保持一致。如出现不一致的,以专家辅助人在法庭上发表的意见为准。

第十七条 专家辅助人出庭时的座位,设在法台侧前方当事人及诉讼代理人座位,与申请人同侧。

第十八条 专家辅助人出庭的报酬等有关费用,由申请该专家辅助人出庭的当事人负担。

第十九条 本纪要如与新的立法、司法解释不一致的,以新的立法、司法解释为准。

附录2. 汪海林:琼瑶诉于正案件中专家辅助人的适用[1]

2014年5月28日,北京三中院受理了原告陈喆(笔名:琼瑶)诉被告余征(笔名:于正)、湖南经视文化传播有限公司、东阳欢娱影视文化有限公司、万达影视传媒有限公司、东阳星瑞影视文化传媒有限公司侵害著作权纠纷一案。12月5日,本案开庭审理,原告方聘请了中国电影文学学会副会长、中国电

---

[1] 参见汪海林:"琼瑶诉于正案的庭上故事",载 https://weibo.com/p/2304185de710890102v9gc。

视剧编剧工作委员会常务理事汪海林作为专家辅助人出庭作证。

2014年12月5日,我(汪海林)一早到了北京市三中院,作为琼瑶女士一方邀请的专家辅助人准备出庭。我之所以说是"邀请"而不是一些媒体说的"聘请",在于我只是义务地来履行专家辅助人的责任,与琼瑶女士不存在经济上的或其他利益方面的关系。

北京市三中院外有大量记者聚集,人数之多也超出我的想象。入安检口前有记者得知我是"专家辅助人",拉我采访,但被我拒绝了。

(1) 如何成为专家辅助人。

之前关于琼瑶诉于正一事,我也是在媒体上得知的,这二位虽是我同行,但彼此没有交集。唯一能想起来的是,七八年前,有次赖水清导演约我在金湖茶餐厅聊天,其间于正来了,一起吃了一顿饭,很浅地聊了几句而已。于正后来拍的几部剧很成功,但一度被人诟病剧情过于狗血,我还不止一次的为他辩护,并始终推崇其编剧中心制的模式,我曾经力挺他的言论,相关报道在媒体上可以轻易找到。所以我跟于正没有怨仇。但随着于正的成功,"抄袭"这个非议不时伴随着他,编剧同行也有过议论,说他某部剧是抄袭谁的,另一部剧又是抄袭谁的,当然,于正从来不是编剧圈的中心话题,没有谁对他有太多的关注。编剧们关注更多的是吃吃喝喝、糖尿病、拖延症、稿费等个人化的事情。

"抄袭"在编剧圈是个复杂的问题,如果没有受害人出来诉讼,很多事儿就不了了之了。琼瑶女士公开表达对于正的不满,于正如果及时道歉并主动沟通,这件事可能会有另一个走向。但于正的表态让编剧圈很多人愤怒,并一次次激化了这种情绪,同时也让我开始关注此事。我看了看《梅花烙》和《宫锁连城》的内容,包括故事简介和剧集内容,一个职业编剧很容易得出结论,这两部剧高度相似,尤其主角主线部分。这个风波过程中,我接触的所有编剧,都表达了对于正行为的不耻,并不时有人建议编剧的行业组织应该对其进行告诫甚至处罚,但于正既不是电影文学学会的会员,也不是电视剧编剧工委会的会员,从行业协会的角度,无法对其进行有效管理。

中国电影文学学会会长王兴东就此案,多次表达保护原创,反对抄袭剽窃的言论,我也公开表达过明确的态度,即谴责于正的行为,为琼瑶女士鸣不平。在这样的背景下,琼瑶的代理律师王军先生找到我,表达想邀请我作为专家辅助人出庭的意愿,我考虑再三,决定接受这个邀请。本来此事与我无关,于正的作品牵涉太多利益相关方,其中很多相关方我相信也是无辜的,此事虽与我个人无关,但与我的职业有关,与我所处的行业有关,职业的态度,行业的态度,需要具体的载体表达,所以,出于某种责任,我可以去做这个"载体"。此事我没有利益诉求,只是客观介绍行业状况,解答专业问题,只要出于公心,就可无所畏忌。

其间有个"花絮",被告方请遍圈内编剧,无人应承做于正的专家辅助人,一度找了编剧圈外的人士报给法庭被否决,可见其行为做派在圈内如何不得人心,如何孤立无援。于是,最终出现的局面是,只有原告有专家辅助人,而五家被告方没有专家辅助人。

当日入庭后,让我感到意外的是,王军律师请我一起上台,坐在原告代理人一方,与我事前想象地坐在台下旁听只在质证发问时上台的情况不同,原本想阐述完专业意见后离场,没想到最后自始至终参与了整个九小时的"马拉松式"的庭审。

(2) 抄袭不必看剧本，看碟就能做到。

开庭后，审判员第一时间提出，因为只有原告一方有专家辅助人，为显示公平，因此要求专家辅助人（汪海林）不得就具体案情做出倾向性表达，只就行业的专业问题做出说明，我表示同意。其实，我很希望被告方能找到一位业内专家，这样容易在一个共同的专业基础上进行讨论，后来的庭审过程证明了，缺乏专业共识的情况下，双方的辩论难以形成真正的交锋。

与一些报道不符的是，于正没有出现在法庭上，一些所谓于正的辩护词，其实是他的辩护律师说的，当然，我们可以认为其辩护人的意见就是他本人的意见。

被告方是五家，共九位律师，坐了满满两排。法庭出于公正，任何程序都要让五位被告的代理人一一表态，无形中拖长了庭审的时间，有时，一个简单的质证，五家被告方一一表态后，一个小时就过去了。而且，五家被告的态度和内容基本是雷同的、重复的，我发现旁听席不断有人打哈欠。五家被告方中，值得一提的是万达影视的代理人，在表达被告方的共同立场后，总要强调自己一方只是单纯的财务投资者，没有《宫锁连城》的版权，不应该承担侵权责任。

第一阶段，被告方就琼瑶女士的原告身份质疑，认为《梅花烙》电视剧的编剧是林久榆，琼瑶只是"编剧指导"，并指出小说《梅花烙》虽然署名琼瑶，但是小说、剧本、电视剧的联系不清晰（大概是这样的表述，详情可参看北京三中院的庭审记录），并指出于正不可能接触到《梅花烙》的剧本。这时，我做了第一次发言，先简单介绍了编剧的工作流程，编剧工作第一步是创建结构模型，主要是搭建人物关系，进行情境设置（非媒体转述的情景设置）和人物关系设置。然后才是故事梗概、故事大纲、人物小传的撰写工作。随后，进入本案涉案人琼瑶女士的创作背景、创作习惯分析,我说琼瑶的剧本、小说、电视剧是高度一致的,除了载体转换时有细微差别,我们可以通过电视剧完成片倒推出琼瑶的剧本。琼瑶在圈内是著名的"不得改剧本一个字,连语气助词也不许改"。我提到,不光是琼瑶,于正的作品也呈现出剧本—完成片高度一致的情况,他们是"编剧中心制"的代表,也是我们一再呼吁同行向他们这个模式学习的原因。被告律师问我是否与琼瑶一起工作过,我说没有。但我有很多导演、演员朋友拍过她的戏,她的作品从剧本到完成片内容的高度一致是圈内众所周知的,我有导演朋友说拍琼瑶的戏,是按照"毛主席语录"拍。最后我说,编剧抄袭不用看到对方剧本,看碟就可以做到。

直至中午休庭,我没有再发言,双方就原告的诉讼资格等问题进行举证质证。关于演员戴娇倩说《宫锁连城》来自于《梅花烙》的视频资料,被告方律师认为这份证据无效,并质问戴娇倩本人为何不到庭作证。

休庭时,中央人民广播电台的记者要求我说两句,我仅就诉讼可能出现的结果发表了意见,一种是于正败诉,那么其他编剧知道他的行为不可仿效,一种是于正胜诉,那么他的"创作方法"是可以仿效的。

下午庭审,王军律师再次请我发言,我就编剧创作剧本的一般性规律和业态做了简单而系统的阐述。讲到文学是用文字塑造形象,剧本的主体是情节,电视剧是用视听手段表现情节。并定义情节是指"有因果联系的连续性的事件",指出电视剧剧本的构成要件是故事核—情境—人物关系,人物关系分人与人之间的关系和人与环境之间的关系(即人与时间和空间的关系)。我表示,"偷龙转凤"属于概念、主题,也是两部剧的故事核(或主要故事核之一),但"偷龙转凤"这个故事核应该是公共的，不具有著作权性质。

（3）合理借鉴和抄袭之不同。

同时，我指出，在影视剧本创作中，合理借鉴是业界常态，一般来说有借鉴人物形象、人物关系、剧情、桥段等，这些部分单独的、个别的近似性是业界所能接受的，比如剧情类似，但主人公的设置不同是可以的。比如《敢死队》的作战任务与很多影片类似，但人物形象和人物形象组合有其自身特点。有的是人物形象近似，比如不同作品都写一个粗心大意的女护士做主角，但是具体人物关系和戏剧任务完全不同，也是可以接受的。业界不能接受的是从故事核—人物关系—剧情—桥段同时具有高度近似性，这就涉及抄袭嫌疑。剧本的抄袭与文字作品抄袭不同，未必要完全一样，主要抄袭的不是具体台词而是戏剧设计。有些戏剧功能一致，不管具体形式如何改变，实质是一样的。比如胎儿身上烫一个梅花烙和长一块胎记，都是为了以后长大了辨识用，在戏剧功能上，梅花烙和胎记是一样的。有些功能性人物，比如倒脏者（行业术语），他（她）承担的是与主人公对话，把主人公的内心活动和想说的话说给观众听，帮助主人公下决心偷龙转凤，这样一来，无论这个倒脏者是人物的姐姐还是贴身的嬷嬷，其戏剧功能是一样的，本质是一样的。

就我的阐述，被告方律师和审判长、审判员纷纷发问，我一一作答。我特别指出，原告提交的21个雷同情节点，不是我们行业内的"桥段"概念，这21点大多属于情节，每个情节包含一个或多个"桥段"。然后就何为"桥段"，我回答各方提问，解释此概念来自于香港编剧行业，没有固定的说法。但普遍认为是为了完成特定戏剧目的而设计的有独创性的精彩段落。被告律师反复问我，所谓独创性是前所未有吗？我说，"人类到今天，很难再有前所未有的桥段了"。被告律师说，"那你自相矛盾了"。我说,"我的意思应该很清楚,至少是不多见的设计才可以称之为桥段"。我再次指出,单独桥段类似,是可以接受的。在回答审判员提问时我举例,比如某部剧,有劫狱的戏,我们发现有部法国电影的劫狱部分很好,于是可能借鉴他的内容。但是,如果我们把劫狱前、劫狱后包括男女主人公的设置全部借鉴过来,这就是照抄了。一般来说,即便是借鉴别人的桥段,也是需要动脑子改一改的,好的编剧甚至可以改得超越原著。我一再强调,如果"借鉴"的是形成因果联系的桥段组合,也就是一系列有因果联系的事件,那么就是行业大忌。审判员问我对此行业内对这样的编剧会怎么看,我说对他的职业评价会呈现负面的结论,并被认为是没有原创力的编剧。为举例何为桥段,我谈到证据的第 18 条,其间被告律师质问我是否看过原剧,并说他们认为两者差异很大。我说法庭已经要求我不就具体案情发表看法,我举例的目的是阐述何为桥段。

审判员询问我作品的思想和内容的关系,我回答电视剧是通俗文本,主题和思想都不是最重要的因素,即使是于正的戏,在思想上也是弘扬真善美,他不可能诲淫诲盗。编剧的核心价值是人物关系是剧情,电视剧是局部大于整体,主题和整体结构不是最重要的,具体桥段的设计是编剧才华体现的最关键内容。桥段、剧情、人物关系是表达。事后,我注意到,我关于"思想"的阐述,并不是法律意义上的"思想",而是文学意义上的,其实,法官可能想知道的是剧本中哪些是不属于著作权法保护的"思想""方法",因为著作权法保护的是表达,所以,我的回答未必贴切法庭的要求,这是一个遗憾。

(4) 偷牛奶倒进咖啡里改变不了偷的性质。

另外,审判员提问"脉络"的作用,我判断这是原告方和被告方经常使用的一个概念,我理解你说的脉络是"情节线",

指的是有因果联系的事件的线性发展的线性特征。一部剧可以有多个情节线，也就是脉络。审判员问我一个演员有无可能在前面出现，后面不出现。我不理解她提问的原因，说有可能出现，也有可能不出现，看剧情要求。审判员索性直接问，前面生了三个孩子，但在剧中再也没出现过三个孩子，正常吗？我说看作者的用意吧，如果是家庭剧，属于把人物写丢了，即使不重要，后面也应该提一句，三个姐姐是出嫁了还是怎么了。后来我想起，《宫锁连城》和《梅花烙》都是前面生了三个女儿，后面都没提，可能审判员想知道的是这是否正常。

随后，于正的辩护律师询问我，一般同类题材是否有可能创作出差异很大的作品，我知道他的意思，我说可以的，举例说同样是清宫戏，有的写成宫斗，但《雍正王朝》却是一部男人戏。被告律师说，"我问的是同类的，男人戏不算"。我说就以偷龙转凤的宫斗戏来说，情感设置可以不同，你写三个格格爱上一个贝勒，我可以写三个贝勒爱上一个格格，我也重点可以写夺嫡等内容，你可以是写爱情为主，我可以是写谋权为主，都是可以做出差异化作品的。在法庭上，我感到被告方律师认为近似题材必然产生近似内容，他们可能真的是这么认为的。我感到如果他们也有专家辅助人，应该有助于他们认识这个问题。

庭审一直延续到晚上，所有人都没吃饭，饿着肚子进行法庭辩论。琼瑶女士的代理人王军律师拿出儿子的乐高玩具，是一只猫，王军指出同样的零件可以组拼出不同形象，可以是猫可以是狗，如果把零件当做近似的公共题材、近似桥段，那么组拼出一模一样的猫，肯定是同样的表达。被告律师说这些零件只能拼接成猫，拼接成狗需要换脸的零件。王军律师出示玩具盒封面，就是猫和狗均可的图画，被告律师随后笑道，这与本案有什么关系？

被告律师举证，拿出《红楼梦》《西厢记》《鲁迅新婚之夜与妻子同房不同床伤心流泪》等证据，并阐述《宫锁连城》的内容比《梅花烙》丰富得多、复杂得多，并一再夸赞于正的戏代表了当代观众的趣味和欣赏习惯。我写了一句话给王军律师，他在最后陈述中说，"你偷了我的牛奶倒进你的咖啡里，不能因为你的杯子里是咖啡味就说没偷我牛奶。"

庭审在激辩中结束，审判长提出的和解建议被双方拒绝，审判长说今天的专家辅助人很受重视，希望下次被告方能找到自己的专家辅助人参加和解程序。

这一天庭审的强度之大、时间之长远远超出我的预估，所有人都筋疲力尽。走出法庭，已是黑夜。目前，我看不出法庭有什么倾向，具体结果如何，还待法官后续的审理。

这个时代，我还没见过真正怀才不遇的人。

今年对于中国编剧行业来说是个多事之秋。年初，宋方金与宋丹丹的关于演员修改剧本的"两宋之争"，到前一阵《北平无战事》的署名之争，到现在琼瑶与于正的诉讼，均呈现出纷乱、焦灼和撕裂的特征。无论是编剧与同业合作者，还是编剧与编剧之间，至少在社会公众面前，表现出了一种全面的紧张关系。

我始终认为，行业要有自己的规范，署名要规范，利益分配要规范，创作中借鉴和"抄袭"的边界要规范，不要什么事情都推给法律，法律是最后的底线，行业需要自我约束，自我管理。由此想到优秀的编剧合作者，高璇和任宝茹是《我的青春谁做主》《别了温哥华》的编剧，她们合作十几年了，关系始终很融洽。我与闫刚也合作了很多作品，合作者最重要的基础是彼此包容，利益无非是署名和稿费的分配，我和闫刚的署名顺序是轮流坐庄，闫刚这部作品署在前，下部就是我署在前，而且不较真，如果他连着两部署前面了，后面补一部我在前即可，稿费也是这样平均分，创作中可能闫刚中途有事，我多写点儿，但结账还是一人一半，下次他多写点，从来不计较谁多写了少写了，编剧合作不在于彼此贡献多少，在于彼此包容多少，这样才能长久，我也一直很感谢闫刚对我的一些毛病的忍让，有时也替我背黑锅，当然，我也经常替他抵挡"刀剑"，这种分担是不分彼此的。这是同辈之间的合作。

一些所谓的大编剧与小编剧的关系，也是考验编剧人性和职业素养的试金石。多年前，我和高大庸为周振天老师做小编剧写《神医喜来乐》，说好不署名我们就挣钱而已，但写完以后，周振天老师认为我们写得很好，主动提出帮我们在片尾署名，我们为此很感激他。某次，一位部队作家见了我说，"周振天没写吧，都是你们写的吧"。我当即说："不是的，从人物关系到具体戏的设计，全靠周振天老师，我们只是执行者，没有我们，这部剧可以出来，但没他，这部剧不可能出来，我们很感激他，在他那里学到很多东西"。这样就化解了别有用心者的挑拨。

编剧、作家需要有健全的人格，不要被人挑唆、被人当枪使、贪功、争虚名，都挺没劲的。属于你的一定要争取，不属于你的不要去觊觎，我说过，平生最恨小文人，为点小利虚名，可以无耻无聊无底线，这个行业什么大编剧小编剧，都是苦哈哈编剧，我还真没见过编剧行业里有包身工和黄世仁的，同时，在这个时代我还没见过真正怀才不遇的人。编剧靠自己的才华，足以征服一片天空，你要有翅膀的话谁能压得住你呢？

喜多瑞公司，有几十位编剧，在管理上，每个人责任权利是清晰的，公司有个严格规定，创作期间不辞而别的、半途而废的，等于放弃了自己的相关权利，因为剧本生产有商业性质，任何人的中途退出，本身对项目就造成了伤害，且是极不职业的表现。我和闫刚,在将近二十年的职业生涯中,再苦再难也不允许自己对甲方说,"我不干了"。当你说出这样的话的时候,其实是在宣告对自己职业的告别。足球运动员可以上场以后不踢了吗?只要有一次中途自己退场(哪怕你有再多的困难和委屈),以后你还能在这个行业混吗?如果一部戏,编剧在中途退出以后,在戏播出时又提出署名和稿费,我认为这都是挑衅了编剧这个行业的基本底线。甚至还有人拿了出场费,临到出场时人跑了,比赛结束了又来争奖杯,这不更荒唐了。

说了这么多,都不如刘震云老师说的到位,"编剧要走正道,不着急,不旁骛。"现在有些编剧太着急了,着急挣钱,着急出名,于是必然不走正道,必然旁骛。抄袭、剽窃也好,争名争利也好,都是在轻贱自己。写作者应该是骄傲的。这份骄傲包括,"我不屑于借鉴你的桥段,我要想一个更好的桥段超过你。这份骄傲包括我看不上你的成就,我要写一个更好的故事灭了你"。我始终觉得,写作者再坏也坏不到哪儿去,有时急眼了,有时迷失了都不要紧,回到初心去写自己的故事,写自己想象的生活,跟不同的人交流摩擦想法,一边写着好戏烂戏,一边不忘春风秋月,其实是非成败转头空,写字儿的人不论写什么,只要手对着心写下去,让自己的精神高贵起来,也算给自己的人生一个交代吧。

五、我国鉴定制度的新发展

鉴定是民事诉讼涉及专业性问题时查明事实的重要手段,鉴定意见也是民事诉讼中十分重要的证据形式,在民事诉讼中具有重要地位。民事案件涉及法律之外的技术性、专业性的问题,需要鉴定的情况很多。人身损害赔偿,经常会需要进行鉴定,因为伤残的程度的鉴定意见是作为裁判的重要依据,如果不能准确的确定受损害的程度，法院就难以作出公正的裁判。这些技术性问题就需要鉴定人来作出鉴定，帮助法院查明事实作出裁判。但在审判实践中，鉴定存在的问题比较突出。

一方面，法院普遍存在"鉴定依赖症"，对不需要鉴定的事项进行鉴定，对鉴定意见的审查简单粗暴。法院对当事人对鉴定意见提出异议的驳回率居高不下，2019年二审法院驳回当事人对鉴定意见异议的比例为49%，驳回依据多为，申请人未提交相反证据证实鉴定意见存在错误，鉴定意见作出之前，已举行有当事人参与的专家鉴定意见听证会，双方当事人均作出了充分陈述，且该鉴定不存在鉴定机构或鉴定人员不具备相关鉴定资格或鉴定程序严重违法及鉴定意见明显依据不足等情形。

另一方面，审判人员对鉴定程序参与不充分，人民法院对鉴定人参与诉讼缺乏有效管理和监督等情形一定范围内普遍存在。十几年前之前，当事人拿着十几个鉴定意见，不同的机构出具的鉴定意见，甚至有的同一个鉴定机构出具不同的鉴定意见，这种比较极端的情况也存在。鉴定的周期长，有一些鉴定意见作出之后，法官依据这个鉴定意见作出了裁判，但是鉴定机构出于各方面的原因，把自己的鉴定结论给撤销了，撤销之后法院作出的裁判就失去基础了，这个案件就可能要进行再审，一定程度上影响了法院的审判工作，也影响了对当事人权利的保护。可以说，鉴定的不规范影响鉴定意见的质量和案件查明事实的准确性，也影响案件审理的效率和当事人权利的保障。

对于我国司法鉴定的属性和改革方向，常林教授提出了下列观点：[1]

---

[1] 参见常林："给过河的人建座桥"，载罗芳芳：《专家意见中立性问题研究：美国法之理论与实务》，中国政法大学出版社2015年版，第5页。

司法鉴定本体属性	主体的专家性 内容的科学性 程序的法律性 证据的生成性
司法鉴定制度构建原则	科学性 中立性 公益性
司法鉴定活动特点	案情依赖性 检材特定性 能力经验性 方法稳定性 引用权威性 程序合法性 意见专家性 出庭中立性

《最高人民法院关于民事诉讼证据的若干规定》自2002年4月1日实施，迄今已近20年，审判实践中有关民事诉讼证据规则的适用积累了十分丰富的经验。其间，经历2007年、2012年、2017年民事诉讼法三次修改和2015年《民事诉讼法解释》的公布实施，社会生活、法律制度和民事诉讼实践都发生了很大变化。最高人民法院于2019年10月14日修订了《关于民事诉讼证据的若干规定》，于2020年5月1日实行。修订后的《最高人民法院关于民事诉讼证据的若干规定》共计100条，其中有26条涉及鉴定问题，完善和补充补充的内容包括：一方面，加强审判人员对鉴定程序的参与。审判实践中，一些审判人员对当事人鉴定申请缺乏必要审查，放任申请、"不鉴不审"。一些法院委托鉴定事项不明确、不具体，委托鉴定之后不闻不问、不监督鉴定过程和期限，导致鉴定程序冗长、鉴定意见缺乏针对性。《最高人民法院关于民事诉讼证据的若干规定》针对

这些问题，加强了审判人员对鉴定程序的参与和管理。其一，在第32条规定了人民法院对鉴定的释明和当事人申请期间的要求，促使当事人及时、适当地提出鉴定申请。其二，根据第34条第3款规定，鉴定事项、鉴定范围、鉴定目的和鉴定期限属于委托书必要记载事项，而这四项内容一般需要与鉴定人充分沟通的基础上才能明确。通过关于委托书记载内容的规定，促进审判人员积极参与鉴定过程。

另一方面，加强对鉴定人的诉讼管理。对鉴定人的行政管理，归属于行政主管部门或者行业组织，但对鉴定人参与民事诉讼的活动进行管理，则是人民法院的职权。针对审判实践中鉴定人参与诉讼活动不规范的情况，《最高人民法院关于民事诉讼证据的若干规定》从以下几个方面加强对鉴定人的诉讼管理：其一，规定了鉴定人承诺制度及故意作虚假鉴定的处罚，要求鉴定人在从事鉴定活动之前，应当签署承诺书，保证客观、公正、诚实地进行鉴定等，增加其内心的约束，促使其谨慎、勤勉履行职责。鉴定人违背承诺，故意作虚假鉴定的，除应当退还鉴定费用外，由于其行为构成妨碍民事诉讼，人民法院应当依照中华人民共和国民事诉讼法第111条规定对其进行处罚。其二，规定了鉴定人如期提交鉴定书的义务，未按期提交且无正当理由的，当事人可以重新申请鉴定，原鉴定人收取的鉴定费用退还。其三，对鉴定人在人民法院采信鉴定意见后擅自撤销的行为规定了处罚措施，对于鉴定人无正当理由撤销鉴定意见的，不仅应当退还鉴定费用，人民法院应当对这种妨碍民事诉讼的行为予以处罚，并支持当事人关于鉴定人负担合理费用的主张。

具体而言：

(一) 调查取证与证据保全

(1) 当事人及其诉讼代理人申请人民法院调查收集证据，

应当在举证期限届满前提交书面申请。人民法院调查收集可能需要鉴定的证据，应当遵守相关技术规范，确保证据不被污染。

（2）根据当事人的申请和具体情况，人民法院可以采取查封、扣押、录音、录像、复制、鉴定、勘验等方法进行证据保全，并制作笔录。在符合证据保全目的的情况下，人民法院应当选择对证据持有人利益影响最小的保全措施。

1）鉴定的释明。

人民法院在审理案件过程中，认为待证事实需要通过鉴定意见证明的应当向当事人释明，并指定提出鉴定申请的期间。

2）鉴定的启动。

第一，人民法院应当依职权委托鉴定的情形：①涉及可能损害国家利益、社会公共利益的；②涉及身份关系的；③涉及公益诉讼诉讼的；④当事人有恶意串通损害他人合法权益可能的；⑤涉及依职权追加当事人、中止诉讼、终结诉讼、回避等程序性事项的。

第二，当事人申请鉴定，应当在人民法院指定期间内提出，并预交鉴定费用。逾期不提出申请或者不预交鉴定费用的，视为放弃申请。对需要鉴定的待证事实负有举证责任的当事人，在人民法院指定期间内无正当理由不提出鉴定申请或者不预交鉴定费用，或者拒不提供相关材料，致使待证事实无法查明的，应当承担举证不能的法律后果。

第三，产生：①协商：人民法院准许鉴定申请的，应当组织双方当事人协商确定具备相应资格的鉴定人。当事人协商不成的，由人民法院指定。②人民法院依职权委托鉴定的，可以在询问当事人的意见后，指定具备相应资格的鉴定人。③人民法院在确定鉴定人后应当出具委托书，委托书中应当载明鉴定事项、鉴定范围、鉴定目的和鉴定期限。

3）鉴定承诺书。

鉴定开始之前,人民法院应当要求鉴定人签署承诺书。承诺书中应当载明鉴定人保证客观、公正、诚实地进行鉴定,保证出庭作证,如作虚假鉴定应当承担法律责任等内容。

(二) 鉴定材料的质证和鉴定期限

(1) 材料的质证。人民法院应当组织当事人对鉴定材料进行质证。未经质证的材料,不得作为鉴定的根据。经人民法院准许,鉴定人可以调取证据、勘验物证和现场、询问当事人或者证人。

(2) 鉴定期限。鉴定人应当在人民法院确定的期限内完成鉴定,并提交鉴定书。鉴定人无正当理由未按期提交鉴定书的,当事人可以申请人民法院另行委托鉴定人进行鉴定。人民法院准许的,原鉴定人已经收取的鉴定费用应当退还,拒不退还的,由人民法院依法执行。

(三) 鉴定书

(1) 鉴定书内容。人民法院对鉴定人出具的鉴定书,应当审查是否具有下列内容:①委托法院的名称;②委托鉴定的内容、要求;③鉴定材料;④鉴定所依据的原理、方法;⑤对鉴定过程的说明;⑥鉴定意见;⑦承诺书。

(2) 鉴定书形式。鉴定书应当由鉴定人签名或者盖章,并附鉴定人的相应资格证明。委托机构鉴定的,鉴定书应当由鉴定机构盖章,并由从事鉴定的人员签名。

(3) 对鉴定书的异议。人民法院收到鉴定书后,应当及时将副本送交当事人。当事人对鉴定书的内容有异议的,应当在人民法院指定期间内以书面方式提出。

对于当事人的异议,人民法院应当要求鉴定人作出解释、说明或者补充。人民法院认为有必要的,可以要求鉴定人对当事人未提出异议的内容进行解释、说明或者补充。

(四) 鉴定人出庭

(1) 预交出庭费用。当事人在收到鉴定人的书面答复后仍有异议的,人民法院应当根据《诉讼费用交纳办法》第 11 条的规定,通知有异议的当事人预交鉴定人出庭费用,并通知鉴定人出庭。有异议的当事人不预交鉴定人出庭费用的视为放弃异议。双方当事人对鉴定意见均有异议的,分摊预交鉴定人出庭费用。

(2) 出庭费用的承担。鉴定人出庭费用按照证人出庭作证费用的标准计算,由败诉的当事人负担。因鉴定意见不明确或者有瑕疵需要鉴定人出庭的,出庭费用由其自行负担。人民法院委托鉴定时已经确定鉴定人出庭费用包含在鉴定费用中的,不再通知当事人预交。

(3) 通知。鉴定人依照《民事诉讼法》第 78 条的规定出庭作证的,人民法院应当在开庭审理 3 日前将出庭的时间、地点及要求通知鉴定人。(当事人对鉴定意见有异议或者人民法院认为鉴定人有必要出庭的,鉴定人应当出庭作证。)委托机构鉴定的,应当由从事鉴定的人员代表机构出庭。

(4) 如实答复。鉴定人应当就鉴定事项如实答复当事人的异议和审判人员的询问。当庭答复确有困难的,经人民法院准许,可以在庭审结束后书面答复。人民法院应当及时将书面答复送交当事人,并听取当事人的意见。必要时可以再次组织质证。

(5) 拒不出庭的后果。①鉴定人拒不出庭作证的,鉴定意见不得作为认定案件事实的根据。②人民法院应当建议有关主管部门或者组织对拒不出庭作证的鉴定人予以处罚。③当事人要求退还鉴定费用的,人民法院应当在 3 日内作出裁定,责令鉴定人退还。拒不退还的由人民法院依法执行。④当事人因鉴定人拒不出庭作证申请重新鉴定的，人民法院应当准许。

（6）询问鉴定人。经法庭许可当事人可以询问鉴定人、勘验人。询问鉴定人、勘验人不得使用威胁、侮辱等不适当的言语和方式。

（五）重新鉴定和自行鉴定

（1）情形。当事人申请重新鉴定，存在下列情形之一的，人民法院应当准许：①鉴定人不具备相应资格的；②鉴定程序严重违法的；③鉴定意见明显依据不足的；④鉴定意见不能作为证据使用的其他情形。存在前款第一项至第三项情形的，鉴定人已经收取的鉴定费用应当退还。拒不退还的，由人民法院依法执行。当事人因鉴定人拒不出庭作证申请重新鉴定的，人民法院应当准许。

（2）对鉴定意见的瑕疵，可以通过补正、补充鉴定或者补充质证、重新质证等方法解决的，人民法院不予准许重新鉴定的申请。

（3）效力。重新鉴定的，原鉴定意见不得作为认定案件事实的根据。

（4）自行鉴定。对于一方当事人就专门性问题自行委托有关机构或者人员出具的意见，另一方当事人有证据或者理由足以反驳并申请鉴定的，人民法院应予准许。

（六）撤销鉴定意见

（1）鉴定意见被采信后，鉴定人无正当理由撤销鉴定意见的，人民法院应当责令其退还鉴定费用，并可以根据情节，依照《民事诉讼法》第111条的规定对鉴定人进行处罚。（可以对其主要负责人或者直接责任人员予以罚款、拘留；构成犯罪的，依法追究刑事责任）当事人主张鉴定人负担由此增加的合理费用的，人民法院应予支持。

（2）人民法院采信鉴定意见后准许鉴定人撤销的，应当责令其退还鉴定费用。

（七）专家辅助人

（1）申请。当事人依照《民事诉讼法》和《民事诉讼法解释》，申请有专门知识的人出庭的，申请书中应当载明有专门知识的人的基本情况和申请的目的。人民法院准许当事人申请的，应当通知双方当事人。

（2）询问与对质。审判人员可以对有专门知识的人进行询问。经法庭准许当事人可以对有专门知识的人进行询问，当事人各自申请的有专门知识的人可以就案件中的有关问题进行对质。有专门知识的人不得参与对鉴定意见质证或者就专业问题发表意见之外的法庭审理活动。

第四章
专家证言的交叉询问

专家证据往往看作是独立存在的,似乎在某种程度上拥有与其他证据截然不同的特点。持有这种观点的原因主要有:一是律师期望如此,律师希望专家证人能够给出一个明确的答案,是或否、同一或不同。二是科学证据有可能被量化。三是专家证据都是由专业人员提供,所以人们不应像质疑其他证人那样质疑专家证人。[1]但是,专家证据不是孤立存在的,有的案件也存在两个以上独立的或相互依赖的专家证据,为了正确的解释每个专家证据,我们应将其同案件中的其他证据结合起来。

而专家出庭作证和接受交叉询问,是保障专家证言真实性、准确性和排除同其他证据矛盾的重要措施。交叉询问作为发现真相的伟大发明,更是当事人的重要诉讼权利。事实上,我们有60%的诉讼官司需要参考专家证人的证言,而唯有透过对这些证人的交叉询问,才能启蒙我们的陪审团,并且帮助他们对于这类证言做出公正的评价。[2]而事实裁判者、律师和专家对许多专业性问题上存在无效沟通。

在我国司法实践中,一方面法院对于专业问题过于依赖鉴

---

[1] 参见 [美]伯纳德·罗伯逊、G.A.维尼奥:《证据解释——庭审过程中科学证据的评价》,王元凤译,中国政法大学出版社2015年版,第90页。

[2] 参见 [美]弗兰西斯·威尔曼:《交叉询问的艺术》,周幸、陈意文译,红旗出版社1999年版,第79页。

定，希望得到简单明确的鉴定意见，对专家意见的审查流于形式。另一方面，某些从事检查检验的鉴定人从保护自身利益出发，不出庭作证或者在鉴定意见中故意使用过于简洁晦涩的语言，以掩饰其对专家意见结果的不确定性。加强对专家证言的交叉询问，在我国更具有紧迫性。

对专家证人的交叉询问有三种类型：一是形式上的交叉询问（apparent cross-examination），主要是攻击专家的资格和中立性，不针对专家意见的实质和证据价值。二是实质上的交叉询问（real cross-examination），针对专家意见的基础和内容，攻击专家证据的实质性和证据价值。三是混合式的交叉询问，这是最普遍运用的形式，从专家证人的可信性、专家证人的资质、专家意见所依据的技术或原理、专家意见所依据的数据、形成专家意见过程中对技术和方法的适用等方面对专家证人进行质询。[1]

一、专家出庭作证

（一）专家出庭作证的重要性

专家意见或报告作出之后要提交给事实审判者，既可以提交书面意见也可以出庭作证，以说服事实审判者相信其证言。在英美国家，专家仅仅提交书面意见而不出庭的情况是很少的，绝大多数通过出庭来呈现其证言。专家证人的责任之一，就是对他们提供的证据从哪些方面、以何种方式帮助法庭来作出解释。专家出庭接受双方的交叉询问，比单纯的外行证人出庭或法院委托审理顾问的意义更大。

（1）在两份严重对立的专家报告中，涉及十分复杂的科技或专业争端，外行的事实审判者对此往往一筹莫展、毫无头绪。

---

[1] David Randolph Smith, Cross Examination, Professional Development Network (1997).

（2）即使是委托一位完全客观独立的法院专家（court expert）或审理顾问（assessor），作用也比较局限。因为开庭前法院对事实的了解比当事人更少积极性更低，在专家报告中会挑不出太尖锐的问题。

（3）由双方当事人委托自己的专家，由于当事人对案情了解更多，对任何丝毫的疑问都比较敏感，同时当事人积极性更高，在对立中进行生死搏斗，在交换专家报告后会仔细推敲每一句话，字斟句酌，调查澄清，能挑出许多法院发现不了的疑问。

（4）通过双方当事人的对抗，双方专家证据的强弱事实审判者就更清楚了，法院找充足理由否定一方专家证据的责任也相对轻松了。事实审判者可以采纳一律师在反询问中提出而对方专家无法回应或回应太差的问题，并以此为由否定对方的专家证据，也可以专家证人对自己发表过的文章与专家报告中有严重矛盾无法合理解释而否定他，从而减轻了事实认定者的压力。[1]

在我国，专家证人（包括鉴定人+专家辅助人）出庭作证是发挥各个环节"守门人"的重要举措，具有不可替代的价值，它不仅可以甄别和发现伪劣产品并防止其进入法庭，而且还可以警告产品生产者如何规范自己的行为，防止和减少此类问题的发生。同时，鉴定人出庭作证是专家辅助人出庭的前提条件，也可以说是专家辅助人存在的基础、茁壮成长的土壤，否则，专家辅助人将变成地下工作者而无合法的身份。专家辅助人制度之所以"面黄肌瘦"和"营养不良"，与鉴定人出庭作证率低下密切有关。[2]

---

[1] 参见杨良宜、杨大明：《国际商务游戏规则：英美证据法》，法律出版社2002年版，第534—535页。

[2] 参见常林：《司法鉴定专家辅助人制度研究》，中国政法大学出版社2012年版，第285—286页。

(二) 专家出庭的相关问题

1. 出庭顺序问题

证人出庭作证的顺序通常由当事人的律师根据策略决定,这包括事实证人(Witnesses of fact)与专家证人的顺序,以及多名事实证人之间的顺序。律师以认为最好的方法去介绍、演绎案情给法院了解。但一般把专家证人放在事实证人之后,因为专家证人有可能要对事实证人作的证据提出意见,这也反映出在事实证人作证时,专家证人有可能在旁听。

2. 能否旁听审判

在对方证人作证进行反询问时,有可能要求自己一方、对同一事实有重要矛盾的证人避席,以防止后者已经知道对方证人讲了什么话,而在自己作证时避重就轻。

对于专家证人,有的认为不应告知其案情,以防止他们在主观上产生偏见。但是,我们认为专家证人一般不需要避席,可以旁听审判。因为本来就是要专家证人知悉所有事实或真相后才会作出意见,不应阻止专家证人聆听其他证人的反询问。如果聆听其他证人发言后在作证时进行调整、避重就轻,这种担心主要在事实证人方面,而专家证人的风险较低。因为:①专家证人的独立性、客观性较强;②专家证人往往有一定的身份地位,不肯太商业化的去"见机行事",扭曲意见;③专家证人涉及的利益冲突即使有也往往比事实证人低。当然,对专家证人是否需要避席,法官往往有自由裁量权。[1]在琼瑶诉于正案中,汪海林作为专家辅助人坐在原告席,就全程参加了庭审。

3. 开庭前交换专家意见

专家意见作出之后,应当在庭前进行证据交换,如有一方

---

[1] 我国诉讼法规定,在法庭审判时,证人、鉴定人都不得旁听。

修改专家意见,应当及时通知对方。庭审期间不能进行突然袭击,应给对方调查取证的准备时间。[1]证据开示有助于固定证据、明晰争点,帮助当事人为法庭审判做好充分的准备。1998年英国《民事诉讼规则》第35.13条规定,未开示专家报告的当事人,在开庭审理时不得使用未开示的专家报告,也不得传唤专家证人以言词方式作证,除非获得法院允许。我国《刑事诉讼法解释》第184条也规定,在庭前会议时当事人可以提出是否对出庭证人、鉴定人、有专门知识的人的名单有异议,这里面就包括了鉴定人和专家辅助人。在一个理性的程序系统中,提前让专家证人知道所有待论证的假设是有必要的,这样专家证人才能依据他们来评价证据的价值并进行合理的计算。当然,在刑事案件中,对于辩护律师的证据和辩护策略是否需要提前开示也一直是有争议的,因为辩护方有权不对证据发表任何解释。

(三) 专家证言的提出

1. 介绍专家证人

第一步是介绍专家及解释他与案件的关系,由于专家证言在性质上不同于普通证言,向裁判者说明专家证言的目的,询问专家他是怎样被聘请的和为什么出庭,一般情况下最好刚开始询问证人时,就对专家的意见进行演示。

例如,可以这样介绍原告方的损失专家:

问:"请问你的名字?"

答:"L博士。"

问:"L博士,请问你是否在本案中被聘请来提供专家意见?"

---

[1] 参见杨良宜、杨大明:《国际商务游戏规则:英美证据法》,法律出版社2002年版,第570-571页。

答:"是的。"

问:"你对原告的利润损失已经形成意见了吗?"

答:"是的,我已经计算出了原告本来的收益总金额。"

问:"我们一会将详细讨论你的意见,但是现在我们必须讨论一下你在本案中专家证人的资格。"

2. 提出专家证人

一旦专家资格被认定后,就应该将其作为某个专业领域的专家在法庭上提出。提出专家证人的目的是告知法官这种资格认定已经结束,且给对方律师一个机会,要么进行预先审核询问,要么反对将其作为专家证人提出来。例如,在汽车餐厅案件中,财务专家的资格应该这样提出来:

律师:"法官,我们要将 L 博士作为在商业评估和利润预测领域的专家证人提出来。"

向法院提出专家证人是一个有效的策略,标志着资格审查程序已经完成,要求对方律师要么提出异议,要么承认该专家的资格。主询问者在询问的早期提出这个问题,可以避免在一些更微妙的时刻被对于专家资格的异议所打断,如果法官同意律师的这种提出活动,实际上取得了法庭对该专家身份的认可,可以增加专家证言的分量。[1]

二、主询问(examination in chief)

主询问是指由申请专家证人出庭的一方律师,对本方证人的询问。目的是引出与本方主张有关的所有有用的信息,并可

---

[1] 参见 [美] 史蒂文·鲁贝特:《现代诉辩策略与技巧》,王进喜等译,中国人民公安大学出版社 2005 年版,第 129、132 页。

通过主询问预测或反驳对方可能提出的不同事实和观点。主询问还有一个重点，就是要消除事实认定者对专家证人倾向性的担心。律师进行主询问时一般不能提出诱导性问题（leading question），除非对方变成了"敌意专家证人"（adverse expert）。

（一）专家证人可以参阅自己或他人制作的当时文件以帮助记忆

这方面与事实证人一样，时间长了专家证人对一些过去事实的记忆会逐渐忘却，在被反询问时需要看当时文件以帮助记忆，这完全允许。例如，在 Taylor v. Armand（1975）RTR225 案件中，就允许医生证人去参阅一份警察报告，内容记录了当时他俩看见了什么。

专家证人在表述自己的观点时一定要使用简练的、通俗易懂的语言，而不能适用晦涩的行话、专业术语，否则，其证言可能会由于不能被事实审理者理解而失去证明力，因为陪审员和法官往往对该领域的知识知之甚少甚至一无所知。

（二）对专家证人资格的主询问

尽管对专家证人的资格要求非常宽松，但对专家证人资格的询问是首当其冲的问题，法官在专家证人作证之前必须决定他是否有资格作证。主询问方首先可以通过对专家资质的主询问，展示本方专家证人的强大实力。这一点非常重要，因为专家证人真正的水平、经验、资格等实际上是专家证言的"组成"部分，甚至是主要部分。任何意见的价值，关键看是谁作出的。所以，律师在主询问时会花很多时间，详细的把专家的资格和经验展现出来，即使对方对专家资格认可也可以继续询问，以加强事实审判者对他的印象。[1]

---

[1] 确立专家证人的资格（establishing the expert's qualification），参见杨良宜、杨大明：《国际商务游戏规则：英美证据法》，法律出版社 2002 年版，第 571 页。

例如：

问："先生，你叫什么名字？"

答："约翰·维·德马克。"

问："你住在哪里？"

答："住在本城贝尔莫特旅馆。"

问："先生，你的专业或职业是什么？"

答："我是内科医生及毒物学家。"

问："你毕业于哪所医学院？"

答："芝加哥西北大学医学院。"

问："何时毕业？"

答："1954年。"

问："你研究生毕业于何大学？"

答："密执安大学。"

问："你在密执安大学学什么专业？"

答："化学。"

问："你从医学院毕业之后从事什么工作？"

答："在芝加哥健康研究室工作了3年，1957年我成为芝加哥验尸部门的毒物学家。"

问："你至今仍担任这个职务吗？"

答："是的，自从1957年以来我从未间断过。"

问："作为一位毒物学家，你的职责有哪些？"

答："我的职责包括检验人体脏器内存在的毒物并从事有关毒物的研究，判断死亡原因。"

问："自从1957年以来你作过多少例死因的判断？"

答："大约1万例。而且我还检查过许多人的器官，当然不是指死后的人。"

问："目前你从事教育工作吗？"

答:"是的,我是芝加哥布什医学院的毒物学教授。"

问:"你写过关于毒物学的论著、文章吗?"

答:"写过。我写过一些有关毒物以及毒物检验的文章,在毒物学教材中也写了几章,我还在专业研讨会上发表过论文。"

问:"博士,你可以给我们讲一下什么是毒物学吗?"

答:"毒物学是关于引起中毒的物质、毒物,它们的来源以及进行检验的化学方法或其他方法。"

问:"你讲到毒物时的确切含义是什么?"

法官:"请等一下,律师。你现在还有继续获得有关这位证人的大量证明吗?"

询问律师:"这是我的意图,先生。"

法官:"让我问一下对方律师,看她此时是否愿意进一步审查这位证人的资格。"

对方律师:"我们保留在德马克博士证言的实质性问题上对其交叉询问的权利,法官阁下。但是我们对他在毒物学领域中作为专家的资格问题没有异议。"

法官:"非常好,你可以继续,律师。"

询问律师:"博士,你所说的毒物的含义是什么?"

答:"毒物是一种物质,当它进入人体时,对健康会产生重大的不利影响或者造成死亡,这是它的主要作为。"[1]

在上例中,本方律师对专家证人的资格进行了详细的询问,包括毕业院校、工作职务等,该专家检验过的病例达 10 000 例,又是芝加哥布什医学院的教授,以至于法官打断律师的询问,"你现在还有继续获得有关这位证人的大量证明吗?"当然,反

---

[1] 参见 [美] 乔恩·R. 华尔兹:《刑事证据大全》,何家弘等译,中国人民公安大学出版社 2004 年版,第 435-437 页。

方律师对证人的专家资格予以认可，但对其证言内容保留交叉询问的权利。在专家证人的资格问题解决后，本方律师转向其他问题的主询问。

对于专家证人的资格，有时不仅要询问专家的学历、职称等形式资质，更要关注专家的经验。例如，笔迹检验更多依赖于专家的判断或者经验。指纹检验未来发展的方向，是专注于专业化标准而不是显而易见的特征点的数量上，一位指纹专家可以在法庭上这样陈述，"我相信这些指纹是来自于同一个手指，如果你们需要的话，我可以给大家看一些最容易识别出来的比对特征。但是，我所出具的同一认定结论是基于我 N 年以来的工作经验、同事们的一致认可以及在既往盲测中我从未出现错误认定等因素做出的"。[1]当然，除了教育和经验之外，专家的资格还要考虑其他几方面因素，例如专业训练、继续教育课程、教学和讲座的职位、各种执照和证书、出版物、咨询经验、职业会员身份、获奖情况和其他的职业荣誉等。

专家资格既要有技术上的要求，也要具有说服力的方式，具体而言：

1. 专业技术上的要求

通常要证明专家具备特殊的技能或者知识，有过相当的经验或者教育，能够以某种方式将技术或者知识运用到本案的争议事项中去。例如，对财务专家最低资格的证明，应当这么进行：

问："L 博士，你能告诉我们你的教育状况吗？"

答："当然可以，我本科毕业于密歇根大学商业系，在加利福尼亚大学获得了经济学博士学位。"

---

[1] 参见 [美] 伯纳德·罗伯逊、G.A. 维尼奥：《证据解释——庭审过程中科学证据的评价》，王元凤译，中国政法大学出版社 2015 年版，第 198 页。

问:"你获得博士学位后从事过什么工作?"

答:"我曾在华盛顿大学经济系担任过6年教授,然后我离职开办了自己的咨询公司——L咨询公司。"

问:"你在经济学领域有专长吗?"

答:"有,我的专长是商业评估。"

问:"商业评估是你在华盛顿大学和L公司的专长吗?"

答:"是的。"

问:"商业评估是干什么的?"

答:"商业评估就是研究形成商业公平价值的各种要素,包括预期利润、资产、应收账款、商值和投资潜力。"

上面的询问能够通过有关的教育和经验来证明其专家资格,L博士现在可以对有关业务的价值问题发表意见了。

2. 具有说服力的资格

交叉询问的最终目的是要说服事实裁判者接受己方的专家意见,说服力资格在存在对立专家证人的案件中更为重要,因为资格上的差异将会成为裁判者决定相信哪个专家的依据。

(1) 认为资格越多说服力就越强的想法是错误的,因为无休止的重复学位、出版物、所获奖项、所得到的任命可能容易使得裁判者不堪重负,更不要指望他们仔细倾听证人的意见了。一般最好详细介绍专家的简历,并在资格询问过程中重点关注几个显著的问题。

(2) 将询问重点放在专家的特殊专长上更有说服力,而不要放在比较普通或者没有什么关系的资格上。例如,每个经济学家一般都拥有博士学位,这时再将大量的时间放在详述专家的学位上没有多大的用处。

(3) 如果指出专家拥有与具体案件相关的特殊资格,包括与案件争议有关的直接经验、咨询工作或教学工作,将大大提高专家的可信性。例如,指出专家曾发表过几篇与正义问题直接相关的文章,是非常重要的。而通过一长串与本案无关的、即使是发表在权威期刊的文章,来证明证人的资格一般是没有用的。

(4) 强调本方专家拥有对方专家所不具有的能力,是非常有效的。如果己方专家拥有卓越的学术背景,就通过主询问来指出这种学术训练的重要性。如果己方专家拥有对方专家不具有的资格证书,就要求他解释取得这项资格有多么困难。[1]

(三) 让专家陈述意见和理论

在专家资格认定后,主询问的下一步骤,就是引导出专家关于意见和理论的稳固陈述。

1. "意见优先"原则

主询问应当首先引导出专家的意见和结论,而不是先详述背景工作或调查的过程。专家结论的清楚表述能为证言的其他解释提供背景,如果没有事先说明有关细节的目的或为何要解释他们,专家证言将不会有什么吸引力。专家准备工作的复杂细节是不可能有趣的,如果专家证言冗长、晦涩、乏味,将大大影响专家证言的效力。

例如,比较下面两个询问:

(1) 问:"L博士,本案中,你为得出你的意见做了些什么?"

答:"我首先收集了所有与汽车登记和人口成长预测有关的数据。"

问:"接着你做了些什么?"

答:"我把人口增长和汽车预期里程的数据联系起来,得到

---

[1] 参见 [美] 史蒂文·鲁贝特:《现代诉辩策略与技巧》,王进喜等译,中国人民公安大学出版社2005年版,第130、131页。

了未来五年的"每人里程数"的合理估计。"
问："计算是怎样完成的？"

对于这种询问，即使是最勤勉、最专注的裁判者都要困惑，汽车的里程数和人口的增长与本案争议有何关系？当专家进行的计算和在案件中提出的观点缺乏联系时，将会毫无意义。这时专家越是详细的解释他的数据，越是让人不能理解。相反，比较下面的询问：

（2）问："L博士，如果原告的餐厅没有被迫停业的话，你对连锁餐厅的利润多少有无看法？"
答："是的，我有看法。"
问："你有什么意见？"
答："我认为餐厅如果仍然能够继续营业的话，在将来的五年，连锁餐厅将会至少获利320万美元。"
问："你是怎样得出这个意见的？"
答："我是依据州的预期人口增长与将来对快餐、汽车餐厅的可能需求结合起来计算出来的。"

这个询问更加简单易懂，专家通过一开始就提出他的意见，可以让裁判者理解接下来细节的重要性，裁判者将会更容易理解利润损失与车辆登记和人口增长数据之间的关系。

2. 理论的陈述

主询问应当遵循下面的模式：①这是我的意见；②这是支持我的意见的原理；③我是如何得出最终的结论的。专家发表意见后，应当立即提出有关的理论，说明专家的结论和用来支持专家结论的数据之间的关系。

例如：

问："L博士，你为什么以州的预期人口增长作为你计算的基础？"

答："快餐食品的需求将会随着人口的增长而增长，这点是事实。因为青少年和有小孩的家长是快餐食品的最大购买群体，而且随着人口的增长，他们也是增长最迅速的两个群体。"

问："你为什么还考虑了汽车里程的增长问题？"

答："汽车餐厅与汽车里程有着直接的联系，当人们开车越多，就越能看到汽车餐厅，因此，他们会购买更多的食物。"

问："在这些关系中，你得出了什么结论？"

答："我的结论是，汽车餐厅连锁店的利润将会随着总人口的增长和汽车里程的增长，成比例增长。"

问："你只考虑了人口增长和汽车里程数？"

答："当然不是。我一开始是根据目前的状况确定连锁店的利润，并以这些数据作为基础，然后，我用政府对人口和驾驶员的统计数字预测了五年后的情况。"

问："现在请你确切地告诉我们，你是怎样得出你的结论的？"

这个询问揭示出专家的理论基础，为接下来的解释提供了清楚的背景。[1]

（四）让专家解释和支持

专家在陈述和证明其理论后，可以对其所进行的调查和计算进行详细的阐述，证明专家假设和数据的有效性与正确性。

---

[1] 参见 [美] 史蒂文·鲁贝特：《现代诉辩策略与技巧》，王进喜等译，中国人民公安大学出版社2005年版，第132、133页。

第四章 专家证言的交叉询问

1. 专家数据

主询问专家是如何选择和获取数据的,专家也应该解释为什么他的信息是可信的。例如,在汽车餐厅的案例中,专家应该指出政府关于人口和汽车里程的数据统计通常用于作出许多重要的决定,如交通信号灯的设置、高速公路的扩展、学校的建设等,要求专家说明所进行的检验和计算。

许多专家热衷于他们的数据,并且迫不及待地详细叙述,不幸的是,大多数裁判者无法容忍对科学、技术过程的冗长、难解的描述。律师必须对此尽力加以制衡,在这些数据的处理上引导出充分的细节,让专家解释为什么和怎样用数据来支持其结论的。

2. 假设

绝大多数专家依赖于假设,例如,在汽车餐厅案中,财务专家会毫无疑问的假设,销售和人口的关系将会以过去的比例继续增加,专家也可能假设某种折扣率来降低其关于目前价值的预测。需要解释假设的有效性,

例如:

问:"L博士,你在得出原告的餐厅连锁店将获利320万美元的意见时,你是否进行了什么假设?"

答:"是的,我假设快餐的销售额将与人口的增加按照过去的比例增长。"

问:"你为什么作出这样的假设?"

答:"快餐连锁店被迫停业,所以,没有可供参考的实际销售额。因此,我必须就其最可能的销售额进行推测,为了预测未来我必须假设一个基础数据。"

问:"你为何使用行业的平均值?"

答:"我使用行业平均值是因为它是在那个特殊的行业中,

所有公司的平均数。这种方式能使我使用的数字避免过高或者过低。"

没有必要解释每一个假设,但是对于重要的假设要予以证明。

3. 对立的理论

在存在对立专家的案件中,也会存在对立的理论。每个专家都会适当准备和提出,努力向裁判者解释为什么应该采纳他的理论。所以,让己方专家对对方专家的工作加以评论是非常有效的,这种技巧被称为理论差别化,因为己方专家对对方专家理论上缺点的评论具有很强的说服力。律师在结束对专家的主询问时,应当对其最重要的观点进行强有力的重申。[1]

如何组织对专家的主询问
介绍专家并对其证言进行铺陈
引导出专家的资格条件
引导专家对其意见作出清晰的表述
让专家就其意见进行理论解释
引导出能支持专家意见的事实性、经验性因素
在存在对立专家的情况下使用理论差别化技巧
让专家重申最重要的结论

(五)关于假设性问题的提问

这里重点探讨专家证言中的假设性问题。假设性问题(hypothetical question)是指假设一连串的事实与真实的案情相同,然后问专家证人在此假设下,他的意见是什么。假设性问题的

---

[1] 参见[美]史蒂文·鲁贝特:《现代诉辩策略与技巧》,王进喜等译,中国人民公安大学出版社2005年版,第134、135页。

方法就是先让许多证人作证，供述所谓的正确事实，然后传唤医生作为专家证人，辩护律师的问题里包括了所有这些假设性的事实，而专家根据这些事实对陪审团陈述他的专家意见。[1]主询问方一般会使用假设性问题，也就是说主询问方只能问："如果用重物猛击某人的头部，会造成什么样的后果？"而不能问，"如果用重物猛击某人的头部，会造成脑震荡吗？"控辩双方可以要求专家证人回答假设性问题，因此应当对证据在不同假设下的相对概率进行比较。

但是，美国《联邦证据规则》第705条试图在诉讼中取消假设性问题。"专家证人可直接给出意见或推论，而不需要再阐述作为背景知识的基本事实或信息资料"。其主要目的是取消对专家证据提出的不必要的假设性问题。在公开开庭时，本方律师不需要通过假设性问题的方式，向其专家证人传递本案相关事实的信息，而是在主询问前就可以将其告知专家证人，然后向法庭作出公开说明即可。当然，对方律师仍可通过交叉询问的方式，对专家证人作出意见所根据的背景知识进行询问。

很明显，假设性问题常常是棘手的和技术性很强，充满了造成误差的可能性。如果辩方的假设只是为了用一堆混乱的数字搅乱陪审团的思维，导致陪审团认为证据在某种程度上并不可靠，那么这样的假设性问题不应该被允许。"这或许是最可恶的一种证据，它会使陪审团晕头转向，丧失判断的能力。"[2]假设性问题非常浪费时间并经常会使事实审理者迷惑，使其感到枯燥乏味。但是，也有律师相信已设计好的假设性问题，是从

---

[1] 参见［美］弗兰西斯·威尔曼：《交叉询问的艺术》，周幸、陈意文译，红旗出版社1999年版，第106页。

[2] 参见［美］弗兰西斯·威尔曼：《交叉询问的艺术》，周幸、陈意文译，红旗出版社1999年版，第105页。

一个不直接了解案件事实的专家证人那里，获取有助于自己意见的最好方法。

虽然一直有人支持要求取消事先展示背景知识，但是真正废除假设性问题却备受争议。在美国《联邦证据规则》第705条的规定下，专家证人有机会基于不甚可靠的专家知识而作出自己的意见和推论，本方律师在对专家证人的主询问中，也可以避免揭露有关知识信息的漏洞。同时，由于不允许反方律师在开庭前深入地了解对方证据，所以即使有交叉询问，反方律师也不能点出对方的薄弱环节，从而陷入一种战略上的被动，交叉询问也变得苍白无力。[1]

例如：

问："如果我们假定，该拖斗卡车时速为30英里，司机当时精力集中，反应时间考虑为评价反应时间——如果该卡车在命令中刹车的话，你可以确切地提出卡车从刹车前到停车时所行驶的距离吗？假设卡车司机从看见朝他疾速驶来的轿车至撞车期间大约是20秒。"

答："可以。对于一个精力集中的司机，已知这辆车的平均反应时间和平均刹车距离，假设卡车在命令中刹闸，从卡车司机看见轿车——能见度大约为600英尺，到卡车能够停下来时距离应在125英尺以内。"

问："假设像卡车司机在审判前对他的调查中所说的那样，该轿车对着卡车快速驶来，当发生冲撞时，卡车司机证实该轿车打算左转向北驶去，事故发生后不久拍摄的这张照片（展示物B）对你合理、确切地判断发生冲撞时轿车是否正快速地行

---

〔1〕 参见 [美] 乔恩·R. 华尔兹：《刑事证据大全》，何家弘等译，中国人民公安大学出版社2004年版，第449页。

驶可能会有些帮助。"

答:"是的。这张照片没有表明撞车后在公路上留有转动痕迹,这种痕迹对于认定冲撞时轿车正疾速行驶是一个因素。照片上也没有出现任何该轿车留下的刹车痕迹。此外,这张照片清楚地表明该卡车留下了刹车痕迹。这些事实对我作出合理的结论是很有意义的。可以确定,该轿车在冲撞时没有以快速度行驶。相反,你要求我假定的因素以及这张在光线很暗的情况下拍摄的照片都反映出该轿车当时不论是静止状态还是非常缓慢地横穿马路,都是受卡车的撞击,在轿车上留下的决定性的毁坏痕迹则更进一步证实了这一点。"

问:"再假设,这张照片上表明该卡车留下了刹车痕迹,一个巡警的陈述证言表明两辆车相距90英尺远,而且那辆车被推高碰撞地点87英尺,你能合理、准确地计算出卡车在碰撞前行驶的速度吗?"

答:"可以。我的计算表明卡车在使用刹车时车速至少达每小时60英里,而不是像驾驶员自己所说的每小时40英里。"

问:"你是如何计算的?"

答:"应用我先前提到过的那个公式,卡车的确正在快速地行驶,虽然我没有足够的数据去计算出碰撞后卡车将轿车推进那么多英尺所附加的运动能量。"

问:"我请你看另一张照片——原告方展示物C,这张照片已由那位巡警认定是公正地反映了轿车在碰撞后不久所呈现的外观,展示给你看的轿车上的毁坏痕迹是决定性的吗?如果是,为什么?"

答:"是决定性的。轿车上的决定性的毁坏痕迹,证实了我前面所提到过的特殊的转动痕迹。如果一辆快速行驶的卡车撞击了一辆正在行驶或处于静止状态的轿车的话,在这儿出示的这个决定性的毁坏痕迹将证明我刚才提出的意见。"

在上例中，律师在主询问中向专家证人提出一系列的假设性问题。应当说，假设性问题对于充分的展示本方论据和逻辑，论证本方的主张具有重大作用。但是，这又带来许多新问题。一方面，假设的事实太多、太长、混乱，导致难以明白假设的问题是什么。在英国 People v. Wilson（1944）判例中建议去减少问题中假设的事实。在 Temple v. Continental Oil Co.（1958）判例中，也说到了问题中假设的事实不必太正确，只要不夸张或太歪曲即可。另一方面，在对方反询问时会大做文章，专家证人会面对并要去回应"不同的或者相反的假设""修改后的假设"，另一套假设的事实（与主询问不一样）并要求作出意见，原先的假设事实被挑选出一两个看意见是否会不同，等等。这一切都会使专家证言看起来更加混乱。[1]

因此，要注意四点：

第一，本方律师在主询问中向专家证人提出假设性问题时常常会忽略掉某些事实，反方律师完全可以询问如果加上这些略去的事实，专家证人的意见又会如何。

例如：

公诉律师："福斯特博士，如果在辩护律师向你提出的假设性问题中涉及这些附加的事实（即列举略去的事实），你的意见仍和原来一致吗？"

答："不能。"

问："博士，如果我们包括那些事实，你的意见是什么？"

---

〔1〕参见杨良宜、杨大明：《国际商务游戏规则：英美证据法》，法律出版社2002年版，第513-514页。

答:"(该专家证人重新给出自己的意见)。"

第二,在假设性问题中包含的问题,有时后来被证据所驳倒,在这种情况下,专家证人会被问及,如果那些后来被驳倒的问题事实从原假设性问题中剔除的话,他的结论是否会改变。

例如:

公诉律师:"福斯特博士,如果在辩护律师向你提出的假设性问题中,略去了类似发现他的左肩上有血的凝块这个重要的问题事实,你的意见会不同吗?"

答:"是的,我的回答会不同。"[1]

第三,假设性问题不必与法庭上论证的事实紧密相关,但必须与出示的证据相关。首先,任何一方不得偏离证据向专家提出假设性问题,这个过程必须以一定的证据为依据。其次,专家依赖这个过程陈述意见,因而从专家意见是否受到任何偏离的影响可窥见提问过程恰当与否。最后,与待证事实有关联的专家意见才有可采性,如果专家依据以前从未有过而且将来也不会发生的情况提供意见,即使出庭作证,其也不具有可采性。

第四,无论转移性证据还是其他证据,其证明价值许多时候严重依赖于替代性假设的选择。如果辩护方声称由于其他原因曾经发生过接触,那么这种类型证据的证明力就会被极大的削减甚至彻底消除。例如,在入室盗窃案件现场找到的指纹可以被解释为是由于犯罪嫌疑人经常拜访这个地方而产生的。在

---

[1] 参见[美]史蒂文·F. 莫罗、詹姆斯·R. 费格里罗主编:《对方证人:芝加哥著名刑辩律师交叉询问与人生的经验教训》,吴宏耀、云翀译,中国人民大学出版社 2013 年版,第 111 页。

强奸案件中，如果辩护方提出相应的解释，那么纤维转移证据也许会变得毫无价值。如果被告是拆迁工人的话，那么其身上玻璃证据的价值就会减弱。[1]

（六）敌意证人（hostile witness）和适当使用诱导性问题

这与事实证人一样，都存在敌意证人问题。开庭时，专家证人突然倒戈改变观点，完全去同意对方看法并不再坚持自己意见，不过这种情况非常罕见。如果万一发生，受影响的当事人应当立即向法院申请把自己的专家证人当作敌意证人，进行反询问。一个经常提起的反询问问题是，"你为何改变主意或看法，在专家报告中与你现在说的完全不一样？"看敌意证人如何回应，是否有合理充分的理由支持，再进一步问下去。[2]

专家作证中反复出现的两个问题是：乏味和自大。许多专家都有对不重要的细节详细叙述的倾向，其他一些专家则以狂妄自大的状态作证，特别是在提出自己的文凭时。这两个问题可以通过明智的诱导性问题来解决。

律师通常可以用诱导性问题打断专家对杂乱无章细节的叙述，引导证人直接进入争议的重点问题。例如，对于物质成分作证的化学家的询问，专家采取的程序可能是由许多步骤组成，裁判者很快会对冗长的枯燥陈述感到厌倦，律师可以通过几个诱导性问题缩短询问时间。

例如：
问："你进行了化学分析，是吗？"
答："是的。"

---

〔1〕 参见［美］伯纳德·罗伯逊、G.A. 维尼奥：《证据解释——庭审过程中科学证据的评价》，王元凤译，中国政法大学出版社2015年版，第60、211页。

〔2〕 参见杨良宜、杨大明：《国际商务游戏规则：英美证据法》，法律出版社2002年版，第571页。

问:"分析包含六个步骤,是吗?"
答:"是的。"
问:"你是否以公认的程序来进行这六个步骤?"
答:"是的。"
问:"你的结果是什么?"

对于上述预备性问题,可以使用诱导性询问。但是,如果对于化学家实验的充分性和严谨性有争议则不能使用,不能利用诱导性询问的方式替代专家自己对重要问题的证言。[1]

(七) 专家证人主询问的注意事项

1. 专家证人人性化

许多有科学、技术或者金融背景的专家,对那些没有特殊专业知识的裁判者而言,会显得孤芳自赏、令人生畏,甚至是傲慢自大。所以,在主询问时要尽可能让这些专家证人人性化,这点非常重要。如果法院允许,可以提出关于专家个人及家庭的背景信息,并准许专家谈论一些与严肃专业无关的事情让其更人性化。

2. 使用非专业语言

专家通常会不自觉地使用晦涩的专业行话,律师的任务就是引导专家使用日常语言发表意见,可以通过下面三个方法达到这个目标:

(1) 进行彻底的证人准备,避免专家使用复杂、专业性的术语。在审判之前,花足够的时间与专家进行交流,让其明白简单易懂语言的重要性。

(2) 无论是财务、机械或者会计方面的讨论,当专家不自

---

[1] 参见 [美] 史蒂文·鲁贝特:《现代诉辩策略与技巧》,王进喜等译,中国人民公安大学出版社2005年版,第139页。

觉地陷入其语言习惯时，需要让他做出解释。这样做时态度要友好和善，既不能斥责也不能卑躬屈膝，可以像这样：

问："S博士，你对于压力板失效的原因有何意见？"
答："是的，我的实验表明，紧固螺丝扭力过度了。"
问："你说的扭力过度是什么意思？"
答："我的意思是，当拧紧加固螺丝时，螺丝拧得太厉害了。"

（3）最重要的是，律师要避免使用专业术语的诱惑。许多律师也许是出于显得博学多才的想法，用专家晦涩的术语来询问证人。这种询问显得律师和证人之间的谈话存在私下性，旁人无法理解。

例如：
问："B博士，你观察到什么损伤了吗？"
答："我发现上肢有多处顿挫伤。"
问："这些顿挫伤有什么特别之处吗？"
答："他们颜色各异，表示受伤时间不同。"
问："你认为顿挫伤的位置能够说明什么吗？"
答："顿挫伤的上肢位置说明打击来自上方。"

律师和医生讨论瘀伤，专家使用"顿挫伤"的术语，这是医学上的精确表述，律师对术语的采用鼓励了医生继续使用它。虽然律师成功展示了他在医学上的经验，但其代价可能是牺牲了裁判者的理解。

3. 避免叙事形式

大部分法官给予专家证人很大的自由，允许他们以叙事的方式作证。许多律师认为他们应该利用好这种自由，因此，鼓励专家以冗长、连续无间的大段陈述提出证言，这是错误的。长篇叙事很难听懂也很难消化，容易注意力不集中。

一般来说，裁判者对最先听到的记得最清楚，这个适用于每个回答，也适用于整个询问。美国新的回答开始于律师提出一个新问题之时，重新唤起听众的注意。律师可以通过在合理的时间点打断证人的方式，避免叙事性回答。

例如：

问："H博士，在预测汽车连锁餐厅的利润时，位置有何重要之处？"

答："在谈到如何零售行业的利润时，位置可能是最为重要的因素之一。即使整个行业的总趋势呈上涨形势，位置比较差的行业也不可能受益。这在餐馆行业尤其正确。"

问："请对此作出解释。"

答："从性质上说，餐馆行业具有很强的地域性。很少有餐馆能将客人从很远的地方吸引过来。大部分都在住所、工作所在地或者消费场所附近就餐。所以，餐厅如果位于没有消费群体的地方或者经济衰退的地方，将不会吸引顾客来。"

问："为什么？"

答："很多餐厅都十分倚重于午餐时的生意。通常人们午餐时间不会超过一个小时，因此，除非餐厅所处的位置拥有大量的雇主，否则，餐厅将不可能吸引消费者上门。无论总的经济状况如何好，如果餐馆碰巧位于经济低迷地区，餐馆的午餐生意绝不会好的。"

在上述案例中，律师没有打断证人也没有陷证人于不自然的简短回答中，而律师却策略性地插入问题，打断了叙事，从而不断地重新强调了证人的证言。

4. 使用举例、比较和列举法

许多复杂的观点能够通过举例、比较或者比喻的方式让人理解，应当鼓励专家使用这种形象化方式阐明他们的证言。

(1) 通过举例的方式，使抽象的概念更为有血有肉。

例如：

问："H博士，请给我们举个例子，为什么即使在人口和汽车里程都增长的州，餐馆连锁店也可能经营不佳？"

答："当然可以。许多城市的人口都在增长，但基本上限于郊区。餐厅连锁店如果位于城市中心，餐厅将不会因此出现利润增长。事实上，由于人口的迁徙，餐厅的利润也许会降低。这就是为何位置是个非常重要的因素。"

(2) 类比也能达到同样的目的。

例如：

问："H博士，你可否进一步解释一下位置的重要性？"

答："好的，或许这么想有所帮助。假设一个棒球协会有八支球队，如果前二三支争夺冠军的队伍都位于大城市，明显他们会吸引大量的球迷。另一方面，排名最后的球队住在小城市，他们可能只能在空荡的体育馆里打球。因此，即使棒球协会总的观众人数增加了，最后一支队伍的观众数量也不会增加。一个不好的场所就正如排名最后的球队所在的小城市。"

但是，律师不应出乎意料地要求专家举例或者作出比喻，应当在众人准备的时候使用这个解释工具，不能在主询问的过程中突然提出。

(3) 使用列举法，多数人更关注数字编号的信息，应鼓励专家通过列举有关因素的方式介绍概念，而不是发出一长串的解释。

例如：
问："H 博士，你对 L 博士的研究有什么意见？"
答："L 博士的研究存在三个最基本的问题。"
问："哪三个问题？"
答："第一，他预测利润时只以两个因素为依据。第二，他没有考虑位置问题，而这应该是最重要的组成部分。第三，他似乎没有认识到人口增长可能会非常不均衡。"

现在律师可以让专家解释每个观点了，需要注意的是，每个观点的介绍都应重新提问，以强化裁判者的注意力。

5. 使用视觉工具

对专家的主询问，都可以通过视觉工具的使用而提高其效果。由于专家证言很难理解，所以，用图表、图形、素描、模型等来说明专家使用的概念是非常有效的。例如，医生的证言可以通过解剖模型或者彩图生动化。财务专家应当使用图形或者图表来说明他们的证言。建筑专家或者工程专家应该使用平面图或者几何相似模型来说明他们的证言。实际上，视觉工具的帮助是无限的，只会受到律师和专家想象力的限制。

6. 鼓励有力的语言

在许多技术领域，习惯于使用模棱两可的语言或者有所限定的语言表述结论，这在讨论学术研究时非常有意义。专家们使用诸如"据我所知""根据现有情况""就我们所知道的"等词语并不是什么罕见的事情。虽然这种语言表达的是谦虚的意思，而不是不确定的意思，但是在法庭上这对专家证言却是致命的。

为了防止不利的误解发生，专家应当使用直接、不含糊的语句作证，应当提醒专家注意避免无意的限制其结果的语言，而代之以强调其准确性和确定性措辞。例如，下面是一个语言软弱无力的例子：

答："现在，我对连锁餐厅利润的最好估算大约是320万美元。"

实际上，专家已经完成了透彻的研究，在专业范围内完全可以确信320万美元是准确的数字。这种确信能够通过更强有力的语言更好地表达出来：

答："我已经计算出了损失的利润是320万美元。"
或者：
答："我预测连锁餐厅将盈利320万美元。"

或者：

答："我研究的结果显示，损失的利润是320万美元。"

以权威的用语取代没有说服力的用语，可能需要对专家进行训练。当然，如果专家的结论的确只是尝试性、暂时性的，律师也不应说服专家以其他方式作证，实事求是是必需的。[1]

三、反询问（cross-examination）

反询问的目的主要不是质疑专家证言的可采性，因为法官在此一般都能作出正确判断，其宗旨主要在于反驳主询问方的观点，通过对对方专家证人的资历、推理过程、公正性、专家

---

[1] 参见［美］史蒂文·鲁贝特：《现代诉辩策略与技巧》，王进喜等译，中国人民公安大学出版社2005年版，第136-140页。

意见的事实和理论基础等进行质疑,来降低或否定对方专家意见在事实审理者心目中的证明力。反询问不仅能暴露专家证言的弱点和不足,降低其证言的证明力,而且主询问方在此过程中也可以发现自己的疏漏和缺陷,以便在再主询问中对自己的意见和立场进行修正。

律师反询问时可以通过以下几个方面降低专家证言的可信度,例如质疑专家证人的资格,专家的意见超出其专业范围,专家具有偏袒性,专家在同一问题上曾经提出矛盾的观点,专家未能遵守职业道德规范等。有时可能需要对专家证人先前的书面材料或者先前证言的内容进行反询问,找出矛盾的地方,但是,你往往不会那么幸运。除非该专家证人是一个多产作家,他一般会记得写过什么,并按照书面材料和证言的内容作证,以避免因明显的不一致受到弹劾。[1]

(一) 质疑专家证人的资历

对专家证人的职业、接受的教育、研究情况、发表的成果、工作经历等进行质疑,摧毁专家证人可靠性的基础。一般可以从三个方面攻击对方专家的资历:①指出专家专业领域的局限性,使其承认自己不是某领域的专家,或者指出该专家可能有资格对某一问题作证,但没有资格对另一问题作证。例如,一位病理学家作证说,在尸检过程中发现某一处创伤符合咬痕的特征,他所作的超出其专业领域的证言就受到了对方律师的攻击,因为他并不具备法医齿科学的专业知识。②强调对方专家缺少学历、学位、执照等某项资格证明,例如在 People v. West 案中,律师指出对方的专家证人没有依据州法院获得调查火灾的资格,不能在纵火案中就火灾原因提出专家证言,法院支持

---

[1] 参见杨良宜、杨大明:《国际商务游戏规则:英美证据法》,法律出版社 2002 年版,第 571 页。

了这个主张。③将本方专家的资格与对方专家的资格进行对比，使裁判者认为己方专家在同领域中比对方专家更有权威或更有资格。[1]

>例如：
>问："博士，您是某研究所的职员，对吗？"
>答："是的。"
>问："你们研究所的A教授与您的研究领域，即精神病学是一致的，是吗？"
>答："是的。"
>问："事实上，A教授不仅是您在研究所的直接领导，而且是您攻读博士学位的导师，对吗？"
>答："是的。"
>问："他在这一研究领域是一位极具权威性的专家，是吗？"
>答："是的。"
>问："而且，你在这个案件中所做的实验还是在他的指导下完成的，是吗？"
>答："是的。"
>问："那么，为什么是您，而不是他被聘任为这个案件的专家证人呢？"
>答："……[2]"

在上例中，律师反询问时提出了诱导性问题，步步为营，最终让专家证人掉入陷阱。该问题不会使专家意见不具有可采性，但可以大大降低专家意见在事实认定者心目中的证明力。

---

[1] Weitz, "Crossing-Examining the Expert at Trial", 28 Trial (1992), p. 55.
[2] 参见周湘雄：《英美专家证人制度研究》，中国检察出版社2006年版，第96页。

一般来说，可以在预先审核程序中弹劾专家资格的法律允许性，在反询问时攻击专家证言的证明力。具体来说：

1. 对专家资质的预先审核

一旦证据提出者在主询问中完成了其资质的证明，对方律师就有权对证人的资格进行预先审核。预先审核会暂时打断主询问，以便对提交的证据提出反对的当事人能够就其证据上的充分性进行询问。对于专家的资格来说，这意味着对方律师能打断主询问，以在专家资格问题上进行反询问。

例如：

提出者："法官，我们提出 B 博士作为利润损失方面的专家。"

法官："辩方律师，你有异议吗？"

反对者："法官，我们希望有个预先审核询问的机会。"

法官："你可以就有关作证资格的问题询问证人。"

再如：

提出者："H 博士，如果原告的连锁餐厅没有停业，你认为原告将会获益多少？"

反对方："反对。法官，在专家提出意见证言之前，我们希望有机会对这个专家的作证资格进行预先审核。"

法官："你可以对专家的作证资格进行询问。"

预先审核通常限于对证据可采性的提问，限于专家对案件争议作出意见的基础问题。也就是说，专家在知识、技巧、经验、训练或者教育方面是否具备资格？只要专家满足了最低的要求，他就可以继续提供证言。预先审核并不是对专家的诚实性、方法、数据或者偏见展开大规模攻击的时刻。

一般很难就专家不具备作证资格来说服法官,但也可能通过预先审核取消专家的作证资格。例如,对声称是专家的人,通过证明他们的资格与本案没有多大关系、他们的专长不适用于本案、他们的所谓专门知识没有获得广泛的承认或者他们的数据不可信,就可以取消他们的专家作证资格。

2. 对专家资质的反询问

法官裁定专家有资格作证,说明其可以通过证据这一关了。在反询问时,仍可能贬抑专家资格的证明力。

(1) 限定专家的专业范围。尽管专家可能在某个领域或者专业非常优秀,但是也可能通过重塑案件的争议,使其超越专家的能力范围之外。例如,假设餐馆案件中的原告专家被提出来,并被认可为利润损失方面的专家:

问:"L博士,你最主要的咨询工作是商业评估,对吗?"
答:"这是我的专业。"
问:"评估的争议通常与现行的业务有关,对吗?"
答:"通常是这样的。"
问:"在人们想要购买或者出售企业,或者评估不动产税,甚至离婚时,就会去找你,是吗?"
答:"是的。这是商业评估最常见的情况。"
问:"你不会称自己是管理顾问,对吗?"
答:"是的,我的工作并不涉及经营。"
问:"因为你的工作是最基本的评估?"
答:"完全正确。"
问:"因此,当人们扩大企业需要帮助时,会需要进行不同方面的咨询,是吗?"
答:"正确。"
问:"例如,有专门进行位置评估的顾问,对吗?"

答:"是的,有。"
问:"但是你自己并不提供这方面的咨询。"
答:"是的。"
问:"因此,如果我想就哪里是我的企业的最好位置进行评价,你会推荐我向别人咨询,是不是?"
答:"是的,我想我会这样建议你的。"

律师现在可以指出,关于位置的关键争议超出了L博士的专业范围,这样他关于利润损失的意见将大打折扣。

(2) 强调欠缺的资质证明。专家具备最低的资格就能够作证,但他仍可能欠缺一些重要的证书、学位或者执照。例如,假设人身伤害案件中的原告已经传唤他的心理医生为争议中的损害作证,证人被提出来,也被认定为专家,并完成了对他的主询问。下面是紧接着的反询问:

问:"M先生,你取得的是社会工作方面的学位,对吗?"
答:"是的,我是社会工作硕士,并且我有心理医生执照。"
问:"你没有取得临床心理学博士学位,是吗?"
答:"是的,我没有。"
问:"所以,你当然不是心理学家?"
答;"是的。"
问:"我注意到你的信笺上写着,"M先生,是社会工作硕士",对吗?"
答:"是的,没错。"
问:"我曾经见过其他社会工作者的信笺上其名字后面写着"ACSW",那么"ACSW"代表什么意思?"
答:"意思是"临床社会工作者认证资格"。"
问:"这是一些社会工作者获得的额外认证,对吗?"

答:"是的,没错。"
问:"但是你没有取得这项证书,对吗?"[1]

(二) 质疑专家证言的内容

专家证人要将原理和方法可靠地适用于案件事实,一项不正确的技术或原理,或者对技术的不正确使用,都无法产生可靠的结果。大部分专家在出庭作证的时候,都会带上他们在形成自己专家意见过程中所作的记录或笔记,这些书面材料中记载了仪器在进行分析时是否处于正常状态、实验过程、测试经过和结果、对有关人员的访问和有关地点的勘察、工作过程中所运用的技术等。律师通过对这些记录或笔记的仔细审查,对专家在操作或程序上的错误进行攻击。[2]

同时,专家仅就其观测的结果进行作证还不够,还应对此结果作出合理的解释,专家有时仅作为一位科学家还不足,而应是一位证人,就专业问题发表意见。

例如,我们可以设想这样一种情况:一位科学家在学生面前做了一个实验,他将一个样本放入火焰中,然而火焰变成了蓝色。这位科学家引导学生注意火焰颜色的变化之后,就倒地死亡了,实验用的样本在此过程中被完全耗尽。随后,学生们很可能会做出如下证明,即科学家从一个有标识的袋子中取出样本,将其放入火焰中,然后火焰变成了蓝色。这仅仅是一种观察,而一位合格的科学家则会对火焰颜色改变的特异性进行证明,即对于具有不同化学组成的样本,火焰变为蓝色的概率

---

[1] 参见[美]史蒂文·鲁贝特:《现代诉辩策略与技巧》,王进喜等译,中国人民公安大学出版社2005年版,第141-143页。
[2] 参见罗芳芳:《专家意见中立性问题研究:美国法之理论与实务》,中国政法大学出版社2015年版,第164页。

有多大，这才称得上是意见。[1]很显然，许多专家证据中根本没有包含任何意见。进行反询问，一方面可以质疑专家对检测事实的观察和陈述，另一方面更应注意质疑专家对观察事实的解释和评价。

1. 改变假设

几乎所有的专家在形成意见的过程中，都会使用各种假设，而这些假设可能是非现实的、不可信的或者是不合理地有利于雇佣方的。所以，要求专家改变假设，用一个与案件事实更加一致的假设来代替，将会是非常有效的。例如，在汽车餐厅案件中：

问："L博士，你的利润损失评估结果包括这样一个假设，即汽车里程数将要以4%的速度持续增长，是吗？"

答："是的，这是我使用过的数字。"

问："那你是否同意，事实上存在很多因素会影响汽车里程数的增长。"

答："当然，这是显而易见的。"

问："比如，在实施石油禁运令期间，汽车的里程数实际上就会下降？"

答："我想是这样。"

问："那么，如果汽车里程数增长速度低于4%，你的利润损失肯定要减少，对吧。"

答："对。"

问："事实上，我们假设增速为2%，你的利润损失评估结果会减少不止60万美元吧？"

---

[1] 参见［美］伯纳德·罗伯逊、G.A.维尼奥：《证据解释——庭审过程中科学证据的评价》，王元凤译，中国政法大学出版社2015年版，第266页。

答:"我没有计算过,但应该在这样一个数。"

这样一个替代假设需要重新计算的情况下,事先计算好通常比当场让专家这么做更有效,可以避免当场计算而引起的不必要的争吵。

2. 改变事实

可以改变专家作证的事实依据或者暗示其他的事实。

例如:

问:"L博士,你已注意到原告盈利最多的分店是在林肯步行商厦,对吗?"

答:"是的。"

问:"而且该分店一直在营业,这正是你得出计算结果所依赖的事实,对吗?"

答:"是的。"

问:"但是,如果整个林肯步行商厦由于破产而倒闭关门,你将会改变自己的结论,是这样吗?"

答:"我想是这样。"

问:"好吧,关门的商厦中是不可能有能盈利的餐馆的,对吧?"

答:"当然不可能。"

3. 确信程度

可以通过提出其他的情景或解释,来弹劾专家的确信程度。

例如:

问:"H博士,你认为原告过去的利润来源主要依赖于其位置,对吗?"

答:"是的,我认为位置始终是一个非常重要的因素。"
问:"但是,同样存在其他决定利润的因素,对吗?"
答:"当然。"
问:"比如说产品质量、价值或者市场需求之类?"
答:"是的。"
问:"你对'目的地消费'这个术语一定很熟悉吧?"
答:"当然。"
问:"那就意味着人们会四处寻找有价值、高质量、令人愉快的产品或者服务,而不在乎其位置所在,对吗?"
答:"有这样的情形。"
问:"还有,你没有会见国原告的顾客,对吗?"
答:"当然没有。"
问:"所以,你不能确定位置因素对他们来讲是最重要的,是这样吗?"
答:"我不可能知道他们在想什么。"
问:"那有没有这样的可能,原告的顾客光顾他的餐馆是看重餐馆的价格或者质量?"
答:"有这种可能。"
问:"所以,也有这种可能,即位置并不是影响原告利润的最主要因素?"

4. 对其他证言的依存

专家的结论往往有赖于已经由其他证人证实了的事实,因此,通过对事实证人的反询问,就可以弹劾专家意见的事实基础,继而动摇专家证言的可靠性。只要让专家承认,其他证人提出的事实对其意见形成是非常重要的,就可以了。

例如：

问："L博士，V女士确信连锁餐馆能够得到继续扩张的资金，而你的部分意见就是基于她这样的陈述而得出的，对吗？"

答："对。"

那么，只要V女士关于资金确定的说法事后遭到动摇或者驳斥，律师就不必再询问专家。[1]

（三）质疑专家意见的事实和理论基础

由于任何专家意见都不会比它所依据的基础事实和数据更具有说服力，[2]所以，反询问应当重点要求专家证人详细披露其意见所依据的基础事实、数据、观察结果和被普遍接受的理论。通过反询问：

第一，揭示对方专家没有提出并说明的一些与其意见密切相关的基础事实和资料，并要求对方专家说明这些事实和资料的缺失，是否以及何种程度上会影响专家意见的准确性。

第二，挑出专家意见基础事实中的一些不真实或者不确定的事实、数据和理论，降低专家意见的证明力。例如，专家在观察、实验等过程中所做的记录可能存在失误，通过对证人记录的细致审查，可以获取对反询问大量有利的信息。对证据的保管链条进行审查，看提取的样品是否受到污染，或者因故意或疏忽被调换。

第三，发现专家证人错误的实验方式和推理方式。因为如果法庭不清楚专家意见来源的话，就不能接受它。实践中，专家证人在推理过程中出现逻辑错误并不鲜见，例如，发生于其

---

[1] 参见[美]史蒂文·鲁贝特：《现代诉辩策略与技巧》，王进喜等译，中国人民公安大学出版社2005年版，第149、150页。

[2] 参见周湘雄：《英美专家证人制度研究》，中国检察出版社2006年版，第96页。

后者必然是其结果（post hoc ergo propter hoc）就是一个典型的逻辑谬误。根据这一推理，一个人如果在大量饮酒后很快就死亡了，那么他一定是饮酒过量致死的。反询问应当发现逻辑推理中谬误和混乱。[1]

按照美国《联邦证据规则》703条规定，专家证人可以基于下列三种不同的事实或信息提出意见证据：专家的个人知识；由记录的证据所支持的假定的事实，尤其是以假设性问题形式存在的事实；以及审判之外的专家所提供的信息。那么，律师正可以从这三个方面对专家意见的基础进行攻击：①攻击对方专家的亲身知识的准确性；②攻击对方专家意见所依据的假定事实的准确性和片面性；③对对方专家意见所依据的传闻信息进行攻击，如果特殊领域的专家在对某事项形成意见或推论时将要合理依赖某类事实或数据，则该事实或数据不需要具有可采性来使该意见被采纳。这时，律师可以对出庭专家的证言、其他专家的意见、学术文献以及已进行司法认知的事项，是否属于合理依赖和可否合理依赖提出质疑。[2]

另外，还可以质疑专家意见的原理，在法庭科学领域有两条原则：一是洛卡德（Edmond Locard, 1877-1966）定律，法国的法庭科学工作者、指纹专家爱德蒙·洛卡德创建了这条定律，即认为任何接触都会留下痕迹，只要两个物体有过接触，它们就一定会以某种方式相互影响；二是个体唯一性原则，即世界上只有难以区分的两个物体，但没有完全相同的两个物体。大到一个人，小到一粒沙，不管我们研究对象是什么，问题的关

---

[1] 参见周湘雄：《英美专家证人制度研究》，中国检察出版社2006年版，第97-98页。

[2] L. Timothy Perrin, "Expert Witness Under Rule 703 and 803 (4) of the Federal Rules of Evidence: Separating the Wheat from the Chaff", 72 *Indiana Law Journal* (1997), p.939.

键都在于我们是否有足够的能力运用现有的信息以及工具,去发现两个物体之间的不同之处。[1]但是,对于这两项原则在笔迹、指纹、纤维、枪支、玻璃和生物检材等不同领域中,能否得到正确运用当事方可以提出质疑。

当然,质疑专家的方法、理论、逻辑是反询问中最困难的,专家不太可能承认他所犯下的错误或者其他推论是错误的。如果律师与专家针锋相对,除非存在最为明显的缺陷,那么不会有什么收获,反而给专家解释的机会。这时更有效的方法就是利用己方的专家指出对方的错误,然后在终局辩论阶段得出自己的结论。

(四) 质疑专家证言的准确性和解释方法

反询问律师的第一本能是质疑专家证据的准确性和可靠性,而专家证据的解释方法是否正确,才是其首要问题所在。普遍的观点认为,专家证人能够就有关样本的来源问题作出明确的判断,这直接导致了人们对于技术问题的关注。显而易见,如果实验和检测过程都得以正确实施的话,那么专家证人就可以提供正确的答案。因此,对于专家证据唯一的攻击方法似乎是从实验过程上寻找错误或者从信息的传递上寻找漏洞。在此过程中,当事人双方既没有质疑专家证人的能力资格,也没有非难专家证人的诚信度,这为庭审对抗的产生提供了前提条件。[2]

对专家证据准确性和可靠性的审查,可以从测量方法的科学性,有无受到偏见的影响,检材是否有交叉感染,有无全面

---

[1] 参见 [美] 伯纳德·罗伯逊、G. A. 维尼奥:《证据解释——庭审过程中科学证据的评价》,王元凤译,中国政法大学出版社2015年版,第128页。
[2] 参见 [美] 伯纳德·罗伯逊、G. A. 维尼奥:《证据解释——庭审过程中科学证据的评价》,王元凤译,中国政法大学出版社2015年版,第60页。

诚实的报告，能否独立重复进行检测，实验室质量控制和实验错误率等方面进行。而对于"文体学"（研究人们使用语言风格的学科）证据，则对其基本原理存在广泛的争议。

专家通常被要求对其他专家工作的有效性和准确性作出评价，例如，一个提供咨询的病理学家会被要求对地方验尸官作出的解剖报告进行重新评价，无论该专家多么杰出，提供"第二意见"的专家几乎都处于劣势，因为他没有进行第一手调查。

问："E医生，你得出的结论与A医生得出的结论完全不同，对吗？"

答："是的。"

问："当然，你自己没有亲自进行尸体解剖，是吗？"

答："是的，我没有。"

问："事实上，你的信息全部来源于A医生的解剖报告，是吗？"

答："没错。"

问："因此，你所有的实际信息均依赖于A医生，是吗？"

答："没错。"

问："除了你从A医生的验尸报告中得知的情况以外，你对于验尸的实际情况一无所知，对吗？"

答："是这样的。"

问："因此，至少关于收集的信息而言，你是相信A医生的报告的。"

这种技巧并不限于进行重新评估的专家，对于任何完全依赖他人提供信息的证人，都可以以不同的形式进行质疑。

问："E医生，你仅仅检查了医院的记录，就得出了你的意见，是吗？"

答："是的。"

问："你没有亲自查验尸体，对吗？"

答："是的，我没有。"

问："因此，你的意见不过是和你获得的信息一样，对吗？"

答："我想是这样的。"

问："如果哪个信息是错误的，就会影响你意见的基础，对吗？"

答："是的，看情况而定。"

问："如果遗漏了有关信息，也会影响你意见的基础，对吗？"

答："正确。"

问："就诊断而言，要尽量进行亲自观察，你同意我的这个观点，是吗？"

答："是的，那样最好。"

许多专家会根据来自其他来源的数据统计和研究作证，而通常不会调查有关数据的可靠性，这将使其在反询问中很容易遭到弹劾。[1]

(五) 使用权威性著作质疑专家证人

在许多司法实践中，专家证人的意见是否依赖该领域中某一特定的理论已不再是关键的，虽然这曾经是项普遍的要求。在科学领域里，对现有观点进行持续怀疑是保证质量的最佳方法，为了实现这一目的，既需要相对独立的重复实验过程，也需要从公开出版物中选取参考文献并参照其研究结果。

---

[1] 参见［美］史蒂文·鲁贝特：《现代诉辩策略与技巧》，王进喜等译，中国人民公安大学出版社2005年版，第147页。

在美国，所有的法院都认为可以用学术文献对专家进行弹劾，只是对适用条件没有达成共识。在一些司法辖区，只有当专家依据学术文献得出自己的意见时，才能用该文献对其进行弹劾。在某些司法辖区，只要专家将某学术文献视为该领域的权威，即使他没有在具体案件中依据该论文提出专家意见，也可以用该论文对其进行弹劾。在其他司法辖区，只要能用任何方式（包括其他专家的证言或司法认知）证明某学术文献是公认的权威，就可以用其对专家证人进行弹劾。[1]

当然，在法庭科学领域里，这一反询问的方法会遭遇很多现实问题。例如，许多法庭科学工作者都受雇于政府，政府可能在一定程度上控制其对研究结果的公开发表。再如，在常规科学领域中，观点相左的文章及其学术争辩都是极为常见的，而在法庭科学领域中，由于学术观点的不同往往会对法庭审判产生立竿见影的影响，所以存有争议的观点得以公开发表，是非常困难的。[2]尽管如此，我们还是要尽量多的收集对方专家公开发表的著作，以发现其论证的疏漏和意见的不一致。

所以，除了可以对专家证人的资格、中立立场或调查的能力和准确性等进行非难外，还可以通过在该领域发表过的与专家证人意见相对立的权威性材料来质疑专家证人。专家证人会面临着律师用该专业领域公开发表的权威性著作中，与其意见相对立的材料对他进行反询问。

例如：

公诉律师："福斯特博士，你在此之前的直率的证言中，强

---

[1] Federal Rules of Evidence Rule 803（18）advisory committee's note.
[2] 参见［美］伯纳德·罗伯逊、G. A. 维尼奥：《证据解释——庭审过程中科学证据的评价》，王元凤译，中国政法大学出版社 2015 年版，第 135 页。

调一个躁狂抑郁型精神病患者在发病时不是发狂就是兴奋或是郁闷、精神状态压抑或机能降低,是吗?"

答:"是的。"

问:"你关于暴力犯罪嗜好的论述,在事实上是否可以说一个真正处于抑郁状态的人和一个处于躁狂状态的人是一样的?"

答:"是的,我认为是这样。"

问:"其他的精神病医生同意你的这种主张吗?"

答:"我不太清楚,但是我推定是同意的。我的主张是一种正确的观点。"

问:"我明白了。你知道卡尔斯·米切尔博士《杀人者的精神状态》这本著作吗?"

答:"我知道,每个人都知道。"

问:"在研究杀人者的精神状态方面,米切尔博士是一位权威吗?"

答:"我认为是的,他是一位著名的精神病医生。"

问:"在这方面有许多著作吗?"

答:"是的。"

问:"你在对此案的意见中哪些方面依赖于米切尔博士的著作?"

答:"我没有注意。他的著作中部分知识已经记在我的脑海之中。"

问:"福斯特博士,我给你一本米切尔博士的书的复制本。《杀人者的精神状态》于1988年出版,我翻到了第492页,在这一页上米切尔博士讨论了躁狂抑郁型精神病的症状,是吗?"

答:"是的,在这里他描述了这种症状。"

问:"他提到一个处于躁狂状态的人可能有一种杀人或暴力的嗜好了吗?"

答:"是的,他提到了。"

问:"米切尔博士是一位著名的专家吗?"

答:"我认为是。"

问:"是的,你是这样认为。现在,我们看米切尔博士书中第492页最后一句,我想请你向法庭和陪审团读一下这句话,假如你同意的话,请响亮、清楚地向陪审团成员朗读?"

答(朗读):"这种疾病的抑郁症状更常见的是自杀。"

公诉律师:"谢谢你,先生,就到此为止。"

在上述例子中,公诉律师引用权威材料,首先是让专家证人认可卡尔斯·米切尔博士是一位著名的精神病专家,然后宣读其著作《杀人者的精神状态》第492页的一句话,以此来质疑专家证人的观点。[1]

与许多人的想法不同,没有必要证明专家立足于某篇具体的论文或者其权威性,论文的可信性可以通过专家承认、其他专家证言或者司法认知来证明。例如,我们可以通过这种方式弹劾证人。

问:"你熟悉鲁贝特的《现代诉辩策略与技巧》一书吗?"

答:"当然。"

问:"你是否把这本书当作这个领域的权威。"

答:"绝对不是。"

问:"我想向你读一段摘自鲁贝特的《现代诉辩策略与技巧》的内容。"

答:"反对。法官,证人已经证明鲁贝特不是这个领域的权

---

[1] 参见[美]乔恩·R. 华尔兹:《刑事证据大全》,何家弘等译,中国人民公安大学出版社2004年版,第452-253页。

威了。"

问:"法官,我们将提出另一份专家证言,证明鲁贝特的《现代诉辩策略与技巧》是一本权威性的教科书。"

法官:"你可以继续。"

如果专家认可有关论文确实是权威性著述,那就更有说服力了。可以把弹劾限于普遍认可的材料上,来确保得到有利的回答,也可以利用证言存录笔录来准确地确定,他认为哪些论文是可靠的。一旦论文的可靠性得到确认,就可以将文中的一段读为证据,或者询问专家是否同意该具体的引用。[1]

(六)引出有利的信息

一般有可能从对方专家证人获得有利的让步或者有用的信息,这表现为以下几类:

1. 肯定己方的专家

即使双方的专家意见是不同的,他们也会存在很多共识。因此,可以通过要求对方专家,对己方专家数据的可信性、假设的可靠性或者其能力和资格进行认可,来肯定己方的专家。

2. 引出意见一致的内容

引出对方专家对案件实质问题的让步,对方专家即使不同意你的最后结论,也可能同意你的几个主要前提。例如,在汽车餐厅案件中对被告方专家的范围询问:

问:"H博士,你不同意L博士对利润损失的研究,对吗?"
答:"是的,我不同意L博士使用的方法。"
问:"但是你同意,该连锁店一直营业,对吗?"

---

[1] 参见 [美] 史蒂文·鲁贝特:《现代诉辩策略与技巧》,王进喜等译,中国人民公安大学出版社2005年版,第145页。

答:"是的。"

问:"事实上,连锁餐厅在开业期间每年都有盈利,对吗?"

答:"我想是这样的。"

问:"而且每一家分店都有盈利,对吗?"

答:"我想是这样的。"

问:"所以,一定有人能够选择能盈利的位置,对吗?"

答:"我想是的。"

问:"L博士假设连锁餐厅会继续选择好的位置,对吗?"

答:"这是他的模式所暗示的。"

问:"而且你没有对餐厅有利或者不利的场所进行独立的研究,是吗?"

答:"是的,我没有。"

问:"因此,你没有什么数据可以用来反驳L博士的假设,是吗?"

答:"是的,我没有。"

3. 批评对方当事人的行为

有可能从对方专家那里获得对其当事人行为的重要批评,尽管专家得出的最后结论有利于当事人,但他可能不赞成当事人所有的有关行为。

例如:

问:"L博士,为了得出关于损失的意见,你必须查阅原告所有的财务记录,对吗?"

答:"是的,没错。"

问:"原告的公司没有保存个分店的准确记录,对吗?"

答:"是的,他们只有财务信息的总计,没有分店的明细账目。"

问:"没有分店账目,是不是给你的工作带来了较大的困难?"

答:"我发现我可以基于全州的预测得出精确的结果。"

问:"我理解你的立场,但是,如果可以得到的财务数据更精确的话,你就能够预测每家分店的利润了,对吗?"

答:"是的。"

问:"但是,由于原告只保留了总计财务信息记录,你无法这样做,对吗?"

答:"没有人可以基于那样的数据作出这样的预测。"[1]

(七) 质疑专家证人的客观公正性

专家证言应当看起来是,也应当是其独立工作和思考的结果,正如威尔伯福斯爵士(Lord Willberforce)所说,有必要明确的是,专家证人向法庭提出的证言应该看起来是,也应该是该专家独立工作的结果,没有受到实际诉讼的内容或形式的任何一方面的影响。[2]丹宁勋爵(Lord Denning)也认为,受到当事人或其律师影响从而失去公正性的专家证言实际上带有特殊的诉讼请求意味,而不是一份公正的、不偏不倚的报告。反询问方可以试图表明专家证人受到金钱引诱或者带有哲学上的倾向性,有的专家证人会习惯性地认定哪些人有罪、负有责任或者认定哪些人无罪、不应负责任。有的专家证人更热衷于维护自己的利益和名声,而不履行自己作为一名专家证人对法庭应负的义务。有的专家证人容易固执己见,甚至不愿意接受完全有可能存在的其他可能性。攻击对付专家证人,不应忽略偏见

---

[1] 参见 [美] 史蒂文·鲁贝特:《现代诉辩策略与技巧》,王进喜等译,中国人民公安大学出版社2005年版,第144页。

[2] Whitehouse v. Jordan (1981) 1 WLR 246-257.

和著作，有时可以起到"借刀杀人"的效果。

为了暴露出专家证人的缺点，证明其证言缺乏公正性，反询问可以揭示专家证人下列现象，例如，①对于诉讼过程表现出过分强烈的参与愿望。②过于武断，拒绝承认除自己意见之外的任何合理的可能性。③在提交报告或者提供证言中夸大事实。④表现出与专家证人身份不相符的攻击性言行。⑤曾经受到本案中聘请他的一方当事人的聘请，或者此前曾参与过此案。⑥此前或目前与聘请方有超出本案合理费用以外的经济利益关系。⑦依附于对诉讼一方当事人有利的某种特定的观点等。反询问方只要能够揭示上述中的任何一个或者几个特点，就能降低该专家证言的证明力。成功的交叉询问需要运用每一种可能的方法以提高你方论据的可信度，同时削弱对方的可信度。在所有案件中，对于每一个专家，这两种方法都应引起高度重视。[1]

（八）攻击专家证人的偏私

对于专家证人的偏私，律师一般可以从以下几个方面进行质疑：①专家证人在本案中的收入是否高于专家证人的一般收入水平；②专家证人与原被告之间的关系；③专家证人所属组织与对方当事人所属组织之间的关系；④专家在诉讼中作证或咨询的范围；⑤专家证人在以往的诉讼中是否专门替原告或者被告作证；⑥专家证人在每一个案件中是否都提供相同的意见；⑦专家证人与对方律师的关系；⑧专家证人与本案的审理结果是否存在利害关系。[2]

---

[1] 参见［美］史蒂文·F.莫罗、詹姆斯·R.费格里罗主编：《对方证人：芝加哥著名刑辩律师论交叉询问与人生的经验教训》，吴宏耀、云翀译，中国人民大学出版社2013年版，第139页。

[2] Maria Vouras, et al, Examination of Expert Witness, George Mason American Inn of Court (2000), p.7.

在美国新泽西州的一所日常护理中心，一名年轻的雇员被控多次性虐待及身体侵犯她所看护的孩子。该名看护者曾赤身裸体在孩子们面前演奏钢琴，或者试图切断小男孩的阴茎，并殴打一个孩子导致其眼部青肿。专家证人对伤情的鉴定被用来证实孩子们的证言。在诉讼中，有人反驳控方专家证人对本案发表的意见，因存在对人的主观攻击，辩方律师列举了检察官行为的不严谨之处，并在与控方的辩论过程中称其聘请的专家证人为愚昧的"巫医"。

问："医生，您是说您用了主观经验来判断要花多长时间来脱光一个人的衣服吗？"

答："当然。"

问："那么，医生依靠主观经验来发表看法的科学家，岂非退步到了'巫医'的水准，难度不是吗？"

答："这是完全不同的事情。"

问："医生，难度这不正是您写进您的书里的观念吗？一个医生将其观念建立在未经检验的主观经验上，便退化到了一名'巫医'的层次。"

答："那是未经证实的。"

问："是的。"

答："那并非是未经证实的。"

受理上诉的法院最终没有采信鉴定中涉及主观判断的专家意见，不过这场辩论的确表现出辩方律师过人的庭辩技巧以及对鉴定主观性的认识。[1]

---

[1] 参见 [美] 菲利普·坎德利斯、罗伯特·温斯托克、理查德·马丁内斯：《法庭伦理学与专家证人》，杨天潼译，中国法制出版社 2013 年版，第 182-183 页。

专家证人被看作独立的分析者,而不是诉辩者。利用相关材料,对专家的偏见进行反询问是重要的方式。但是偏见是对专家非常严厉的指控,如果没有指控的善意基础,就不要提出来。对专家偏见进行主询问之前,要做充分的准备。

1. 不合理的酬金

一般很难通过酬金来对专家提出质疑,只有在少数情况下,例如,专家的酬金过高的话,可以证明偏见的存在。如果专家在作证的时候还有笔酬金没有结清的话,也可以作为证据证明其客观性不足。

2. 与当事人或律师之间的关系

如果专家持续地为同一个当事人作证,尽管是由不同的律师事务所聘请的。如果专家与某律师事务所似乎合作非常亲密,每个案件的证言结论都是相同的。如果一个律师事务所在许多案件中,都聘用同一个专家,往往可以证明偏见的存在。

3. 立场上的偏见

如果是内部专家的证言,例如公司自己的会计或者工程师。如果某些专家执着于某种职业、科学或者知识上的立场。如果专家只为原告或者只为被告作证,某些精神病学家从未认定过,被告人是精神健全的或是有责任能力的等,在反询问中可以对这种顽固的立场偏见提出质疑。[1]

(九) 专家证人的情绪管理

交叉询问的言行举止非常重要,即使专家证人是捍卫对方利益之人,律师依然要保持谦逊的姿态,需要对证人表现出适当的尊重。律师对待专家的态度不能像对待坏人一样(就像他们是嚣张、谄媚之人),对于职业人士,尤其应当如此。他们是

---

[1] 参见 [美] 史蒂文·鲁贝特:《现代诉辩策略与技巧》,王进喜等译,中国人民公安大学出版社2005年版,第146页。

医生、是护士,也可能是任何人。如果在交叉询问中贬损过他们,在总结发言时要表示出歉意。[1]一些年轻的律师用非常轻率无礼的态度,对证人进行反询问,会使得证人很恼怒。

例如:

律师:"某某医师,您似乎对您在本案的鉴定结果非常确定。根据您的意见,您并不认为死者有自杀的可能,相反的,您似乎很确定那是个事实。那么,我想问您,这是不是您第一次做遗体解剖?我在医师协会名录里可找不到您的名字。"

医生(靠着椅背,冷静地回答,举着一只手,屈指计数):"不,我确定我以前做过一次遗体解剖。"

律师(对这回答显然很得意):"那么,请您诚实告诉我们,您以前做过两次遗体解剖,不包括这次?"

医生(有些犹豫,好像陷入回忆当中):"是的,我敢说我以前做过两次解剖。"

律师(更加志得意满):"那么您可以告诉我们,说您做过5次遗体解剖吗?"

医生(这次摊开手,更仔细地数过,然后神情愉悦地回答律师说):"是的,是的,我确定我做过5次的遗体解剖。"

律师(带着非常挑衅且嘲讽的微笑走向证人):"哦,先生!我们为什么要绕弯子说呢?我干脆这么问好了,您敢说您以前做过上万次遗体解剖吗?"

医生(露出微笑的眼神,低声地说):"那么,我可以老实告诉您,恐怕我真的做过这么多次。在我来到美国之前,我在

---

[1] 参见 [美] 史蒂文·F. 莫罗、詹姆斯·R. 费格里罗主编:《对方证人:芝加哥著名刑辩律师论交叉询问与人生的经验教训》,吴宏耀、云翀译,中国人民大学出版社2013年版,第126页。

柏林市担任了40年的验尸官!"

在上述中年轻律师没有调查清楚专家证人的资历,就妄下断言,最后反而落入专家证人的圈套自取其辱,反询问效果大打折扣。

对专家证人的反询问和对事实证人的反询问大同小异、基本一致,但也有独特的技巧。例如,狡猾的律师故意刺激对方专家证人,令他失控失态或者大力反驳。这样在怒气中除了可能容易犯错讲错之外,专家在事实审判者面前也难以保持客观和超然的形象。相反,精明的专家证人喜欢慢慢地等上三五分钟,才气定神闲地回答每一条问题,可把切盼和焦虑转回给对方律师。另外,专家证人不要主动带着资料、数据或者书籍出庭,除非事前问准自己的律师,否则可能提供了对方律师反询问的"火药"。

例如:

一排加固的水泥护土墙倒下,导致原告的工厂被冲下的山泥破坏。原告起诉赔偿,被告是该护土墙的承建商,几个月前受原告委托建造该护土墙。原告律师委托了一位对护土墙很有经验的王大力工程师作为专家证人,他去事故现场检查,并确认该护土墙不符合设计和政府的规格。设计是另一公司负责,但经济不景气已经倒闭。王大力在中间的位置坐下,宣誓之后,首先由原告律师进行主询问。由于已经有了专家报告,原告律师可以跳过这一步,只以几个简单的问题介绍专家证人:

"你可否告诉法庭你的名字与地址?"

"你可否告诉法庭你的资格与工作经验?"(这是重要一步,如有遗漏可以追问"还有吗"或者直接问:"你是否担任过XX工程师学会的会长?"——这是诱导性询问,但由于问的内容没

有争议性，对方可能已经调查清楚，从而不会反对）

"请你看放在你面前的一份文件，是否是你拟定的报告？"

"你可否向法庭确认这份报告的正确性？"

"你是否愿意将你这份报告作为你的证据？"

主询问之后，接着由被告律师进行反询问。问的题目一般集中于专家证人的资格、工作经验、独立性、有无偏袒的可能，专家意见与其以前发表的意见之间是否有矛盾，以及回避推诿之处等。每次问的题目重心不一样，应当见机行事。反询问对象若是爱因斯坦，再去问他有关物理学方面的资格和经验，无疑是自取其辱。

但是，如果不了解对方证人，有些资料查不出来，估计有很大的可能性导致专家在法庭面前丢分，就会进行资格与工作经验方面的反询问：

"王大力先生，你作为工程师有多长时间了？"

"你的工程业务包括什么？"

"你说包括设计和监督护土墙的建造与保养，能否给出一些具体细节？"

"你说在伦敦曾经工作了七年，请问你在伦敦有无这方面的工作经验？"

接着，被告律师对专家意见的实质内容进行反询问，主要想达到以下几方面目标：①王大力先生依赖一些不可靠的事实和数据作出意见；②他不完全了解和熟悉这方面专业，无法证明自己的观点，甚至多问几句就开始动摇；③把责任推给设计公司等第三方。

精明的律师会从专家意见中或反询问中感受到专家证人想回避或推诿的问题，例如，应该详细叙述的却只言片语带过或显得不耐烦，结果你越想回避就越要追问。

第四章 专家证言的交叉询问

"王大力先生,你在该次测量中共花了多少时间?"

"你在护土墙的什么地方进行的测量?"

"倒了的护土墙能允许进行这种测量?"

"作为一名资深工程师,你认为这护土墙的设计没有任何问题?"

"设计图纸是否考虑到事故山坡的土质?"(王大力若回答"有",会被要求指给法庭看哪里显示有此考虑。如果回答"没有",则会被要求解释,且被告律师会语带恐吓的说"会要求一位著名地质学家作证并说明考虑什么土质是至关重要的。")

王大力先生也会回答得很好,令被告律师问不下去,例如说:"我不是地质学家,所以无法回答这一问题。但我知道政府定下的规格已充分考虑到所有危险山坡的土质,并作出安全防护的规范,所以这设计图纸应没有这方面问题。"

"你是否认同设计护土墙的公司,应当监督承建商(被告)的建造工程?"专家证人如果机警,会回避这些不是其专业范围内的事。他会回答说,"不知道他们与原告直接的合同约定,也不知道到底有无监督或只是负责设计"。[1]

上面是对专家证人出庭进行的一般性询问,主询问侧重于引出有利于己方的观点,反询问可以提出诱导性问题,挑拣专家证言的漏洞和对其观点进行质疑。专家证人出庭,既需要专业知识,也应熟悉法庭辩论策略,还应控制好作证情绪。

---

[1] 参见杨良宜、杨大明:《国际商务游戏规则:英美证据法》,法律出版社2002年版,第572-574页。

四、交叉询问的技巧

事实上,交叉询问除了包括主询问和反询问之外,还包括再主询问、再反询问等步骤。只有在清楚地认识到相反的虚假陈述的真实面目之后,才能了解一个真实的陈述。[1]再询问的目的在于澄清或者反驳询问过程中出现的对专家证言可信度和证明力不利的问题,但其问题的范围仅限于反询问中出现的问题,并且一般不能超出主询问中的问题范围。主询问和反询问可以依次进行多轮,直到查清事实为止。

(一) 律师询问的技巧

对于交叉询问,律师应当具有娴熟和精通的技巧。有些谨慎的询问,试图把某些事实或观点和专家的知识经验区分开来,换句话说,法庭询问者的艺术,应该是使那些科学事实独立于专家的知识之外,以支持其在该案的观点,如此便可以摧毁专家证人不利于他的意见。[2]

一些大名鼎鼎的专家往往并不可怕,因为他们太忙了,以至于根本没有时间去了解案件的具体事实(也或许是因为他们太骄傲自大了,以至于他们根本不认为自己需要为此花太多的时间)。而律师则了解案件的证据,知道事实的来龙去脉,因此,律师往往能够打败那些对案件细节不甚了解的、大名鼎鼎的专家。一位非常有经验的出庭律师曾说道,"通常情况下,你最好将反驳对方专家证人的工作留给自己的专家证人。在交叉询问中,你只问一两个无关紧要的问题,然后,在该专家证人能够发表不利于你方案件的言论之前,大声发出一点不屑的鼻

---

[1] William James, The Viking Book of Aphorisms, p. 324.
[2] 参见 [美] 弗兰西斯·威尔曼:《交叉询问的艺术》,周幸、陈意文译,红旗出版社1999年版,第82页。

音，转身坐下就行了。[1]律师要区分对方专家证人是对方利益的捍卫者，还是一位仅仅来回答问题而不会突然给你出难题的人，从而采取不同的策略。律师应当仔细拿捏证人的证言，精心地设计交叉询问，以便于可以对付每一个专家意见中特有的缺陷。"[2]

一般来说，进行法庭询问的律师如果想要在专业上和专家证人一较长短，这是很愚蠢的事。在专家证人的专业领域里和其进行冗长的法庭询问，后果通常不堪设想，最好不要轻易尝试。另外，律师也不要问专家证人太过广泛的问题，让其有机会高谈阔论，用他自己的方式为他的意见辩护，这可能使得传唤专家作证的律师无法达到充分询问的目的。[3]更不要总问专家证人为什么，这正给其解释提供了机会，专家总能给出一个说法。

一般观点认为，专家证人和律师之间存在着沟通的障碍。律师主张科学家不够理解法律程序，而科学家声称他们被禁止提供那些本来应被提供的证据。大多数人似乎认为解决这一问题的方法是律师应该了解更多的科学知识，科学家应该了解更多的法律知识。但是，逻辑、概率和推理为双方的相互交流提供了共同语言，通过似然率的方式精确衡量某份证据的证明力。[4]

---

[1] 参见［美］史蒂文·F.莫罗、詹姆斯·R.费格里罗主编：《对方证人：芝加哥著名刑辩律师论交叉询问与人生的经验教训》，吴宏耀、云翀译，中国人民大学出版社2013年版，第117页。

[2] 参见［美］史蒂文·F.莫罗、詹姆斯·R.费格里罗主编：《对方证人：芝加哥著名刑辩律师论交叉询问与人生的经验教训》，吴宏耀、云翀译，中国人民大学出版社2013年版，第129页。

[3] 参见［美］弗兰西斯·威尔曼：《交叉询问的艺术》，周幸、陈意文译，红旗出版社1999年版，第80、82页。

[4] 参见［美］伯纳德·罗伯逊、G.A.维尼奥：《证据解释——庭审过程中科学证据的评价》，王元凤译，中国政法大学出版社2015年版，第293页。

对于律师而言，理解逻辑推理比掌握科学分析过程中的技术知识更为重要。

同时，律师在出庭之前应当充分准备、做足功课，调查清楚对方专家曾经就哪些问题出庭作证或者其主要观点是什么，方能知己知彼百战不殆。成功的交叉询问并不是来自于一时迸发的灵感，而是坚持不懈努力工作的结果。[1]

(二) 专家证人的"金句"

为了应对律师的交叉询问，专家证人不仅要懂得专业知识，还要懂得法庭业务。因为做一名好的专家（expert）是不够的，更要做一名好的专家证人（expert witness）。有些真正杰出的专家根本不愿意经常出庭作证，所以他们真正出庭时大多属于新手。而交叉询问促进了专家作证水平的提高，"老练的专家证人知道怎么回避出庭律师的每一个问题，并重新回到他自己的思路上去。[2]

下面是一名好的专家证人的"金句"：[3]

(1) 做一名好的专家证人。

在诉讼中，一名好的专家证人不仅是一个只熟悉有关争端的专家。如果他不是一个好的专家证人，对方精明的律师总会有办法去"毁掉"他的证据。

如果委托了一位不好的专家证人，在证人位置上不称职，

---

[1] 律师打赢官司的"秘诀"就是：准备、准备、再准备；努力、努力、再努力！甚至在开庭前"挑灯夜战"也在所不惜，绝对不能在毫无准备的情况下走向法庭。同时，律师要有足够的勇气，勇气有时带给你的运气会多于你本身的出色。

[2] 参见［美］史蒂文·F. 莫罗、詹姆斯·R. 费格里罗主编：《对方证人：芝加哥著名刑辩律师论交叉询问与人生的经验教训》，吴宏耀、云翀译，中国人民大学出版社2013年版，第111页。

[3] 参见杨良宜、杨大明：《国际商务游戏规则：英美证据法》，法律出版社2002年版，第574—577页。

或者作了一份混乱与拖泥带水的专家报告，或者甚至不知道他自己在说什么，那么我们当事人就惨了。

（2）当事人的律师在挑选专家证人时，要选择利弊平衡，对专家证人的利弊一起考虑。

（3）我们的律师只委托专职的专家证人，若去委托一些在象牙塔尖的教授，他甚至不了解找他是为了胜诉，而不是对学术有兴趣。

现实中有的专家在撰写文书上可以，但是出庭作证不行。你肯定不能找一些举棋不定的专家证人，其到了证人席上甚至会倒戈相向，讲一些与专家意见相反的话。

（4）被对方律师反询问。

一些专家证人第一次面对反询问，就被"烤炙"的体无完肤，再不敢接受委托。这种工作中有些人会学到技巧，但多数人学不到。

如果你感到困扰，你最好别干。你应把这份工作视为一场游戏，一场机智的战役。只要我能保持冷静与不发脾气，我喜欢反询问。若做不到这一点，你最好别干专家证人（或任何政治家，或任何有抛头露面的工作）。

法院受专家在证人席上表现的影响，如果专家证人有一个严重错漏，或面对反询问时崩溃，将会对案件造成严重伤害。

对专职的专家证人，面对反询问是件好事。它令你感到有信心面对你所讲的证据，因为它经得起考验，而不再是自说自话。

（5）专家证人要懂演戏、懂表达，能令法院加深印象。

没有经验的专家出庭作证时带了许多工具（如一大堆书籍），希望能让法院看了留下好印象。其实懂得演戏，更直接回应问题更能令法院留下好印象。

法官喜欢专家证人不卖弄自己的学问,以每天讲的日常语言,说出一个清楚与简洁的意见。

法官不喜欢偏袒自己客户的专家证人,和不去直接回应问题的专家证人。

一位懂行的专家但不是好的证人,会给法院错误印象。

你选一位聪明的专家证人,因为他在证人席上会给法院一个好印象。

有经验的专家证人会找到一个良好的平衡,能提出一些有说服力的证据,对答如流,不被对方律师在结案陈述时摧毁。

(6) 专家如何协助自己当事人的律师。

专家向本方律师指出自己的弱点,对方可能进行攻击的地方,这会帮律师的大忙。接着专家证人帮忙查找资料和建议如何回答。能够预警和预先武装起来,才能战无不胜。

(7) 不能去碰的专家证人。

不能接触下列专家证人:一个不懂的人,不愿意花时间去准备,本性喜欢争辩,无法清楚地表达自己的意见,在法庭手足无措,或同时与客户另有业务,会被对方律师反询问时丑化,或者难以解释自己如何能够保持客观公平。

附录:

在香港前女富豪"小甜甜"龚如心,"世纪争夺遗产案"中,龚如心聘请了三位中国著名的笔迹鉴定专家:徐立根、贾玉文和詹楚材教授,并在开庭时专家出庭作证,接受双方律师的交叉询问。无论是开庭的时间、判决书的字数、双方专家斗争之激烈、案件的影响都是非常突出的,在此列举两份目录,以窥专家证人交叉询问之风采。

1. 龚如心遗产争夺战之全程内幕[1]

亚洲女首富陷遗产争夺案：巨额遗嘱笔迹真伪难辨。

一场世纪遗产争夺案拉开了序幕。此案最大的焦点就集中在龚如心提供的新遗嘱上王德辉的签名到底是真是假。如果被告龚如心不能证明遗嘱上的签名是真的，那么，她不仅得不到400亿遗产，还要面临因涉嫌伪造假遗嘱的牢狱之灾。2005年9月16日，香港终审法院里，五名法官依次步入审判席，他们将对一起400亿港币的遗产归属案件作出终审宣判。

香港的一幢私人府邸内，一位68岁的老妇人焦急地在屋里踱着步子，等着电话。也许，她可能立刻成为世界巨富，也许，她会被立刻投入监狱，终身监禁。

在北京的一所大学里，还有一个人在等着香港终审法院的宣判结果。为了这个巨额遗产大案，他曾经组织了国内最顶尖的专家团远赴香港调查作证，原以为能马到成功，没想到6年过去了，不仅毫无进展，还接连两次败诉。他知道，这次再也输不起了。

龚如心，香港华懋集团现任主席，其身价超过30亿美元，在亚洲排名第15位，在全世界排名第109位。因其平时装扮酷似日本漫画人物"小甜甜"，故被香港传媒昵称为"小甜甜"，号称亚洲女首富。

1999年，这位传奇女性却被自己的公公推上了被告席，控告龚如心伪造遗嘱。伪造遗嘱可是个大罪，说不定就是终身监禁。

怎么自己家里人竟然闹成了非要你死我活的地步呢？这事还得从9年前说起。1990年，龚如心的丈夫王德辉被绑架后神

---

[1] 参见 http://fy.chinaceot.com/news_detail-id9985.htm，访问时间：2017年12月1日。

秘失踪，9年后，香港高等法院宣布王德辉法律死亡。根据王德辉1968年所立遗嘱，他的父亲王廷歆将继承他的400亿港币遗产，而就在此时，龚如心突然声称自己才是丈夫王德辉遗产的唯一继承人，还向法院提交了一份密封信件，说是1990年王德辉在被绑架前一个月立过新的遗嘱。

龚如心提交的这份新遗嘱共4页，每页都有王德辉的签名，并有王家当时管家谢炳炎的见证签名。遗嘱里面，一直都是说要将所有财产留给爱妻龚如心，而在第2、第3页上更是表达了王对自己父母、兄弟姐妹的"失望"以及对龚如心家人的"讨厌"，禁止龚如心将遗产分给他们。在最后一页上，则仅有王对龚的一句表白"one life one love"。遗嘱显示，王德辉是在1990年3月12日签署的这份遗嘱。

到底谁是真正的遗产继承人？龚如心提交的这份新遗嘱是真的吗？于是，一场世纪遗产争夺案拉开了序幕。此案最大的焦点就集中在龚如心提供的新遗嘱上王德辉的签名到底是真是假。如果被告龚如心不能证明遗嘱上的签名是真的，那么，她不仅得不到400亿遗产，还要面临因涉嫌伪造假遗嘱的牢狱之灾。

龚如心一接到法院的传票，立刻委托律师到国内寻找最优秀的鉴定专家，经过多方打听，他们终于确定了一个最佳人选。

徐立根："从事鉴定工作，要利用我们的眼睛，要相信我们的眼睛，但同时也要善于利用各种科学仪器"。

徐立根，82岁，中国人民大学物证鉴定中心创始人，中国著名的文检专家。

徐立根："这个律师到人民大学物质鉴定中心就找到了我，找到我以后，我说我先看，看完了以后我再去跟他见面"。

由于是律师委托，徐立根没有贸然接手这个案子，他要先

第四章 专家证言的交叉询问

看一看遗嘱和签名到底是怎样一个情况。此时的徐立根并不知道，日后他将卷入一场怎样的风暴当中。

比对了律师拿来的遗嘱复印件和签名样本后，徐立根向律师提出一个要求，必须查看原件后才正式受理遗嘱的鉴定。

笔顺也是人的一个习惯，我先写哪一笔，后写哪一笔，他这个就不一样的，你比如一个草头，你可以写一竖，再写一横，再写一竖，你也可以先写一横，再写两竖，也可以先写两竖，完了再也一横，总之，这个就有几种可能性，那么你一复印就看不出来了。

因为是第一次接手香港的案件，又涉及四百亿港元的案件标的额，徐立根随后又向对方律师提出了另外一个要求。

在一审法庭上，针对遗嘱签名的真伪，中美笔迹鉴定专家各执一词。不过，在徐立根看来，美国专家提出的差异性都来自于机械比对的结果。

比如，在王德辉签名这第一笔，第二笔这个竖笔，竖笔下来再拐弯，往左面这一拐，然后再绕下阿拉伯数字2这么写，他就说了，你看王德辉这里拐的时候，这里你看他这边大，这边小，拐过来，你看他这面样本里面，你看他是这面小，那面大。机械比对。

徐立根认为，文字的书写不同于图章，具有多样化的特点，人的一生绝对写不出完全重合的两个字来。所以在文字鉴定中签名的运笔动作比直观的视觉差异更能说明问题，因为运笔的相似代表了一种习惯。

中方专家在法庭上详细演示了鉴定过程，阐述了认定签名是真迹的理由。徐立根感觉，法官开始被他们的解释打动了。

这个法官对我们讲的，我们的一些东西，他还是挺感兴趣，贾老师这里讲，完了法官最后我看了的，看了他点点头。

就在徐立根开始觉得有点把握的时候，不料对方却突然抛出了一个撒手锏。美国专家提出，在龚如心提供的遗嘱上，王德辉的签名有一个非常明显的特点——抖动，抖动历来被视为模仿笔迹的一个重要特征。对方据此认定签名是假的。

我们跟对方解释，这个模仿笔迹的抖动，一般在什么地方发生呢，一般都是在一些比较复杂的变化里面，比如打圆圈，练笔一下就过来了，有的模仿，这圈有多大，到哪个位置该拐弯了，只要一停，马上就可以看到留下的痕迹，模仿人思想就是这样，模仿的越像越好。你看这个横笔是最简单的笔画，他没必要在这里写一个抖动，而且四份这个地方都这样子，别的没有，别的都流畅的很。

然而，仅这一个理由并不能让人信服，徐立根也感觉抖动一定另有原因，但他不相信这是模仿造成的。他马上询问了龚如心的律师，了解到王德辉在签名前不久刚刚因骑马摔伤了胳膊。也许是因为受伤运笔才会有抖动，徐立根立即搜集了王德辉的血衣和当时医院的单据作为佐证。

随后徐立根又从《中国书法大字典》中找到的抖动的另外一种可能，书中的"世"字的第一横，就有微微的抖动。"王"字是隶书，中国的隶书有蚕头雁尾之说，这样稍微抖动字显得很漂亮，所以"王"字的第一笔抖动是可以解释的。

在作出了恰当解释的同时，中方专家还进行了还击。

他的写字里有划破的，划破写字划破意味着什么，意味着书写速度很快，非常流畅，非常快，因为他用的是硬笔，那么在纸上划破，我们都有这个经验，他就可能划破。模仿笔迹，我们从反面来看，不可能划破笔迹，因为他都是小心谨慎的临摹的，怎么可能那么一写划错了怎么办？随后，中方专家强调，如果是临摹的话，为何不写在一张纸上，要分成四张，临摹四次，无形中增加造假的难度，有悖常理。

这场长达172天的法庭论辩，创下了香港法院审理期限的纪录。三位专家信心十足地回国等待判决结果，谁知等到的却是当头一棒。

三个月后，法庭裁定1990年的遗嘱是伪造，龚如心惨遭败诉。香港警方商业罪案调查科以涉嫌伪造遗嘱罪逮捕龚如心，龚如心支付500万港元后保释外出。"没料到，我说一审法官不识货，世间自有识货人。"

原审法官不仅全盘否定了徐立的鉴定结果，还在判决书中说三位专家是"被人雇佣的枪手"。面对法官的指责，徐立根连夜写下了万言书，对法官在判决书中的论点一一予以驳斥，并通过律师呈交了香港政府。

我就打电话给龚如心，我说上诉，我们签名绝对是，我们三个鉴定人绝对正确，没错。

由于一战失利，已经惹火上身的龚如心对鉴定结果显得更为小心谨慎，她又请来了数名专家对铁三角所做的鉴定结果进行考察。

等待是漫长的，但徐立根对鉴定结果有着绝对的自信。很快，龚心如聘请的专家们的考察结果出来了，他们一致认为，"铁三角"的鉴定有理可据、值得采纳。

2003年9月，龚如心向高等法院上诉法庭提起上诉。然而，9个月后，上诉庭三位法官以二比一裁定龚如心败诉。徐立根再次等来了失望。

"我们的鉴定没错，我说没错，你沉住气，再上打终审，我说虽然说第二审还是输了，但是我已经看到了胜利的曙光"。

不过，胜利的曙光还未出现，牢狱之灾的阴影却正向龚如心逼近。香港警方商业罪案调查科正式起诉龚如心涉嫌三项伪造文件罪，在初次出庭后，她被获准以 5500 万港元巨额现金保释候审。根据香港法律，伪造遗嘱罪最高刑罚为终身监禁。此时的龚如心只能背水一战。

2004 年 11 月，香港高等法院上诉法庭准许龚如心将争产案上诉至终审法院。

2005 年 7 月 11 日，香港终审法院开庭，审理这起世纪争产案的法官团，罕见地由两名常任法官及三名非常任法官组成。对于一审，常任法官陈兆恺认为一审聆讯完全失控，不合理地进行了 172 天。而另一位终审非常任法官也指责一审法官纠缠于无关痛痒的问题。

终审法庭用了十天、经过两轮聆讯之后，五位法官一致裁定王德辉于 1990 年订立、把遗产全数交给龚如心的一式四页纸遗嘱文件，乃王德辉生前最后的遗嘱并非伪造，龚如心胜诉。

"我当然高兴，当然这也是在我的意料之中，我让她直接上诉，我认为终归会有人会认识这个遗嘱到底真的还是假的，会有人认识这个东西。"徐立根说。

六年过去了，世纪争产案早已尘埃落定，从最初的自信到败诉后的坚守到胜诉后的喜悦，个中滋味只有徐老自己才能体会，但我们能看到的是，徐老的自信与坚守正是源于他对鉴定工作的认真与执着。

"有些人总问，说你有没有什么秘密武器，我说这个事，那没有什么秘密武器，首先你必须懂这个专业技术，这个不能否认，你要没懂，不行，其次一个就是细心，负责任，不吝惜时间。"徐立根最后说。

第五章
专门性问题解决的"四维模式"

司法实践中专门性问题的解决在世界各国都是一大难题，由于控辩审三方一般都不具备专业知识，无法对诉讼中的专门性问题作出准确判断，因此必须引入具有专门知识的人员参与诉讼。纵观世界各国，具有专门知识的人员参与诉讼大概有如下几种角色设置，一是大陆法系普遍存在的司法鉴定人，二是英美法系普遍设置的专家证人[1]，三是英国[2]、美国[3]和意大利

---

[1] 以美国《联邦证据规则》702-706条规定的专家证人制度为例，分为当事人聘请的专家证人和法院指定的专家证人。一般情况下，专家证人由当事人聘请，法官主动以职权启动委任专家证人的情况较少发生。参见蔡颖慧："对抗制危机中的专家证人制度"，载《河北法学》2014年第9期。此外，对专家证人模式与司法鉴定模式的系统比较，参见汪建成："专家证人模式与司法鉴定模式之比较"，载《证据科学》2010年第1期。

[2] 英国法院可以委任技术顾问协助法院，技术顾问在庭审期间和法官坐在一起，回答法官可能提出的问题，可见英国的技术顾问是法官的助手。参见徐昕译：《英国民事诉讼规则》，中国法制出版社2001年版，第181、576页。Louis Blom-Cooper, *Experts and Assessors: Past, Present and Future*, C. J. Q. 2002, 21 (Oct), pp. 341-356.

[3] 美国联邦法官除了可以聘请专家证人之外，还可以根据其固有的权力（Inherent Authority）聘请技术顾问帮助其确定证据的准入资格，可见美国的技术顾问也是法官的助手。对美国技术顾问制度的系统考察，参见陈邦达："美国法庭聘请专家证人的实践与启示"，载《证据科学》2017年第6期。Dauchot, Luke L. Metzcar, Jeffrey C, *Technical Advisors: Welcome Scientific Education, But at What Cost to a Patent's Notice Function*, IP Litigator (March 01, 2003), pp. 9-10.

的技术顾问以及俄罗斯的专家[1],四是巴西的中立专家证人[2],五是日本、韩国和我国台湾地区的技术调查官和专业委员[3],六是德国的技术法官[4],七是美国某些司法辖区专业化的蓝带陪审团[5],等等。关于这些角色的比较研究已经汗牛充栋,但从专门性问题解决的整体视角来审视这些角色的角色分派和功能定位的文章却不多见。

在国外,对这一问题研究较为深入的是罗纳德·J. 艾伦教

---

[1] 《意大利刑事诉讼法》第225条规定,在决定进行鉴定后,公诉人和当事人有权任命自己的技术顾问……《俄罗斯刑事诉讼法典》第58条规定,专家是具有专门知识、依照本法典规定的程序为了在研究刑事案件的材料方面协助查明、确认和提取物品和文件、采用技术手段、向鉴定人提出问题以及向控辩双方和法院解释其职业权限范围内的问题而被聘请参加诉讼行为的人员。由此可见,意大利的技术顾问和俄罗斯的专家均是诉讼双方的助手。转引自程衍:"'有专门知识的人'制度的域外介绍——以大陆法系国家和地区刑事诉讼程序为视角",载《中国政法大学学报》2016年第2期。此外,对意大利"技术顾问"制度的详细考察,参见章礼明:"意大利'技术顾问'制度及其对我国的启示",载《中国司法鉴定》2017年第1期。

[2] 兼有大陆法系特征又融合英美法系特点的巴西,采取了一种混合型的做法,即除了双方当事人各自可以聘请专家证人以外,法官同时聘请一名中立专家证人,该中立专家证人实际上是法官的助手,他听取双方专家证人的意见,结合自己的专业知识与经验,做出采信其中一方专家证人的决定,或者中和双方专家证人意见,做出第三种专家意见。参见蔡颖慧:"对抗制危机中的专家证人制度",载《河北法学》2014年第9期。

[3] 技术调查官是法院内部的司法辅助人员,而日本的专业委员则是法院外聘的技术咨询专家,他们皆是法官处理专门性问题的助手。参见易玲:"日本专利无效判定制度之改革及其启示",载《法商研究》2017年第2期;易继明:"构建知识产权大司法体制",载《中外法学》2018年第5期;曹慧敏:"知识产权审判技术咨询专家意见的性质探究",载《人民司法(应用)》2014年第7期。

[4] 《德国法官法》第120条和《德国专利法》第65条规定,德国联邦专利法院由法律法官和技术法官组成合议庭审理专利效力案件。转引自郭寿康、李剑:"我国知识产权审判组织专门化问题研究——以德国联邦专利法院为视角",载《法学家》2008年第3期。

[5] 美国有些司法辖区采用了专业化的蓝带陪审团(blue-ribbon jury),参见邵劭:"论法官聘任技术顾问的权力",载《杭州师范大学学报(社会科学版)》2011年第1期。

授的系列论文[1]，这些论文从专家知识与案件审理模式之间的关系出发，认为通常的案件审理是一种教育性活动，其间，事实认定者应能够理解、处理和思考证据，并得出理性的结论。……（然而）专家证据通常涉及一种遵从性而非教育性的诉讼程序模式，从这一点上来说其有悖于常规的审判理想状态。……若要实现审判的理想状态，那么替代性措施（即所有证据应以教育性模式呈现）则更为优越。如果证据无法以此种方式（教育性模式）呈现，那么在审理过程中通过证据所展现的待证事项便无法与常规的审判理想状态保持一致。"[2]这种研究范式和研究路径揭示了专门性问题解决的核心问题，法官是遵从专家意见，还是作为专门性问题的守门人，接受专家的教育从而对专家证据作出理性评价并最终得出理性的事实认定结论？尽管这种讨论是在美国专家证人制度之下的省思，并未考虑世界各国司法实践中还有众多涉及专门性问题解决的诉讼参与人角色，但是该文的研究范式和研究路径仍然值得借鉴。因为国内的现有文献大多是从单个角色甚或多个角色的比较视角出发开展研究的，少有文献从整体视角来审视中国司法专门性问题解决的实践模式[3]，

---

[1] 参见罗纳德·J. 艾伦教授在美国发表的两篇文章：Ronald J. Allen, Joseph S. Miller, The Common Law Theory of Experts: Deference or Education, 87 *Nw. U. L. Rev.* 1131 (1993), and Ronald J. Allen, Expertise and the Daubert Decision, 84 *J. Crim. L. & Crim.* 1157 (1994). 及其在中国发表的两篇文章：[美] 罗纳德·J. 艾伦："专家证言的概念性挑战"，汪诸豪译，载《证据科学》2014 年第 1 期；[美] 罗纳德·J. 艾伦："专门证据的两个概念性困难"，刘世权译，载《证据科学》2017 年第 1 期。

[2] [美] 罗纳德·J. 艾伦："专家证言的概念性挑战"，汪诸豪译，载《证据科学》2014 年第 1 期。

[3] 吴洪淇教授考察了从一元化的司法鉴定人到二元化的司法鉴定人+专家辅助人的演变，但囿于该文的主题，其忽视了对司法技术人员（技术咨询专家）和专家陪审员的考察。吴洪淇："刑事诉讼中的专家辅助人：制度变革与优化路径"，载《中国刑事法杂志》2018 年第 5 期。

因此，本章试图借鉴艾伦教授的研究范式和研究路径，通过类型化分析来审视中国司法专门性问题解决的模式演变、角色分派、功能定位、潜在风险和功能异化等问题。

一、从"一维模式"到"四维模式"的历史演变

从新中国成立以来的证据立法史来看，我国司法专门性问题解决的制度建设经历了一个逐渐增加各种具有专门知识的诉讼参与人角色的过程，体现为从"一维模式：司法鉴定人"到"四维模式：司法鉴定人+专家辅助人+司法技术人员（技术咨询专家）+专家陪审员"的历史演变。需要强调的是，这种演变规律并非基于四种角色在中国司法改革实践中出现的先后顺序，而是基于法律（包括司法解释）对四种角色的正式确立顺序总结而来，遵循的是一种立法实践逻辑而非司法实践逻辑。

（一）一维遵从模式：司法鉴定人

1979年7月《刑事诉讼法》最早从法律层面规定了解决专门性问题的鉴定制度，其中该法第88条明确规定了鉴定人设置的目的是"解决案件中某些专门性问题"。只不过当时的鉴定结果对于法庭而言是具有绝对权威性的，因为该法第89条和第90条都明确规定鉴定结果是毋庸置疑的"鉴定结论"，要想推翻"鉴定结论"，必须进行补充鉴定或重新鉴定。这种专门性问题的解决模式因为在通常审判中引入了一个专家角色，我们可以称之为"一维模式"。这种"一维模式"在随后1982年3月《中华人民共和国民事诉讼法（试行）》和1989年4月《中华人民共和国行政诉讼法》（以下简称《行政诉讼法》）中得到进一步确认，成了三大诉讼法的共同规则。

然而随着司法实践的不断推进，"一维模式"的弊端逐渐显露出来：首先，该模式限制了当事人的质证权。由于鉴定结论

具有很强的技术性和专业性，案件中出现的专门知识问题超出了作为外行人的诉讼双方的知识与经验范围，造成其不具备理解鉴定意见的能力，存在 Gary Edmond 所说的"信息空洞"[1]，从而无法对鉴定结论进行有效质证，只能尽力争取补充鉴定和重新鉴定。加之，法律对当事人司法鉴定启动权的限制[2]，当事人对专门性问题的解决更是无能为力，非常不利于法庭对专门性问题的准确认定，最后裁判结果的可接受性也自然会受到影响。其次，该模式还变相剥夺了法官事实认定的权力，因为法官和诉讼双方一样，也是存在"信息空洞"的外行人，无法有效审查鉴定结论的可靠性，无法准确认定涉及专门性问题的事实，只能将对涉及专门性问题的事实认定权力拱手让给鉴定人。即使法官决定进行补充鉴定和重新鉴定，但由于专门性知识的缺乏，法官也无法在相互冲突的两份甚至多份鉴定中作出准确有效的选择，最后只能将鉴定机构的行政级别作为解决专

---

[1] 对"信息空洞"的具体阐释。See Gary Edmond, *Forensic Science Evidence and the Conditions for Rational (Jury) Evaluation*, 39 Melb. U. L. Rev. 77, 2015.

[2] 1979 年之后，我国首先在公检法系统恢复和重建了司法鉴定系统，进而逐渐形成了公检法内设为主，院校为辅的司法鉴定队伍结构。与此相适应的是逐渐形成了一个事实上由公检法垄断刑事专业问题判断的权力格局，公检法机关尤其是内设的司法鉴定机构实际主导了专业问题判断的鉴定权。刑事专业问题判断之传统格局有三个特征：第一，公检法三家事实上主导了刑事案件鉴定的启动权；第二，司法鉴定的质量控制主要依赖于公检法之间的内部制约机制；第三，当事人一方影响专业问题判断的途径受到很大的限制。参见吴洪淇："刑事诉讼中的专家辅助人：制度变革与优化路径"，载《中国刑事法杂志》2018 年第 5 期；常林：《司法鉴定专家辅助人制度研究》，中国政法大学出版社 2012 年版，第 1—10 页、第 17—18 页、第 47 页；张军、姜伟、田文昌：《新控辩审三人谈》，北京大学出版社 2014 年版，第 85—95 页、第 254 页；左卫民等：《中国刑事诉讼运行机制实证研究》，法律出版社 2007 年版，第 88 页。

门性问题的依据[1],难以做到兼听则明,这种"科层制"的专门性问题解决机制增加了法官因缺乏对专业问题的实际审查能力而造成误判的可能。

在这种"一维模式"中,由于控辩审三方对专门性问题都存在"信息空洞",导致控辩审三方对鉴定人的鉴定结论均只能盲目地遵从,我们可以将之称为"一维遵从模式"。需要注意的是,这里的"遵从"是指采纳他人的意见作为正确的意见,并非因为你对该意见表示理解或赞同,而仅仅是由于你将事实认定的决定权移交给了他人。[2]这种专门性问题解决的"一维遵从模式"与我国流水线的纵向刑事诉讼构造是相一致的。[3]但是该模式的"恶果"也逐渐在我国刑事诉讼中显露出来,通常的表现是法官直接遵从鉴定结论作出事实裁判,事后却被证实为冤案,典型的案例包括"呼格吉勒图案""于英生案""念斌案""陈国清案"等。[4]在美国也存在类似的情况[5],例如在美国案件审理中曾被惯常性采纳的证据,其后都被陆续证实要

---

[1] 重复鉴定和多头鉴定的一个著名案例就是湖南湘潭的黄静裸死案,该案共有10份鉴定文书,最后法院采纳了最高人民法院司法鉴定中心法医学鉴定书(最高法院司法鉴医学〔2004〕第066号)的鉴定结论,该案是"一维遵从模式"的科层制典型。该案暴露出来的诸多问题,最终促使了2005年2月《全国人民代表大会常务委员会关于司法鉴定管理问题的决定》的出台,该决定对中国鉴定制度做出了诸多重大改革,对司法专门性问题的解决影响深远。

[2] [美]罗纳德·J.艾伦:"专家证言的概念性挑战",汪诸豪译,载《证据科学》2014年第1期。

[3] 陈瑞华:《刑事证据法学》,北京大学出版社2012年版,第152-153页。

[4] 吴洪淇教授对鉴定错误导致的错案进行了类型化分析,认为包括以下几类:一是应作鉴定而未作鉴定;二是证据保管链条的缺失;三是鉴定过程发生错误;四是鉴定结果的错误评估和错误使用。参见吴洪淇:"刑事诉讼中的专家辅助人:制度变革与优化路径",载《中国刑事法杂志》2018年第5期。

[5] 对美国专家证言问题的系统分析,参见美国国家科学院国家研究委员会:《美国法庭科学的加强之路》,王进喜等译,中国人民大学出版社2012年版。

么存在问题、要么高度不可信,……笔迹分析——这个领域存在真正的专家吗？专家们自己对笔迹的判断均可保持一致吗？指纹分析——其独特性从未经受过实践的检验,专家的准确性也从来没有被认证过。……毛发和纤维分析已被证明是不可靠的。对疾病起因的鉴定——往往是不可靠的。[1]逐渐地,司法鉴定由原来的"证据之王"变成了"是非之王"。[2]

(二) 二维对抗模式：司法鉴定人+专家辅助人

为了克服"一维遵从模式"的缺点,经由司法改革实践而来的相关立法作出了改变：首先,2005年2月《全国人民代表大会常务委员会关于司法鉴定管理问题的决定》将鉴定结果的称谓由"鉴定结论"改为了"鉴定意见",随后的2012年3月《刑事诉讼法》、2012年8月《民事诉讼法》和2014年11月《行政诉讼法》也都作了同样的修改,这意味着鉴定结果在法律上不再是神圣的鉴定结论了。其次,随着鉴定结论的逐渐祛魅,法律和相关司法解释也增设了专家辅助人,其主要作用是接受作为外行的诉讼双方的委托,代表其对鉴定意见进行质证。最早增设专家辅助人的司法解释是2001年12月《最高人民法院关于民事诉讼证据的若干规定》第61条,当事人可以向人民法院申请由一至二名具有专门知识的人员出庭就案件的专门性问题进行说明。人民法院准许其申请的,有关费用由提出申请的当事人负担。审判人员和当事人可以对出庭的具有专门知识的人员进行询问。经人民法院准许,可以由当事人各自申请的具有专门知识的人员就有案件中的问题进行对质。具有专门知识

---

〔1〕 [美]罗纳德·J. 艾伦："专家证言的概念性挑战",汪诸豪译,载《证据科学》2014年第1期。

〔2〕 柴会群："从'证据之王'到'是非之王'——司法鉴定争议录",载《南方周末》2010年1月21日,第8版。

的人员可以对鉴定人进行询问。2002年7月《最高人民法院关于行政诉讼证据若干问题的规定》第48条也作了类似规定[1]，称之为专业人员。这里的具有专门知识的人员和专业人员指的就是专家辅助人，三者在相关司法解释中相互等同混用[2]，在学界和司法实践中更多使用的也是专家辅助人，因此后文如无特别说明一般使用专家辅助人一词。之后的2012年8月《民事诉讼法》第79条更是将专家辅助人制度上升为正式法律规定，当事人可以申请人民法院通知有专门知识的人出庭，就鉴定人作出的鉴定意见或者专业问题提出意见。但在刑事诉讼中，直到2012年3月《刑事诉讼法》第192条才有类似规定，公诉人、当事人和辩护人、诉讼代理人可以申请法庭通知有专门知识的人出庭，就鉴定人作出的鉴定意见提出意见。这里的提出意见，实质上就是代表诉讼双方对鉴定意见进行质证，这在相关司法解释中得到了明确确认[3]，以弥补诉讼双方专业知识上

---

[1] 参见2002年7月《最高人民法院关于行政诉讼证据若干问题的规定》第48条规定，对被诉具体行政行为涉及的专门性问题，当事人可以向法庭申请由专业人员出庭进行说明，法庭也可以通知专业人员出庭说明。必要时，法庭可以组织专业人员进行对质。当事人对出庭的专业人员是否具备相应专业知识、学历、资历等专业资格等有异议的，可以进行询问。由法庭决定其是否可以作为专业人员出庭。专业人员可以对鉴定人进行询问。

[2] 尽管"专家辅助人"一开始并不是法定的称谓，是《最高人民法院关于民事证据的若干规定》的起草者在对司法解释的理解时所下的定义（参见黄松有主编：《民事诉讼证据司法解释的理解与适用》，中国法制出版社2002版，第296页），但现在相关司法解释中已经普遍使用：例如在2008年3月最高人民法院中国应用法学研究所《涉及家庭暴力婚姻案件审理指南》、2012年12月《最高人民法院关于知识产权审判工作情况的报告》、2015年2月最高人民法院关于认真学习贯彻适用《民事诉讼法解释》的通知、2015年12月《最高人民法院关于当前民事审判工作中的若干具体问题》、2018年4月25日《最高人民法院关于人民陪审员制度改革试点情况的报告》等文件中，均将这里的"具有专门知识的人员"和"专业人员"称为"专家辅助人"。

[3] 例如，2015年6月《民事诉讼法解释》第122条第1款前半部分规定，"当事人可以依照民事诉讼法第七十九条的规定，在举证期限届满前申请一至二名具

的"信息空洞"。除此之外，专家辅助人之间还可以相互对质，例如 2015 年 1 月《民事诉讼法解释》第 123 条就规定，经法庭准许，……当事人各自申请的具有专门知识的人可以就案件中的有关问题进行对质。

专家辅助人是在借鉴英美法系专家证人的基础上设置的，因此在某些司法解释[1]中，甚至直接将其称为专家证人。这种新模式的优点在于，专家辅助人作为诉讼双方所聘请的专业人士，在专门性问题上配合诉讼双方对鉴定意见进行质证，有效地保障了诉讼双方对专门性问题的质证权，使诉讼双方摆脱了在专门性问题上的弱势地位。同时由于这种对抗性的存在，还在一定程度上缓解了重复鉴定和多头鉴定现象，避免了司法资源的浪费和加重当事人的诉讼负担。因为这种模式的显著特征是增强了诉讼双方在法庭上对专门性问题的对抗性，让原本的

(接上页) 有专门知识的人出庭，代表当事人对鉴定意见进行质证。……" 2017 年 12 月《人民法院办理刑事案件第一审普通程序法庭调查规程（试行）》第 26 条第 1 款前半部分规定，控辩双方可以申请法庭通知有专门知识的人出庭，协助本方就鉴定意见进行质证。……

[1] 例如，2007 年 1 月《最高人民法院关于全面加强知识产权审判工作为建设创新型国家提供司法保障的意见》规定，妥善处理专业技术事实认定。注重发挥人民陪审员、专家证人、专家咨询、技术鉴定在解决知识产权审判专业技术事实认定难题中的作用。2014 年 6 月《最高人民法院关于新时期进一步加强人民法院审判管理工作的若干意见》规定，要将卷宗移送、评估拍卖、鉴定审计、公告送达、专家证人等诉讼服务的管理，纳入审判管理工作格局之中。2016 年 7 月《最高人民检察院关于充分发挥检察职能依法保障和促进科技创新的意见》规定，探索建立知识产权专家库，建立健全专家证人、专家咨询、技术鉴定等案件办理机制，完善有专门知识的人出庭作证制度，为办案提供智力支持。2017 年 8 月《最高人民法院关于进一步加强金融审判工作的若干意见》规定，依法充分运用专家证人、专家陪审员制度，扩充证券案件审理的知识容量和审理深度，提高 证券案件审判的专业性和公信力。

"一维遵从模式"有了通常审判中的对抗机制[1],故笔者称之为"二维对抗模式"。但如此一来,法官将面临法庭审判中专门性问题的事实认定由常识审判转变成了专家审判:鉴定人属于中立的诉讼参与人,负责提出鉴定意见;诉讼双方可以聘请各自的专家辅助人配合己方对鉴定意见进行质证;但在控辩审三方互动的法庭审判中,法官作为事实认定者却可能因其专门性知识的"外行"而被专家"内行"们(司法鉴定人和专家辅助人)屏蔽于专门性问题的论战之外,非常不利于法官的准确事实认定。

(三)三维教育模式:司法鉴定人+专家辅助人+司法技术人员(技术咨询专家)

为了揭开专家辅助人与鉴定人专门知识"论战"的面纱,弥补法官对专门性问题的"信息空洞",司法改革实践中逐渐出现了辅助法官理解、处理和思考的专门性问题的司法技术人员,由此便将事实领域的专门性问题转换成了普通的社会性事实。新中国司法技术人员的最初源流是1951年9月《中华人民共和国人民法院暂行组织条例》第17条第2款和第25条第2款确立的"人民法院设立法医"制度,1979年7月《中华人民共和国人民法院组织法》第41条规定"各级地方人民法院设法医"延续了上述规定。此后该法历经1983年、1986年、2006年的三次修正,均保留了上述规定。尽管该规定对于促进人民法院开展以法医为主的司法技术工作曾发挥重大促进作用,但其仅规定了设"法医",对于司法审判辅助工作需要的其他类专业技术人员则未作规范。而较为完整的司法技术人员制度,则是由于

---

[1] 对抗制起源于英国,在英国刑事审判历史上,法官曾经为了抑制错案的发生,而让辩护律师进入审判领域,从而促进了对抗式刑事审判的兴起。这一段历史可以参见[美]兰博约:《对抗式刑事审判的起源》,王志强译,复旦大学出版社2010年版,第134-148页。

2005年2月《全国人民代表大会常务委员会关于司法鉴定管理问题的决定》规定人民法院不得设立鉴定机构之后，2006年9月出台的《最高人民法院关于地方各级人民法院设立司法技术辅助工作机构的通知》才正式开始建立的。该通知提出要调整和加强人民法院司法技术辅助工作，在各级法院增设了司法辅助工作办公室，其主要职责是为法官审判工作提供技术咨询和审核服务，即对法官提出的涉案技术问题进行解释或者答复，对送审案件中的鉴定文书及相关材料进行审查，提出审核意见。2007年8月《最高人民法院技术咨询、技术审核工作管理规定》又进一步详细规定了司法技术人员制度的各种细节，包括司法技术人员的职责、工作流程、工作方式、工作成果等。2018年10月修正的《中华人民共和国人民法院组织法》第51条则正式从法律层面确立了司法技术人员制度，人民法院根据审判工作需要，可以设司法技术人员，负责与审判工作有关的事项。司法技术人员在司法员额制改革后被列入了司法辅助人员序列中。

如果审判所要解决的专门性问题超出了法院内部司法技术人员的专业范围，2007年8月《最高人民法院技术咨询、技术审核工作管理规定》规定司法技术人员还可以向相关专家咨询后再对法官予以答复。对于重大、疑难、复杂的案件，则应当组织专家论证。这种专家咨询和专家论证活动逐渐增多之后，各级法院纷纷设立专家咨询委员会。[1]而且法院依职权聘请的技术专家

---

[1] 参见2011年4月《中国法院知识产权司法保护状况（2010年）》，2010年4月，最高人民法院与中国科学技术协会联合签署知识产权司法保护合作备忘录，为最高人民法院和中国科学技术协会在知识产权司法保护领域加强合作提供了长期稳定的操作平台，建立最高人民法院特邀科学技术咨询专家库，袁隆平、钟南山等11位两院院士受聘担任最高人民法院科学技术咨询专家。……上海、江苏、青海、河北、浙江、广西、山西等地高级人民法院积极探索建立和完善案件技术事实查明机制，建立技术专家咨询库。2014年7月4日最高法院公布的九起环境资源审判典

还可以参加庭审,对鉴定意见或者案件涉及的专门性问题提出意见。[1]其实这种外聘的技术专家早在 1985 年 2 月《最高人民法院关于开展专利审判工作的几个问题的通知》就已经有雏形了,当时称之为技术顾问[2],现在更多地称为"技术咨询专家"。

此外,在知识产权法院中,还设置了一类特殊的司法技术人员,技术调查官。2014 年 12 月《最高人民法院关于知识产权法院技术调查官参与诉讼活动若干问题的暂行规定》[3]正式建立了较为完善的技术调查官制度,以解决知识产权民事和行政案件中的专门性问题。2017 年 8 月最高人民法院《知识产权法院技术调查官选任工作指导意见(试行)》则进一步明确了技术调查官的三种来源:一是按照聘任制公务员管理有关规定,以合同形式聘任的技术调查官;二是由符合技术调查官资格条件[4]的专利行政管理等部门的专业技术人员到知识产权法院挂

(接上页)型案例,案例 1:"中华环保联合会、贵阳公众环境教育中心与贵阳市乌当区定扒造纸厂水污染责任纠纷案"中也提到,在审理过程中,合议庭充分发挥专家作用,召开专家咨询委员会会议对被告的排污行为进行论证,依法采信了专家意见。

[1] 参见 2017 年 3 月《最高人民法院关于审理环境公益诉讼案件的工作规范(试行)》第 26 条规定,人民法院认为有必要的,可以听取技术专家的意见。技术专家可以参加庭审,对鉴定意见或者案件涉及的专门性问题提出意见,可以在人民法院的组织下参与证据的保全和提取以及调解、执行等程序。

[2] 参见 1985 年 2 月《最高人民法院关于开展专利审判工作的几个问题的通知》,人民法院在审理专利案件时,要与有关部门密切联系,充分发挥科研单位、生产部门的专家、学者的作用,可以聘请他们作临时的或者长期的技术顾问,也可以请他们担任技术鉴定人,还可以邀请他们担任陪审员,直接参与专利审判工作。

[3] 起草者对该暂行规定的详细解读,参见宋晓明、王闯、吴蓉:"关于知识产权法院技术调查官参与诉讼活动若干问题的暂行规定》的理解与适用",载《人民司法(应用)》2015 年第 7 期。

[4] 参见 2017 年 8 月最高人民法院《知识产权法院技术调查官选任工作指导意见(试行)》规定,担任技术调查官应符合以下资格条件:①具有普通高等院校理工科专业本科及以上学历;②具有中级以上专业技术资格;③具有 5 年以上相关专业技术领域生产、管理、审查或研究工作经验。应聘技术调查官的人员除应符合上述资格条件外,还应具备中华人民共和国公务员法规定的条件。

职交流担任技术调查官;三是其他符合技术调查官资格条件的专业技术人员,经行业协会、有关单位推荐和知识产权法院审核,兼职担任技术调查官。除此之外,《最高人民法院2018年度司法解释立项计划》还提出要在2019年上半年制定《人民法院关于技术调查官参与诉讼活动的若干规定》。由此便初步形成了知识产权案件中的技术事实查明的多元化机制,包括司法鉴定、专家辅助人、专家咨询和技术调查官等,提高了技术事实查明的科学性、专业性和中立性,规范了技术调查报告的撰写格式和采信机制。对于辅助法官形成心证并与裁判结果有重要关联性的技术调查意见,可以通过释明等方式向当事人适度公开。强化法官在查明技术事实中的主导作用,规范技术调查主体提供的各种技术审查意见的法律定位。[1]显而易见,技术调查官作为一种在知识产权法院特殊设置的司法技术人员,其制度设置已经较为精细,而且被实践证明行之有效[2],非常值得推广到一般类型的司法技术人员的制度建设中。

根据上述这些规定,我们可以大致归纳出司法技术人员(技术咨询专家)的几个特点:第一,司法技术人员(技术咨询专家)属于司法辅助人员,其主要职责是为法官提供关于专门性问题的相关知识、理论,协助法官理解、处理和思考专门性问题;第二,司法技术人员(技术咨询专家)不属于合议庭的组成人员,不享有审判权。第三,司法技术人员(技术咨询专家)的专业意见并不属于法定的证据种类,仅作为法官事实认定的参考。第四,司法技术人员(技术咨询专家)制度的设立在很大程度上可以缓解法官对司法鉴定的过度依赖,对于一些

---

[1] 2017年4月最高人民法院《中国知识产权司法保护纲要(2016-2020)》。
[2] 参见2017年4月最高人民法院《中国法院知识产权司法保护状况(2016年)》和2017年8月《最高人民法院关于知识产权法院工作情况的报告》。

相对较为简单的专门性问题，法官可以直接通过咨询司法技术人员（技术咨询专家）予以解决。第五，司法技术人员是法院内部工作人员，技术咨询专家则是法院外聘的专家，相较于当事人聘请的专家辅助人而言更具中立性，他们通过深度、全程参与案件审理活动，可以有效提高专门性问题解决的公信力和可信度，一定程度上缓解重复鉴定和多头鉴定现象。第六，虽然司法技术人员（技术咨询专家）是法官在专门性问题解决上的助手，但在法律地位上司法技术人员（技术咨询专家）与法官之间是相互独立的，并不存在上下级隶属关系。这可以确保司法技术人员（技术咨询专家）在辅助法官从事专门性问题的咨询、调查过程中能够独立提供专业意见，确保专门性问题解决的客观、中立和准确。

根据司法技术人员（技术咨询专家）的上述特点，加上已有的司法鉴定人和专家辅助人，就形成了独具特色的"三维教育模式"：司法鉴定人+专家辅助人+司法技术人员（技术咨询专家）。在这种模式中，司法鉴定人试图用专业知识和语言来向控辩审三方解释专门性问题，专家辅助人则代表外行的诉讼双方对鉴定人的鉴定意见进行质证，法官则在司法技术人员（技术咨询专家）的帮助下理解、处理和思考鉴定意见和专家辅助人的意见。从整体上，尤其是从司法技术人员（技术咨询专家）的角度来看，这种模式是司法鉴定人、专家辅助人和司法技术人员（技术咨询专家）三种专家角色通过举证、质证和询问的互动活动，对作为事实认定者的法官进行专业知识教育，帮助法官理解、处理和思考专门性问题，从而做出准确的事实认定。这种"三维教育模式"的最大优点在于，既保障了诉讼双方的质证权，减轻了法官对司法鉴定意见的过分依赖和遵从，又弥补了法官专门性知识的欠缺。

(四)"四维分享模式":司法鉴定人+专家辅助人+司法技术人员(技术咨询专家)+专家陪审员

除了司法技术人员(技术咨询专家)可以弥补法官在专业知识方面的弱势地位之外,为了更好地配合法官审理有关专门性问题的案件,司法改革实践还设置了专家陪审员参与诉讼。专家陪审员与司法技术人员(技术咨询专家)不一样,他不是法官的助手,而是与法官分享事实认定权力的裁决者。在审判中,专家陪审员不仅可以在法庭调查时有针对性地提问,还可以与法官在法庭上随时沟通分享专门性知识,将专业术语转化为日常用语,提高法官对于专门性问题的理解。加上之前的"三维"模式,我们可以称之为专门性问题解决的"四维分享模式":司法鉴定人+专家辅助人+司法技术人员(技术咨询专家)+专家陪审员。

最早提出可以由专家担任陪审员的文件是上文提到的1985年2月《最高人民法院关于开展专利审判工作的几个问题的通知》(已失效)。1998年12月原最高人民法院院长肖扬进一步提出要建立专家型兼职人民陪审员制度,根据某些专业性很强的案件审理需要,特邀专家、学者担任兼职人民陪审员。[1]此后经过不断的司法改革实践,于2010年1月《最高人民法院关于人民陪审员参加审判活动若干问题的规定》(已失效)第5条,正式以司法解释的形式规定,特殊案件需要具有特定专业知识的人民陪审员参加审判的,人民法院可以在具有相应专业知识的人民陪审员范围内随机抽取。

然而,在最新一轮的司法改革中,专家陪审员的制度建设受到了一些阻碍。尽管2015年5月最高人民法院和司法部联合

---

[1] 参见原最高人民法院院长肖扬1998年12月在全国高级法院院长会议上的讲话《全面推进人民法院的各项工作,为改革、发展、稳定提供有力的司法保障》。

发布的《人民陪审员制度改革试点工作实施办法》第 9 条第 2 款规定,人民法院可以根据人民陪审员专业背景情况,结合本院审理案件的主要类型,建立专业人民陪审员信息库。2016 年 6 月《最高人民法院关于人民陪审员制度改革试点情况的中期报告》也指出,为提升人民陪审员在疑难复杂案件中的事实认定能力,部分试点法院还结合知识背景和从业经历,对具有建筑、会计、医疗、金融等专业知识的人民陪审员选任机制进行了积极探索。但是,在 2018 年 4 月 25 日《最高人民法院关于人民陪审员制度改革试点情况的报告》中却明确提出,试点过程中,对于是否保留专业陪审员存在不同意见。支持者认为,专业陪审员可以帮助解决一些专业类的疑难案件。反对者则认为,专业陪审员与陪审员制度的大众化相冲突,还可能导致专业偏好。目前,我国刑事诉讼法和民事诉讼法均建立了专家辅助人制度,可以帮助法官解答专业疑难问题。因此,我们建议暂不规定专业陪审员,允许各地法院根据工作需要,对人民陪审员按专业进行分类,参与审理一些专业性较强的案件。尽管报告中提到的理由值得商榷,比如专家辅助人是诉讼双方的助手而非法官的助手,具有偏向性和党派性(后文将对此做详细分析),但最终最高人民法院的建议被两天后也就是 2018 年 4 月 27 日通过的《中华人民共和国人民陪审员法》采纳了。也就是说,专家陪审员的制度化进程尽管被搁置,但仍然允许司法改革实践在新的《中华人民共和国人民陪审员法》框架内进行探索。需要注意的是,专家陪审员是特殊的人民陪审员,按照新修订的《中华人民共和国人民陪审员法》的规定,只能参与一审程序,不能参与二审程序,而且人民陪审员的选择是随机的,并不是根据案件审理的技术需要而定向选择的,这也使得专家陪审在专门性问题的解决中所发挥的作用受到限制。

由此可见，我国的"四维分享模式"并非一蹴而就，而是为解决司法实践中专门性问题的难题而逐渐引入国外类似机制，并加以调试改造而成，"四维分享模式"中的一维司法鉴定人以大陆法系的司法鉴定制度为基础，二维专家辅助人以英美法系的专家证人、意大利的技术顾问和俄罗斯的专家制度（专家辅助人）为基础，三维司法技术人员（技术咨询专家）以英国和美国的技术顾问、日本、韩国和我国台湾地区的技术调查官和专业委员为基础，四维以美国某些司法辖区专业化的蓝带陪审团（专家陪审员）和德国的技术法官为基础。这种"四维"并行的机制，从某种程度上体现了我国专门性问题解决模式改革的轨迹，即在结构层面上主要借鉴大陆法系司法鉴定模式的相关制度设计，完善我国的鉴定管理体制，强化司法权对鉴定程序的控制。在技术层面上积极吸收英美法系的专家证人、意大利的技术顾问和俄罗斯的专家制度模式的有益因素，加强诉讼双方的对抗机制，以及借鉴英国和美国的技术顾问、日本、韩国和我国台湾地区的技术调查官和专业委员、德国的技术法官和美国某些司法辖区专业化的蓝带陪审团制度，解决法官的"信息空洞"问题，充分体现了在专门性问题解决领域融合大陆法系的职权主义和英美法系的当事人主义的趋势。[1]

二、"四维分享模式"的角色分派与功能定位

"四维分享模式"初步形成之后，这种模式的角色分派和功能定位如何，它与传统的几种模式相比有什么优势和劣势等，都值得进一步研究。

---

〔1〕 关于这种融合趋势和改革方向的讨论，参见汪建成："司法鉴定模式与专家证人模式的融合：中国刑事司法鉴定制度改革的方向"，载《国家检察官学院学报》2011年第4期。

（一）"四维分享模式"的角色分派

"四维分享模式"中的四种专家角色尽管都是拥有专业知识的专业人员，但是他们在诉讼中的角色分派是显著不同的。

首先，鉴定人是整个法庭的助手。传统上一直认为，鉴定人是法官的助手[1]，这种观点在"一维遵从模式"中或许还能成立，因为在"一维遵从模式"中只有鉴定人懂得专门性问题，诉讼双方因为"信息空洞"而无法对鉴定意见进行有效的质证，因此其目的是帮助法官解决专门性问题了。但是，从"二维对抗模式"开始，这种角色分配的解释就值得商榷了。在二维、三维和四维模式中，鉴定人的鉴定意见将不仅仅是提供给法官以帮助法官解决专门性问题，而且还需接受诉讼双方所聘请的专家辅助人的有效质证。因此，鉴定人应该是整个法庭的助手，其地位是中立的，整个法庭聘任他的目的是让他提供中立、客观的鉴定意见，以便通过诉讼双方的有效质证来协助整个法庭有效解决专门性问题。

其次，专家辅助人是诉讼双方的助手。专家辅助人是诉讼双方聘请的，对聘请方负责，其主要作用是帮助诉讼双方对鉴定意见进行质证以及与对方聘请的专家辅助人进行对质，从而影响法

---

[1] 在大陆法系国家，鉴定人被视为是"法官的助手"。1877年《德意志刑事诉讼法典》总则中明确将鉴定人定名为"法官的辅助人"。大陆法系鉴定理论认为鉴定结论是法官对案件认定手段的延长，鉴定人是法官或法院的助手，法官借助鉴定结论来认识案件事实的真相。正是因为大陆法系的鉴定人是以法官辅助人的角色参与到刑事诉讼之中，鉴定权被相应地定位为"司法权"的一部分。参见张卫平："鉴定的启动机制与程序正义"，载《法制日报》2005年8月6日，第3版；汪建成："司法鉴定模式与专家证人模式的融合：中国刑事司法鉴定制度改革的方向"，载《国家检察官学院学报》2011年第4期。

官的自由心证。因此，毫无疑问，借鉴自英美法系专家证人[1]的专家辅助人应该是协助诉讼双方质证的专家助手，要求专家辅助人介人诉讼时必须保持中立，不应带有任何倾向性。一定程度上，这样的立场定位有违专家辅助人的设置初衷及其职业属性。[2]

再次，司法技术人员（技术咨询专家）是法官的助手。不管是法院内部的司法技术人员，还是外聘的技术咨询专家，甚或是专家咨询委员会，他们的核心任务都是一样的，回答法官对专门性问题的困惑，帮助法官理解、审查处理和思考鉴定意见和专家辅助人的意见，如有必要，法官还可以让其全程参与审判，协助法官解决专门性问题，让法官不至于被屏蔽于专门性问题的论战之外。而且其地位相较于专家辅助人而言更具有超然性和中立性，从而使其意见更加客观公正，不受制于法官，更不会受制于当事人，其提供的专门性问题审查意见更具有参考价值。

最后，专家陪审员是与审判法官分享事实认定权力的裁决者。根据最新修改的《中华人民共和国人民陪审员法》，不管是在法院三人合议庭还是七人合议庭中，陪审员都是与审判法官分享事实认定权力的裁决者。[3]在审判过程中专家陪审员还可

---

[1] 在英美法系国家，专家证人被定位为"当事人的助手"，其帮助己方当事人赢得诉讼。专家证人制度中对专家证人没有保持中立性的要求。参见汪建成："司法鉴定模式与专家证人模式的融合：中国刑事司法鉴定制度改革的方向"，载《国家检察官学院学报》2011年第4期。
[2] 李学军、朱梦妮："专家辅助人制度研析"，载《法学家》2015年第1期。
[3] 参见2018年4月《中华人民共和国人民陪审员法》第21条和第22条，中国的法庭分为3人合议庭和7人合议庭。在3人合议庭中，人民陪审员对事实认定、法律适用，独立发表意见，行使表决权。在7人合议庭中，人民陪审员对事实认定，独立发表意见，并与法官共同表决。对法律适用，可以发表意见，但不参加表决。

以协助法官有效控制、指挥当事人及其聘请的专家辅助人对鉴定意见进行的质证活动,确保质证围绕专门性问题展开,更有针对性。在庭后的合议过程中,也可以通过将专门性问题转换成日常语言,向法官分享其对质证过程中涉及的专门性问题的理解,使法官能更好地进行自由心证,得出准确结论。

这种"四维分享模式"的角色分派可以用下图来表示,整个图示的中心是司法鉴定人,其他三种角色都是围绕其衍生而来的,要么是为了质疑其鉴定意见而生的对抗性角色——专家辅助人,要么是为了解决法官的"信息空洞"协助法官理解鉴定意见和专家辅助人意见而生的教育性角色——司法技术人员(技术咨询专家),以及分享性角色——专家陪审员。通过四种专家角色在审判过程中的相互作用,可以共同促进法庭对专门性问题的举证、质证和认证,最大限度地寻求案件事实的真相。

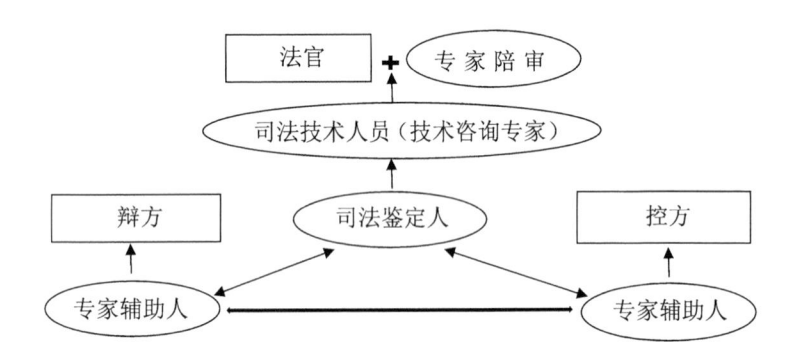

(二)"四维分享模式"的功能定位

"四维分享模式"是为了克服以往模式的缺点,吸收以往模式的各种优异功能,逐渐由"一维遵从模式""二维对抗模式""三维教育模式"发展而来。整体来看,"四维分享模式"体现了如下三种典型的功能定位:

首先,对抗功能。正如上文所述,对抗功能是为解决"一维遵从模式"严重阻碍诉讼双方质证权行使的问题而形成的。在"一维遵从模式"中，只有一种懂得专门性问题相关专业知识的角色——司法鉴定人，诉讼双方则因为对专门性问题的"信息空洞"而无法理解司法鉴定人做出的鉴定意见，对鉴定意见的质证只能从鉴定资质、鉴定程序等形式上展开，根本无法对鉴定意见所依据的科学原理和知识，以及根据科学原理和现有证据而作出的推论过程等实质内容，进行有效的质证。基于此，便借鉴了英美法系的专家证人、意大利的技术顾问和俄罗斯的专家制度，形成了颇具中国特色的"专家辅助人制度"。专家辅助人是由当事人聘请的、辅助其对鉴定意见进行质证的角色，而且诉讼双方聘请的专家辅助人还可以相互对质，因此具有明显的"利益倾向性"或者"党派性"[1]，会作出有利于己方当事人的证言和尽可能降低对方证言的可信度。尽管专家辅助人的意见具有偏向性的负面影响，但这种影响可以在对抗制中得以消解。在这种对抗性的举证质证过程中，专家辅助人与司法鉴定人的二元互动可以使案件事实争议被更加全面地呈现在法官面前，最大限度地揭示案件事实真相，以帮助法官更好地做出判断并作出能为社会和当事人都接受的裁决。[2]由此在专门性问题的解决上便形成了与通常审判一样的二元实质对抗模式。正如威格莫尔所言，对抗制中的有效质证（包括交叉询问和对质）是曾经发明的揭示事实真相之最伟大的法律引擎。[3]家辅助人的引入，使得在专门性问题的解决上也能有效利用质证这种发现事

---

[1] Jennifer Mnookin, *Expert Evidence, Partisanship, and Epistemic Competence*, in 73 Brooklyn Law Review (2008), p. 587.

[2] [日]谷口安平：《程序的正义与诉讼》，王亚新、刘荣军译，中国政法大学出版社1996年版，第26页。

[3] J. H. Wigmore, *A Treatise on the Anglo-American System of Evidence in Trials at Common Law*, rev. J. H. Chadbourn, Boston: Little, Brown, 1974. vol. V, p. 1367, 32.

实真相的有效工具,促进法庭质证质量和效率的提高,促进程序正义和实体正义的实现。总体来看,专家辅助人的对抗功能表现在以下四个方面:①弥补现行鉴定制度的不足,保障当事人履行举证责任;②解决庭审时质证虚化,发挥质证的实质功效;③帮助法官解决专门性问题,为认定证据奠定基础;④充实当事人的诉讼权利,均衡双方的诉讼力量。[1]后续的"三维教育模式"和"四维分享模式"也继承了这种对抗功能。

其次,教育功能。"二维对抗模式"解决了诉讼双方对专门性问题的有效质证问题,但作为法庭审判工作群体"控辩审"三方之一的法官,他在与专门性问题相关的专业知识储备上与诉讼双方一样都存在"信息空洞"。如果没有有效的制度设计,作为事实认定者的法官也会被屏蔽于专门性问题的论战之外。打个形象的比喻,"二维对抗模式"中专家之间的对抗(包括专家辅助人对鉴定意见的质证以及专家辅助人之间的对质),对于法官而言无异于"对牛弹琴",即使专家辅助人通过交叉询问和对质攻破了鉴定人意见或对方专家辅助人意见,但作为外行人的法官也可能意识不到该专家证据已经被摧毁。因此需要一个专业人员——司法技术人员(技术咨询专家)来协助法官,将鉴定人的鉴定意见、专家辅助人对鉴定意见的质证意见以及专家辅助人之间的对质信息翻译成法官能够理解的日常语言,由此可见这个角色承担的主要任务就是通过翻译和解释来教育法官,让其充分理解、处理和思考专门性问题,同时司法技术人员(技术咨询专家)还可以克服专家辅助人所具有的偏向性或党派性。如果从法庭审判的宏观角度看,其实是鉴定人、专家辅助人和司法技术人员(技术咨询专家)三种专业角色通过共

---

[1] 李学军、朱梦妮:"专家辅助人制度研析",载《法学家》2015年第1期。

同的举证、质证和询问的互动活动来共同教育法官,帮助法官理解、处理和思考专门性问题。

最后,共享功能。这种共享功能主要体现在微观和宏观两个层面。第一,从微观角度看,专家陪审员作为与审判法官共享事实认定权力的裁决者,可以将自己对于专门性问题(包括对于鉴定意见和专家辅助人的意见)的理解,在庭审过程和庭后合议中通过日常语言分享给审判法官。这种微观层面的分享功能具体体现在三个方面:一是合议庭可以发挥专家陪审员所拥有的专门知识的作用,直接依职权或根据对方提出的意见,规制诉讼双方关于专门性问题的举证、质证行为,使鉴定意见的质证真正围绕着与鉴定有关的专门性问题展开,发挥合议庭对庭审的合作控制功能。专家陪审员和审判法官的权力分享还可以一定程度缓解重复鉴定和多头鉴定问题,当存在不同的鉴定意见时,专家陪审员可以和法官共同决定该案件的争议问题是否需要重新鉴定,从而提高诉讼效率。二是专家陪审员在庭审中能够适时引导鉴定人或专家辅助人将专业性语言转换为法官能够理解的日常语言,从而提高法官对专门性问题的理解能力,提高庭审效率,保障法官形成对专门性问题的科学心证,发挥信息共享功能。三是专家陪审员参加庭审能够发挥自己的专门知识的特长,保证在合议案件时发挥自己的优势,可以强化陪审员实际参审,从而避免司法实践中经常出现的陪审员"陪而不审、审而不言、合而不议"的"陪衬员"现象,协助法官对专门性问题进行有效的解释说明并进行实质意义上的认证活动。总之,"四维分享模式"在微观层面具体表现为专家陪审员与审判法官在专门性问题上的权力分享与配合,在一定程度上是对法官事实认定权力的一种限制,但也有利于帮助法官查明事实。第二,从宏观角度讲,在"四维分享模式"中,法官对于专门性问题的理解,是奠定在控辩审三方以及相关专家包括司法鉴定人、专家辅助人、司法技术人员(技术咨询专家)和专家陪审员,在庭审过程和庭后合议中通过举证、质证和认证的互动活动之上的,这种互动中的信息分享实质上是对上文所述的对抗和教育功能的融通。

(三)"四维分享模式"的集群化认识论优势

尽管人类解决纠纷的审判制度有很多类型,但理想的审判状态总是一种等腰三角形的控辩审模式:诉讼双方地位平等,通过提出证据、解释证据并运用经验法则来论证自己事实主张的正确性,而作为案外第三人的事实认定者,法官只能通过理解双方的证据及其论证来作出准确的事实认定。这种模式有效运转的前提是,"控辩审"三方都能理解对方阐释的证据及其运用经验法则的推论过程。如果一方作出的证据阐释和运用经验法则所进行的推论超过了一般人的常识,那就需要借助专家的专业知识。

通过上述内容已经非常清楚地看到,"四维分享模式"实际上在专门性问题的解决方式上模拟了理想审判状态下的"控辩审"模式,构建了类似于通常审判模式下的法庭专业工作群体。在这个法庭专业工作群体中,专家辅助人代表诉讼双方对司法鉴定人的鉴定意见和对方专家辅助人的意见进行质证,体现了通常审判模式下的实质对抗功能。司法技术人员(技术咨询专家)在庭审和庭后全方位全时段地辅助审判法官理解专家辅助人和司法鉴定人通过质证活动对其传达的教育信息,避免法官被屏蔽于专门性问题的论战之外,体现了通常审判模式下的教育功能。专家陪审员则是事实认定裁判权的分享者,和法官一起共同在审判中处理专门性问题,促进法官对专门性问题的理解、处理和思考,从而做出准确的事实认定。总之,在"四维分享模式"中,各方会共享充分的背景信息,使得有效的交流和理解成为可能,……坚持审判法院必须要接受相关主题的充分教育,直到法院能够独立地判定专家证言,是真正基于知识而做出,[1]而非对专家证据的简单遵从。这种"四维分享模式"所蕴含的对抗、教育和共享的功能充分展现了法庭专业工作群体的集群化认识论优势。

三、"四维分享模式"的潜在风险与功能异化

"四维分享模式"结合了鉴定人、专家辅助人、司法技术人员(技术咨询专家)和专家陪审员四者的优势,打破了原有庭审模式中"控辩审"三方与鉴定人的专业隔阂,有利于达到法官准确认定涉及专门性问题的案件事实的目的。但"四维分享模式"也存在着潜在风险与功能异化的可能。

(一)对抗功能的不彰:专家辅助人的地位不明

在我国司法实践中,法庭上并未设置专门的专家辅助人席。受聘于当事人出庭参与法庭调查活动的专家辅助人,在法庭上被安置于何处,完全取决于法官在庭审中的随机安排和所在法庭的具体条件。[2]座次的安排从表面上看仅是形式的问题,但实质上反映了我国法律对专家辅助人的地位规定不明。

专家辅助人在现行法律法规中具有多重身份,其意见的证据属性不明。现行法律法规对专家辅助人地位有三种规定[3],

---

[1] [美]罗纳德·J.艾伦:"专家证言的概念性挑战",汪诸豪译,载《证据科学》2014年第1期。

[2] 李学军、朱梦妮:"专家辅助人制度研析",载《法学家》2015年第1期。

[3] 张保生教授认为现行法律对专家辅助人有三种定位:一是当事人律师的角色,二是当事人证人的角色,三是当事人身份。但因为该论文是系列专家笔谈中的一篇,并未对专家辅助人制度做细致的法教义学分析,因此本章的观点与其有一些不同之处,参见张保生:"关于专家辅助人角色规定的变化",载《证据科学》2018年第5期。

一是在刑事和民事诉讼中，专家辅助人都是当事人的专家助手或专家律师，代表[1]或者协助[2]诉讼双方从专业角度对鉴定意见进行质证，其证据属性应是诉讼双方的质证意见，不属于法定的证据种类，主要用于弹劾目的，如被法庭采纳，则只可能带来相关鉴定意见不被采信的后果。[3]二是在民事诉讼中，专家辅助人还具有当事人身份，除了对鉴定意见进行质证外，还可以对案件事实所涉及的专业问题提出自己的意见[4]，专家辅助人对专业问题提出的意见视为当事人的陈述[5]，经质证可以作为认定案件事实的根据[6]，而且专家辅助人之间还可以相互

---

[1] 参见2012年8月《民事诉讼法》第79条前半部分规定，当事人可以申请人民法院通知有专门知识的人出庭，就鉴定人作出的鉴定意见……提出意见。2015年6月《民事诉讼法解释》第122条第1款前半部分规定，进一步解释了这里的专家辅助人就鉴定意见提出的意见是代表当事人的质证行为，当事人可以依照民事诉讼法第79条的规定，在举证期限届满前申请一至二名具有专门知识的人出庭，代表当事人对鉴定意见进行质证，……

[2] 参见2017年12月《人民法院办理刑事案件第一审普通程序法庭调查规程（试行）》第26条第1款前半部分规定，控辩双方可以申请法庭通知有专门知识的人出庭，协助本方就鉴定意见进行质证……

[3] 张保生主编：《证据法学》（第3版），中国政法大学出版社2018年版，第256页。同时参见2017年12月《人民法院办理刑事案件第一审普通程序法庭调查规程（试行）》第49条第2款规定，有专门知识的人当庭对鉴定意见提出质疑，鉴定人能够作出合理解释，并与相关证据印证的，应当采信鉴定意见。不能作出合理解释，无法确认鉴定意见可靠性的，有关鉴定意见不能作为定案的根据。

[4] 参见2012年8月《民事诉讼法》第79条后半部分规定，当事人可以申请人民法院通知有专门知识的人出庭，就……或者专业问题提出意见。

[5] 参见2015年1月《民事诉讼法的解释》第122条第1款后半部分和第2款规定，……或者对案件事实所涉及的专业问题提出意见。具有专门知识的人在法庭上就专业问题提出的意见，视为当事人的陈述。

[6] 参见2015年1月《最高人民法院关于审理环境民事公益诉讼案件适用法律若干问题的解释》第15条第2款规定，专家意见经质证，可以作为认定事实的根据。以及2015年6月《最高人民法院关于审理环境侵权责任纠纷案件适用法律若干问题的解释》第9条第2款规定，具有专门知识的人在法庭上提出的意见，经当事人质证，可以作为认定案件事实的根据。

对质〔1〕，由此可见专家辅助人就案件中的专业问题提出的意见的证据属性在民事诉讼中是当事人陈述，属于法定的证据种类之一。刑事诉讼中也有类似规定〔2〕，除了对鉴定意见进行质证外，还可以对案件中的专门性问题提出意见，但比较遗憾的是，在刑事诉讼中并没有明确规定专家辅助人在对案件中的专门性问题提出意见时的角色地位及其意见的证据属性。三是在刑事诉讼中，专家辅助人还具有类似于鉴定人或英美法系专家证人的角色，例如，2012年3月《刑事诉讼法》第192条第4款和2012年12月《刑事诉讼法解释》第217条第3款均规定，有专门知识的人出庭，适用鉴定人的有关规定。但是，并未明确专家辅助人的准入标准——什么人可以作为专家辅助人〔3〕，也没有明确专家辅助人意见的证据属性。

根据上述对专家辅助人的理论定位，笔者认为将专家辅助人界定为诉讼双方的助手更为适合，专家辅助人对鉴定意见提出的意见属于诉讼双方的质证意见，而对案件中专门性问题提出的意见则应视为与鉴定意见具有同等的证据效力，但因为专家辅助人是诉讼双方聘请的，所以也可以视为诉讼双方的陈述。当然，如果将专家辅助人视为与鉴定人类似的专家证人，会存在专家辅助人也应该接触鉴定检材以保证其意见的可靠性，以及鉴定检材如何在专家辅助人和鉴定人之间进行分配等问题。但这个问题不仅是中国的问题，美国《联邦证据规则》702条

---

〔1〕 参见2015年6月《民事诉讼法解释》第123条第1款后半部分规定，……当事人各自申请的具有专门知识的人可以就案件中的有关问题进行对质。

〔2〕 参见2017年《人民法院办理刑事案件第一审普通程序法庭调查规程（试行）》第26条第1款后半部分规定，……有专门知识的人可以与鉴定人同时出庭，在鉴定人作证后向鉴定人发问，并对案件中的专门性问题提出意见。

〔3〕 对这一问题的详细探讨，参见吴洪淇："刑事诉讼中的专家辅助人：制度变革与优化路径"，载《中国刑事法杂志》2018年第5期。

规定的专家证人也包括没有做鉴定的专家证人。美国人也意识到这个问题。……美国《联邦证据规则》起草咨询委员会的一个专家卡普拉教授就提出一个建议,即把原来的《联邦证据规则》702条改成702条(a)一般规定,适用于所有(做过和没做鉴定的)专家证人。然后再增加一个702条(b)法庭科学专家证人。这实际上提出了一个解决方案,如果适用《联邦证据规则》702条(b),双方专家证人就都应该做鉴定。[1]

正是因为专家辅助人的地位不明,所以法律法规对专家辅助人是否可以被申请回避的问题规定得也不够明确。2018年3月《最高人民检察院关于指派、聘请有专门知识的人参与办案若干问题的规定(试行)》第6条对检察院聘请的专家辅助人有明确的回避规定,适用《刑事诉讼法》《民事诉讼法》《行政诉讼法》等法律规定中有关鉴定人回避的规定。但是对于当事人聘请的专家辅助人是否可以被申请回避,民事和刑事诉讼均没有明确规定,只是在2012年3月《刑事诉讼法》第192条第4款和2012年12月《刑事诉讼法解释》第217条第3款所规定的有专门知识的人出庭,适用鉴定人的有关规定中可以解释出回避来。然而根据上述对专家辅助人的理论定位,如果专家辅助人是诉讼双方的专家助手,因其具有的党派性,显然是不需要回避的。

综上所述,我国将职权主义鉴定人和英美法系专家证人融合成"二维对抗模式",还存在许多问题。因为专家辅助人的原型专家证人是植根于英美法系国家对抗制诉讼模式中的,其适用还有一系列的制度与其相互配合,如法官在诉讼中的地位和作用、证据规则、交叉询问规则等,所以要想更好地张扬二维

---

[1] 张保生:"关于专家辅助人角色规定的变化",载《证据科学》2018年第5期。

对抗的优点,必须对专家辅助人制度做进一步的细化规定,并对相关配套制度进行调试性的修改。[1]

(二)教育功能的退化:司法技术人员的权力垄断

司法技术人员制度的初衷是为了更好地教育事实认定者,以便辅助其更好地理解、处理和思考专门性问题,然而由于存在以下三方面的问题,这种教育功能将面临退化到遵从模式的可能。

首先,司法技术人员(技术咨询专家)的意见当事人无从知晓。根据 2007 年 8 月《最高人民法院技术咨询、技术审核工作管理规定》第 10 条和第 23 条明确规定,司法技术人员的技术咨询意见书和技术审核意见书都仅供法官、合议庭或审判委员会参考,不作为定案的依据,不对外公开。该规定导致当事人无法知晓司法技术人员(技术咨询专家)的意见,无法质疑可能决定自己命运的意见以影响法官的心证,难免让人联想到秘密审判,此种程序不值得信任。[2] 为了克服这一弊端,2017 年 4 月,最高人民法院《中国知识产权司法保护纲要(2016-2020)》指出,对于辅助法官形成心证并与裁判结果有重要关联性的技术调查意见,可以通过释明等方式向当事人适度公开。这种相对公开的制度设计应该扩展适用于三大诉讼之中的一般司法技术人员(技术咨询专家)意见,以增强诉讼双方对专门性问题审判的实质参与度,提高司法判决的可接受性。

其次,除了司法技术人员(技术咨询专家)意见的相对公

---

[1] 有关专家辅助人制度细化的研究,张保生:"关于专家辅助人角色规定的变化",载《证据科学》2018 年第 5 期;吴洪淇:"刑事诉讼中的专家辅助人:制度变革与优化路径",载《中国刑事法杂志》2018 年第 5 期。

[2] 美国 Joseph N. Hosteny 律师也持类似的观点,参见 Joseph N. Hosteny, "Litigators Corner: Technical Advisors," Intellectual Property Today, (March 2004), p. 39.

开外，法官选任外聘的技术咨询专家时，也应该赋予诉讼双方反对其有偏见或不适格的权利，也即申请司法技术人员（技术咨询专家回避的权利，因为有偏见或不适格的司法技术人员（技术咨询专家）造成的危险可能比专家辅助人更大。[1]然而对司法技术人员（技术咨询专家）是否可以申请回避规定不够明确。2007年8月《最高人民法院技术咨询、技术审核工作管理规定》第24条仅规定了担任技术咨询、技术审核工作的司法技术人员主动回避的情形，没有规定当事人可以申请司法技术人员回避的情况。对此，应该将2014年12月《最高人民法院关于知识产权法院技术调查官参与诉讼活动若干问题的暂行规定》所规定的"技术调查官的回避，参照适用民事诉讼法、行政诉讼法等有关审判人员回避的规定。"扩充适用于一般类型的司法技术人员（技术咨询专家），以提高司法判决的可接受性。

再次，法官对司法技术人员（技术咨询专家）的意见可能过分依赖。随着司法技术人员制度的建立，鉴定意见的地位可能将进一步逐渐弱化，但是随之而来的问题是如何保障司法技术人员职权的正确行使，以免其沦为"影子法官"或使法官成为司法技术人员的"背书保证人"。因为法官专业知识的缺乏，可能会导致法官在审查专门性问题进而对案件作出事实裁判时过分地依赖司法技术人员的审查意见。虽然司法改革已经明确把司法技术人员定位为司法辅助人员，并且为了防止司法权的让渡，并没有把司法技术人员的意见视为证据，只是作为法官

---

[1] 邵勋："论法官聘任技术顾问的权力"，载《杭州师范大学学报（社会科学版）》2011年第1期。

认定专门性问题事实的参考,[1]但是从相关规定可以发现，司法技术人员的职责极大。以知识产权法院中的特殊司法技术人员——技术调查官为例，根据2014年12月《最高人民法院关于知识产权法院技术调查官参与诉讼活动若干问题的暂行规定》第6、7、8条规定，技术调查官经法官通知几乎可以参与诉讼的全过程，具体职责包括：①通过查阅诉讼文书和证据材料，明确技术事实的争议焦点；②对技术事实的调查范围、顺序、方法提出建议；③参与调查取证、勘验、保全，并对其方法、步骤等提出建议；④参与询问、听证、庭审活动；⑤提出技术审查意见，列席合议庭评议；⑥必要时，协助法官组织鉴定人、相关技术领域的专业人员提出鉴定意见、咨询意见；⑦完成法官指派的其他相关工作。其中，技术调查官参与询问、听证、庭审活动时，经法官许可，可以就案件有关技术问题向当事人、诉讼代理人、证人、鉴定人、勘验人、有专门知识的人发问。……技术调查官列席案件评议时，应当针对案件有关技术问题提出意见，接受法官对技术问题的询问。但技术调查官对案件裁判结果不具有表决权……技术调查官提出的技术审查意见可以作为法官认定技术事实的参考。虽然事实认定的权力最终由法官行使，由法官对当事人直接负责，但是由于法官专业知识的缺乏和案多人少的困境，其依然可能会过分地依赖司法技术人员

---

[1] 尽管根据2007年8月《最高人民法院技术咨询、技术审核工作管理规定》第10条和第23条明确规定，法院内设司法辅助部门的司法技术人员意见仅供法官参考，不作为定案依据，但是对于外聘的技术咨询专家的意见由于法律缺失，实践中各地法院对此的操作却不尽相同，主要有如下几种做法：①公开在案件审理过程中咨询专家的事实，但未公布专家意见内容及法院采纳情况；②将专家意见作为法院审查案件的参考，但判决专家咨询费由败诉方承担；③将专家意见定性为证据，并组织当事人质证；④专家意见作为认定案件事实的依据。参见曹慧敏："知识产权审判技术咨询专家意见的性质探究"，载《人民司法（应用）》2014年第7期。

的意见。

最后,司法技术人员本身具有强大的职权,加上司法技术人员意见的不透明性和法官对于司法技术人员的过度依赖,三者将会共同导致司法技术人员有沦为"影子法官"的可能。因此,法官不应简单地将司法技术人员的意见当作专门性问题的事实认定,从而在实质上将法官的事实认定权力让渡给司法技术人员,否则长此以往必将致使司法技术人员制度发生退化,退化到之前的遵从模式。因此,应当从制度层面上,进一步明确司法技术人员与法官在工作职责和内容上的差异,并对司法技术人员超越其职责范围的行为,以及法官怠于履行其司法职责的行为及其后果明确予以规定。

(三)分享功能的异化:潜在的利益冲突与职能混同

从分享功能的微观层面看,专家陪审员可能垄断事实认定权力。在"四维分享模式"中,因为专家陪审员是与法官共享事实认定权力的裁决者,其可能在专门性问题的庭后合议过程中不可避免地转向对专家陪审员的依赖,从而事实上使审判法官将事实认定的权力让渡给了专家陪审员。当然,这个问题在庭审过程中可能并不明显,因为诉讼双方以及鉴定人、专家辅助人的举证质证对抗都是在试图说服法官,法官对专门性问题的理解主要来源于鉴定人、专家辅助人和技术调查官的信息分享。然而在专家陪审员参与的庭后合议中,专家陪审员对于鉴定结论的采纳或采信发挥着比法官更强的作用,鉴定意见的采信采纳权经常被专家陪审员垄断,法官过分依赖专家陪审员,从而造成鉴定意见的认证成为形式合议而实质为专家陪审员一人包揽的问题,使专家陪审员成了实际上的"影子法官"。因此,法官应该让司法技术人员(技术咨询专家)也参与合议,这样可以适度弱化法官对专家陪审员的过度依赖。

从分享功能的宏观层面上看，首先，司法鉴定人、专家辅助人、技术咨询专家和专家陪审员都属于行业专家，可能存在潜在的利益冲突，必须对四类专业人员规定相应的竞业禁止。例如，担任技术咨询专家和专家陪审员的专业人员，在任职期间不得在本地区内担任司法鉴定人或受聘为专家辅助人。其次，司法技术人员与专家陪审员的职能可能存在混同，在某些案件中为了诉讼效率的考量，在征得诉讼双方同意的前提下，可以只选任其中一个或几个专家角色参与诉讼。

最后，专家陪审员和人民陪审员制度之间是有内在联系的，如何将专家陪审员嵌合在人民陪审员制度中并避免现存的人民陪审员制度之不足，是亟须解决的问题。可以考虑设立和普通陪审员不同的专家陪审员序列，并对专家陪审员设立一些特别规则，例如，专家陪审员的名册设立、专家陪审员的资质要求、专家陪审员的任期要求、专家陪审员的挑选程序、担任专家陪审员期间不得同时担任司法鉴定人和专家辅助人的要求等等，以此和普通的人民陪审员相区别。如果能将专家陪审员和人民陪审员制度进行有效衔接，可以更大程度地节省司法成本、提高审判效率、促进准确的事实认定和司法公正。

四、如何减少"四维分享模式"诉讼成本

从宏观上看，"四维分享模式"在专门性问题的解决上模拟了通常审判模式下的对抗、教育和分享功能，拥有法庭专业工作群体的集群化认识论优势，的确能够最大限度地促进专门性问题的准确有效解决。然而，该模式三种功能的充分发挥也意味着诉讼过程将冗长繁杂，因为需要四种角色同时发挥作用，诉讼效率必然会降低。而且"四维分享模式"的四种角色源于

不同的诉讼文化[1],其模式形成同时也是中国"在传统公检法垄断专业问题基本格局备受冲击以及刑事诉讼中专业问题屡屡出现失误双重压力下的一个必然选择"[2],但是,这种制度叠加方式可能未必有益于改善制度弊端,而且还意味着司法的高成本。

因此对于"四维分享模式"所涉及的诸多具体制度必须开展进一步细化研究:首先,关于专家资格的问题,"四维分享模式"中的四种专家角色都应该根据各自不同的角色分派和功能定位设置不同的准入资格。其次,关于"四维分享模式"的适用条件和程序选择问题,包括哪些案件需要四种专家角色的共同介入,哪些案件又只需要一种或几种专家角色的介入,以及这些专家角色需要通过什么样的程序、在诉讼的哪个阶段才能被诉讼各方引入诉讼中。再次,专家意见的证据开示问题,如果在审前向诉讼各方开示鉴定意见和专家辅助人意见,可以有效避免诉讼突袭与诉讼迟延现象,提高诉讼效率和庭审中专门性问题的实质对抗。最后,关于专家法律援助问题,因为专家辅助人是当事人聘请的,所以当事人倾向聘请更多更有名的专家来为自己提供专家意见,诉讼上的对抗在某种程度上可以说演变成了一种经济实力上的对抗了。[3]对此,应该辅助之以专家法律援助制度和聘请专家辅助人的数量限制规定等等。总之,各种具体制度的细化研究必须在保障准确地解决专门性问题的前提下,有效降低"四维分享模式"的诉讼成本和制度成本,保障诉讼双方在专门性问题上的平等对抗,以确保"四维分享模式"的制度设计初衷能够得到有效实现。

---

[1] 汪建成教授比较梳理了专家证人模式和司法鉴定模式的法律文化基础,参见汪建成:"专家证人模式与司法鉴定模式之比较",载《证据科学》2010年第1期。

[2] 吴洪淇:"刑事诉讼中的专家辅助人:制度变革与优化路径",载《中国刑事法杂志》2018年第5期

[3] 蔡颖慧:"对抗制危机中的专家证人制度",载《河北法学》2014年第9期。

第六章
专家证人与科学证据

科学证据是指存在于法律事务中的，具有科学技术含量、能够证明案件事实或者证据事实的各种信息。华尔兹教授指出，科学证据包括13个领域：①精神病学和心理学；②毒物学和化学；③法庭病理学；④照相、电影和录像；⑤显微分析；⑥中子活化分析；⑦指纹鉴定；⑧枪弹证据和比较显微检验；⑨摄谱声音鉴定；⑩可疑文书；⑪多参量测试技术；⑫车速的科学测定；⑬麻醉分析和催眠术。[1]由于专家证言不仅基于科学知识，还有的凭借技术和其他专业知识，所以，在英美法系国家，科学证据有宽泛的和严格的两种理解方式。宽泛意义上的科学证据，与专家证据（证言）同义，严格意义的科学证据，是专家证据的下属证据。[2]对于专门性问题，由于专家往往比外行人士更为深入地了解其证明的内容，所以人们很自然地将科学证据视为专家证据。

一、专家证言与科学证据

随着人类知识的增加，获得和证实数据所需的新的科学和

---

[1] 参见［美］乔恩·R. 华尔兹：《刑事证据大全》，何家弘等译，中国人民公安大学出版社2004年版，第460页。

[2] 参见张斌：《科学证据采信基本原理研究》，中国政法大学出版社2012年版，第22页。

实验技术已得到专家们的认可。一般说来，如果诉讼律师奠定了合适的基础，那么这些技术将被确定为可采纳的证据。一百多年前，法学家汉德提出了后来由多伯特案回答的问题，任何人都不会否认这一点，法律应该通过某种方式有效地利用专家知识，只要它能够有助于解决纠纷。唯一的问题是它怎样才能做得更好。[1]在证据法方面，多伯特案优于弗赖伊案，因为它问到了一个正确的问题——证据是否可靠——提出正确的问题是得到正确答案的第一步。但是，两个标准的适用经常都需要法庭消化大量的科学知识。[2]在多伯特案件中，美国联邦最高法院谈到了深刻的法律与科学的关系问题，这是一个在大量的法庭之友意见中提出的问题。如果科学与法律之间有冲突，这不是因为任何固有的矛盾，只是法律不可能忽略科学信息。要不是科学证据的观念，法律在理解意义方面会发生困难。[3]专家证人与科学证据息息相关，只有将科学证据在诉讼中的作用阐述清楚之后，我们才能充分理解专家证人在案件中所扮演的角色的作用。

英美法系国家关于科学证据的理论已经非常成熟，出版了大量关于科学证据的专著和论文。但是，都没有对科学证据的内涵做出清晰的界定，只是从其外延入手，对具体的科学证据进行一一列举，然后针对其应用逐一分析探讨。英美学者对科学证据的理解，基本上都是以法庭科学为其理论基础，以专家证言为其表现形式。法庭科学是应法律的需要而适用的科学。因此，任何科学分支只要被用于解决法律纠纷，就可以被视为

---

[1] See Learned Hand, "Historical and Practical Considerations Regarding Expert Testimony", 15 *Harv. L. Rev.* 40, 40 (1901).

[2] 参见[美]理查德·伦伯特编：《证据故事》，魏晓娜译，中国人民大学出版社2012年版，第152页。

[3] James D. Watson, Andrew Berry, DNA: The Secret of Life 266 (2004).

法庭科学。[1]法庭科学是运用一切科学的理论与技术，研究并解决刑事侦查、审判以及民事和行政诉讼中专门性问题的一个科学群，是科学证据的理论基础。翻开英美学者撰写的有关科学证据的专著或论文，都是以专家证言为表现形式的。如莫森斯、英博合著的《刑事案件中的科学证据》一书，第一章就是以专家证据与证言为章名。在美国西北大学著名证据法学家艾伦教授等著的《证据法 文本、问题和案例》一书中，也是将科学证据放在专家证人和联邦证据规则第702条的框架下进行阐述的。在Westlaw上以科学证据为关键词搜索到的相关论文中，绝大多数都是以"专家证言的可采性"为切入点的，而且，其中大部分都会涉及弗赖伊诉合众国案（Frye v. United States）、多伯特诉梅里尔·道医药公司案（Daubert v. Merrel Dow Pharmaceuticals. Inc.）等具有里程碑意义的经典案例以及美国《联邦证据规则》第702条有关专家证言的规定[2]。由此可见，英美法学者所理解的科学证据强调的是专家证言是否建立在科学的理论、技术和方法程序上。

二、科学活动与证据

科学活动源于观察，但只有对世界的观察并不能导致科学知识。科学知识的形成是通过科学发现而不是构造来实现的。科学的目标是追求和发现自然或现象中的真相。所有科学家拥有一致的目标是他们都在努力寻找眼前特殊问题的正确答案。

---

[1] 常林主编：《法医学》，中国人民大学出版社2008年版，第15页。
[2] 美国《联邦证据规则》702条规定，如果科学、技术或其他专业知识，将帮助事实裁判者理解证据或确定有争议的事实，因其知识、技能、经验、培训或教育而具备专家资格的证人，可以用意见或其他形式对此作证。参见〔美〕罗纳德·J. 艾伦、理查德·B. 库恩斯、埃莉诺·斯威夫特：《证据法：文本、问题和案例》（第3版），张保生、王进喜、赵滢译，高等教育出版社2006年版，第723页。

用更矫饰的语言来表示它就是对真相的追求。[1]真相的属性是真实,亚里士多德说,是什么就说是什么,不是什么就说不是什么,即为真。[2]科学也被定义为运用证据构建自然现象可试验的解释和预测,以及由这一过程产生知识的活动。[3]科学发现是一个提出假说、选择与解释验证的逻辑过程。传统上,一个理论的科学性标准是它的可证伪性。[4]科学知识仅仅与支持的证据和论据的严格性有关。[5]

波普尔在《科学发现的逻辑》一书中讨论了知识理论的两个基本问题:划界和归纳问题。他认为,科学与非科学的划界标准,不是可证实性而是可证伪性,科学方法不是归纳法而是演绎检验法。演绎法是从普遍性结论或一般性事理推导出个别性结论的论证方法。它只能从逻辑上保证其结论的有效性,而不能从内容上确保其结论的真理性。归纳法是从个别性知识引出一般性知识的推理,是由已知真的前提引出可能真的结论。

有学者认为,科学方法论的中心问题是科学推理,它包括如何发现和如何证明两个方面。[6]发现是指,经过研究、探索等,看到或找到前人没有看到的事物或规律。证明是用可靠的

---

[1] P. W. Bridgman, *Reflections of a Physicist* (Kessinger Publishing, 2007) p. 82.

[2] Aristotle (1831), *Metaphysics*, English translation in J. Barnes (ed.), The Complete Works of Aristotle, (Cambridge, Mass: Princeton University Press, 1984) p. 1011.

[3] National Academy of Sciences and Institute of Medicine (NASIM), Science, Evolution, and Creationism (2008) p. 10.

[4] Karl Popper, *The Logic of Scientific Discovery* (London and New York: Routedge, 2002) p. 18.

[5] Dolby, R. G. A., *Uncertain Knowledge, An Image of Science for a Changing World*, Cambridge University Press, 1996, pp. 167-168.

[6] 于祺明:"对科学发现推理的再认识",载《自然辩证法研究》2002年第10期。

材料来表明或者断定人或事物的真实性。科学上的证明意味着某一特殊事件与其他事件之间、前提和伴随物（concomitant）之间合理联系的建立。历史上，科学家与哲学家对科学发现与科学证明之间关系的认识曾经历过多次嬗变。

亚里士多德首次阐述了科学发现与科学证明的关系。他认为，科学的任务在于探索事物的原因，而事物的原因是借证明去认知的。[1]在亚氏看来，证明就是进行事实的三段论推论，以解释事物原因的知识。这种必然性的演绎推论既可获得新知识，同时也保证了这种新知识的真理性和可靠性。这表明，在经验自然科学初创的古代，发现与证明在一定程度上是统一的。[2]到了中世纪后期，由于实验科学的出现，尤其在毕达哥拉斯学派那里，发现与证明在数学与演绎逻辑的基础上正式得到了统一。在以实验科学占主导地位的近代，似乎发现的东西就是被证明的东西，发现过程与证明是同一个过程。这主要表现在两个方面。一方面，发现与证明是归纳逻辑基础上的同一。例如，培根认为，在建立公理时我们必须发明一种归纳法，用来发现和证明一切公理。[3]这就表明，培根的科学研究模式不仅是归纳法的逐步上升，而且是发现与证明在归纳基础上的同一。另外，牛顿也有类似的观点，他指出，那些运动定律是从现象中推出，通过归纳而使之成为一般，这是在实验哲学中一个命题所能有的最有说服力的证明。[4]另一方面，发现与证明

---

[1] 苗力田主编：《亚里士多德全集》（第1卷），中国人民大学出版社1990年版，第247-248页。

[2] 参见张大松："科学发现与科学证明关系的认识嬗变"，载《华中师范大学学报（哲学社会科学版）》1992年第6期。

[3] [英]培根：《新工具》，汪宝槑译，商务印书馆1984年版，第82-83页。

[4] [美]H.S.塞耶编：《牛顿自然哲学著作选》，上海外国自然科学哲学著作编译组译，上海人民出版社1974年版，第9页。

是演绎逻辑基础上的同一。

19世纪后,随着科学方法的转变以及自然科学的进一步发展,发现与证明的区别变得越来越突出。主要表现在,发现是将复杂现象细分为若干有关方面,通过归纳法或假说方法找到其自然定律,并上升为理论。而证明则是运用演绎逻辑推出可观察性结论,然后检验观察是否与理论一致,以此作为判定理论的可接受性标准。[1]同时,有学者也开始质疑发现逻辑的存在,导致发现与证明开始分离。后来的逻辑经验主义、证伪主义者基于人们无法用准确的术语(如形式化)来描述发现中的逻辑,而完全否认了发现逻辑的存在。[2]

科学活动的思维模式是科学证明或论证。[3]科学证明最重要的工作是通过寻找特殊事件的原因,或者从较小和较明显的事实与证据,综合地建立更大和更综合的真相,以解释自然现象之间的关系。事件之间最显著的关系可能是因果关系,科学主要是建立这种因果关系链。[4]过去几十年,人们对科学的理解已经转向把科学作为一种社会的知识构建过程来欣赏,其中的主张是通过对提供的证据进行想象地猜测来建立有关论证的过程。[5]一个科学思想所产生的期望和与这一期望相关的实际

---

[1] 参见张大松:"科学发现与科学证明关系的认识嬗变",载《华中师范大学学报(哲学社会科学版)》1992年第6期。

[2] 例如,拉卡托斯(Lakatos)认为,发现逻辑被扩展为很强的"非理性"过程,能被理性地判定的只是发现逻辑已完成(或形成)的产品。但"非理性"过程存在历史的心理的问题,不存在作为发现逻辑的"科学"。参见[匈]拉卡托斯:《归纳逻辑问题》,北荷兰出版公司(阿姆斯特丹)1968年版,第328页。

[3] 由于科学证明(scientific proof)和科学论证(scientific argument)之间并没有明显的本质区别,因此,人们常常将它们交替使用。考虑到区分它们在本书中的意义不大,同时为了保持引文的一致性,因此,本书也将二者交替使用。

[4] Mark A. Barwise, *Scientific Proof and Legal Proof*, 8 Maine. L. Rev. (1914) 41.

[5] Driver, R. Newton, P. & Osborne, J. , *Establishing the Norms of Scientific Argumentation in Classrooms*, 84 *Science Education* (2000), pp. 287-312.

观察，就是一个科学证明过程。简单地说，一个科学证明运用证据来确定某种情况下一个科学思想是否为真，是对一个科学思想和支持或反对它的证据的逻辑描述。

从上述证明步骤可以看出，科学证明本质上是一种非演绎论证，包括归纳论证、类比论证和溯因论证（abduction）。[1] 但科学证明并不拒绝演绎论证，只是因为在大多数情况下，科学证明（尤其是在关于世界的经验推论中）达不到演绎论证所需要的条件，而科学实践又必须进行下去，因此，大量非演绎论证就成为科学实践的主要思维方法。

三、司法证明中的科学证据

(一) 科学与事实真相

人类社会的进步史实际上就是一部科学技术发展史。法律真相的查明一直受惠于科技的进步。我国的古代文明就一直有运用当时的科学技术进行刑事勘查和鉴别的案例。到19世纪末，随着工业革命的完成，出现了第三次科学浪潮，科学技术的应用也突飞猛进。自然科学的认识论价值不只是简单地积累大量关于世界如何运作的知识，也拓展和提炼人类的认识能力，克服人类的认识局限以及扩充人类进行有效探究的能力。从日常探究活动中成长的科学探究活动扩大了人类独立的证据范围、延伸他们独立的想象、强化其对证据的重视、通过统计技术和

---

[1] 学界对这几种论证的区分并没有取得一致的意见。例如，鲁格罗·奥尔迪泽特（Ruggero J. Aldisert）认为，类比推理也是从一个个别到另一个个别。虽然很方便把类比归类于一种归纳推理，但并不是所有的逻辑学家都赞同，许多人认为在枚举论证和类比论证之间存在着区别。把这两种论证都归到归纳推理之下，是因为每个过程都是从考查一例开始的。参见 Ruggero J. Aldisert, *Logic In Forensic Science*, in *Forensic Science and Law: Investigative Applications in Criminal*, Civil and Family Justice, Cyril H. Wecht and John T. Rago (eds.) (New York: CRC, 2005) 23.

受控的双盲实验提炼他们对证据的判断等。[1]

科学与法律都追求真相,从形式上看,科学范例像法律范例一样,是通过一个对理论、试验方法、使用仪器和有效性进行讨论和取得一致的过程来社会的构建(socially constructed)。[2]但法律真相的查明还受到程序和价值上的制约,并且越来越受到科学的影响。在事实探究过程中,如果证据涉及某一方面的专业知识,就必须借助该领域的专家来对证据或事实作出判断或解释。法律系统也不例外,现代司法审判也越来越多地要依靠科学证据。例如,在诉讼中,辩护律师常常要求一个精神病学专家出庭,证明刑事被告人在作案时(特别是当犯罪行为异常或离奇时)精神失常。同时控方也总能提供精神病专家同样自信地证明被告在犯罪时精神正常。刑事杀人案件中的血迹鉴定、毒品案件中的成分及含量检验、民事毒物侵权案件中的毒物化学检验和损害鉴定,甚至合同纠纷中的笔迹鉴定,都属于专家领域的判断和解释。这种运用科学技术得到的用于证明某一事实的材料被称作科学证据。早在1553年法庭就已开始在审判中使用专家意见,只不过早期的专家是陪审团成员之一。专家证人的现代角色开始于18世纪。在福克斯(Folkes)诉查德(Chadd)一案中,著名工程师斯米顿(Smeaton)先生被允许就路堤是否引起港口的淤泥提供专家意见。[3]在当时,专家可以提供可采的证据支持被告在语言困难上的辩护,但只有当被告的证据或审判中其他证据能提供充分的基础时才允许。

---

[1] Susan Haack, *Defending Science - Within Reason: Between Scientism and Cynicism*, Prometheus Books, 2007, p. 300, 302.

[2] Erica Beecher - Monas, *Evaluating Scientific Evidence: An Interdisciplinary Framework For Intellectual Due Process*, Cambridge University Press, 2007, p. 38.

[3] Folkes v. Chadd (1782) 3 Dong KB 157, 159, per Lord Mansfield.

一般来说，通过感觉得到的证据称为经验证据，通过仪器设备或科学方法才能发现的证据称为科学证据。科学证据在科学事实主张的证明过程中需要运用科学论证，这种论证常常旨在阐明一种因果关系。尽管从证据输入到信念之间的实际因果关系轨迹将是至关重要的，但形成信念的实际因果关系轨迹处于经验科学的范畴内，而不被视为仅仅是进行概念分析的哲学范畴之内。[1]在某些情况下，因果关系的证明对科学家来说仍然是一个很大的挑战。目前的科学常常不能提供一个确定、清晰的答案，而且关于因果关系的主张不能单独通过计算得到。要确定一种因果关系的存在，必然要求人们逆事实地进行思考，从没有出现可能是欺骗性的事物中得出推论。例如，如果想知道某工厂的化学放射性在其辐射范围内是否导致内分泌疾病增加，一个关于因果关系的完整证明，只能来自于实际世界中患者人群的增加与想象世界中相同人群除了暴露在放射性以外还有其他同样经历的比较。如果在可能世界中疾病的出现没有增加，那么可以得出结论说，化学放射性引发了疾病，因为暴露在放射性条件下是现实世界和可能世界之间的唯一区别。[2]

(二) 科学证据的界定

科学证据的历史渊源可追溯到法庭科学技术的形成。法庭科学家实际上是一个古老的职业，其鼻祖在中国。宋朝时期宋慈的《洗冤集录》被称为世界上第一部系统的法医学专著。手印、文件检验案例也在宋代开始出现。在古巴比伦王国还有使用助产士作为专家来决定妇女妊娠、处女状态和生育能力的记载。

---

[1] Ronald J. Allen and Brian Leiter, *Naturalized Epistemology and the Law of Evidence*, 87 Virginia L. Rev. 1496 (2001).

[2] Margaret A. Berger and Lawrence M. Solan, *The Uneasy Relationship Between Science And Law: An Essay And Introduction*, 73 Brooklyn L. Rev., pp. 849-850 (2008).

在古罗马，当时把助产士、笔迹专家、土地测量员看作法律专家。[1]

广义上讲，凡是运用科学技术产生的相关证据，如指纹、笔迹、DNA等检验，音像电子数据存储资料都可以看作是科学证据。[2]但在学理上，科学证据是指利用基于科学原理的专门科学知识对证据价值提出的事实或意见证据。[3]严格地说，科学证据是指专家依据相关程序，运用科学原理或方法（特殊技能或经验），对争议中的专门性问题进行检验、分析或鉴定之后得出的意见。科学证据是为了解决案件中凭借普通常识无法判明的专门性问题，而不是解决法律问题。在现代司法证明中，科学证据又称专家证据（expert evidence）或专家证言（expert testimony），是指由对相关领域熟悉或经特别训练而具有资格的人提供的关于科学、技术、专业或其他专门问题的证据，[4]如医生、精神病专家、药物专家、建筑师、指纹专家等，依其知识或技能对案件专门问题提供的专业意见。[5]

在美国，现代专家证人是19世纪早期的产物。专家一词通常是指具有特殊知识的证人，在19世纪前是指具有特殊技能的

---

[1] M. Prosono, *History of Forensic Psychiatry*, in R. Posner (ed.), *Principles and Practice of Forensic Psychiatry*, New York: Chapman & Hall, 1994, p. 13.

[2] 参见［美］乔恩·R. 华尔兹：《刑事证据大全》，何家弘等译，中国人民公安大学出版社2004年版，第510-523页；［日］田口守一：《刑事诉讼法》，刘迪等译，法律出版社2000年版，第239页。

[3] Bryan A. Garner, *Black's Law Dictionary*, 8th ed, 2004 West, a Thomson Business, p. 599.

[4] Bryan A. Garner, *Black's Law Dictionary*, 8th ed, 2004 West, Thomson business, p. 597.

[5] 薛波主编：《元照英美法词典》，法律出版社2003年版，第515页。

证人（skilled witness），之后才变成了专家或专家证人。[1]从1851-1860年的十年间，美国有252个案件提到专家或具有特殊技能的证人，而在1890年代这十年，增加到2160件。1909年美国马萨诸塞州一位法官在一篇文章中声称，该州高等法院当年审理的1146件个人损害赔偿案中有660件涉及专家证据，这些案件至少有一个以上专家作证。[2]与此同时，关于专家证据的文献也开始出版，如劳森（Lawson）1883年出版了《专家法和还原到规则的意见证据》（The Law of Expert And Opinion Evidence Reduced To Rules）。亨利·罗杰斯（Henry Rogers）1883年出版了《专家证言法》（The Law Of Expert Testimony）。[3]到19世纪中叶，越来越多的双方当事人开始传唤具有专门技术的证人，这些证人具有为当事人服务的功能，专家之间的战争也开始上演。[4]19世纪末，专家证据已经很常见，在生活的每一个环节，我们生活在一个逐渐认识专家意见价值的年代，专家证据在审判中起的作用越来越重要。[5]

鉴定结论是大陆法系对科学证据的称谓，在中国立法中已修改为鉴定意见。《〈人民法院统一证据规定〉司法解释建议

---

[1] Jennifer L. Mnookin, *Idealizing Science And Demonizing Experts: An Intellectual History of Expert Evidence*, 52 Villznova Law Review (2007) 770.

[2] See William Schofield, *Medical Expert Testimony: Methods of Improving The Practice*, 1 J. Am. Inst. Crim. L. & Criminology (1910) 44.

[3] See John D. Lawson, *The Law of Expert And Opinion Evidence Reduced To Rules: With Illustrations From Adjudged Cases* (1883) (Kessinger Publishing, 2010); Henry Wade Rogers, *The Law of Expert Testimony* (1883) (Kessinger Publishing, LLC, 2008).

[4] See Jennifer L. Mnookin, *Idealizing Science And Demonizing Experts: An Intellectual History of Expert Evidence*, 52 Villznova Law Review (2007) 770.

[5] Jennifer L. Mnookin, *Idealizing Science And Demonizing Experts: An Intellectual History of Expert Evidence*, 52 Villznova Law Review (2007) 785. See Editor's Bbag, *Medical Expert Testimony*, 21 Greem Bag (1909) 83, 84.

稿》第14条把科学证据规定为鉴定意见和专家辅助人意见。[1]

科学证据具有科学性、可再生性和间接性等特征。科学性源于科学证据生成过程中所运用的科学原理和科学方法。专家通过检验活动将蕴含于科学原理和方法中的科学性表述为关于专门性问题的专家意见。可再生性源于科学的可重复性，即应用相同的科学方法在相同条件下对同一事物进行测量可得到相同的结果，包括过程和结果均可重复。科学证据的可再生性意味着基于可重复性原理，在相同条件下通过同样的检验程序可以再次得到相同的检验结果。科学证据是间接证据，无论是对物质的检验还是对行为的检验，其检验结论都是运用专门知识而提出的一种意见证据。

法律真相查明对科学的依赖是通过科学证据来实现的。科学证据在法庭上的一种表现形式就是科学专家在法庭上提供专家意见。

四、科学证据的生成

（一）科学证据的要素

科学证据的要素主要包括以下四个方面：

第一，科学证据必须基于某一科学原理或者科学知识。科学理论或科学知识是科学探究事业的成果。在科学领域，科学家通过观察和经验证据对自然现象进行解释，即所谓科学研究。

第二，必须运用个案材料。个案材料包括检验对象（检材）和案件情况材料。科学证据与案情的关系非常密切。例如，法庭科学常常需要依据科学理论和技术，结合案情回答某一具体案件的专门性问题。尤其是许多法医学的检验项目要依赖案件

---

[1] 参见张保生主编：《〈人民法院统一证据规定〉司法解释建议稿及论证》，中国政法大学出版社2008年版，第13页。

事实来进行，案情的变化甚至可能引起检验结果的改变。例如，在法医学检验中遇到病历资料记录与外伤事件不一致时，在进行致伤物和死亡时间推断以及在死亡方式和死因确定时，都需要结合案情来进行。[1]另外，在法医学临床检验中，除了要依据案情以外，还要经常参考如被检对象的病历、医疗证明、检验检查报告之类的医学资料。有时候甚至基于一些委托要求的特殊性，仅仅根据医学资料作出检验结论。[2]

第三，必须运用某一科学方法。这里的科学方法，主要是指运用仪器设备的检验方法，而不是科学探究领域中的科学发现方法。例如，法庭科学检验中使用的观察分析法、图像比对法、物理检验法、化学检验法、仪器分析法、数理统计法和医学和生物学检验方法等。

第四，必须有一个形式上可在诉讼中运用的意见或结论，这一结论可能是概率形式的，如似然比，甚至是否定形式的。当然，这一结论不一定是书面报告，也可以是口头的。在普通法司法制度中，科学专家多以口头方法在法庭陈述检验结论。如果把前三个方面称作科学证据的内在要素，这个方面则是科学证据的外在要素。

（二）科学证据的表述

科学证据的表现形式是我们常说的鉴定意见。鉴定人在表述科学证据时需要遵循一定的规范。《〈人民法院统一证据规定〉司法解释建议稿》第17条从形式要件方面规定了鉴定意见必须具备的内容，这有助于防范不具有鉴定资质的人出具不符合规

---

[1] 常林："论法医学鉴定意见与案情的关系"，载《法律与医学杂志》2007年第4期。

[2] 这种情况被称为文证审查方式鉴定。参见常林主编：《法医学》中国人民大学出版社2008年版，第49页。

格要求的鉴定意见，有助于诉讼各方清楚地知悉鉴定意见作出的过程及其依据，有助于诉讼各方接受或者质疑鉴定意见。这些形式要件包括：①载明委托人姓名或者名称、委托鉴定的内容；②载明委托鉴定的材料；③鉴定的依据及使用的科学技术手段；④对鉴定过程的说明；⑤对鉴定人鉴定资格的说明；⑥结论性或倾向性的鉴定意见；⑦鉴定人及鉴定机构的签名盖章。[1]任一要件的缺失都可能削弱专家意见的证明力，甚至导致专家意见不被法庭采纳。

目前我国盛行的如痕迹检验、文件检验、声像资料检验等之类的鉴定意见，通常的表述形式主要为：认定、否定、倾向认定、倾向否定和无结论等。但 DNA 检验结论通常采用更加准确的似然率来表述。它采用基于贝叶斯理论的似然率体系，以概率计算的方法推断检材和样本同源的可能性，进而量化地评价证据支持起诉（同源）假设或辩护（非同源）假设的程度，为法庭提供科学表述的检验结果。目前，以 DNA 检验技术为代表的似然比证据评价体系及其鉴定意见表述形式已成为一种潮流。与简单使用认定/否定来评价证据相比，采用似然比方法来评价证据，可能使证据证明力的评价更加精确化，使鉴定意见的表述更加精确化。

这种追求精确化的努力，在欧洲法庭科学研究机构联盟《法庭科学评价报告指南》（以下简称《指南》）中体现到极致，似然比方法得到如下系统阐述：[2]

（1）检验结果的支持强度评价只能基于似然比。《指南》

---

[1] 张保生主编：《〈人民法院统一证据规定〉司法解释建议稿及论证》，中国政法大学出版社 2008 年版，第 17 页。

[2] ENFSI, *Guideline for Evaluative Reporting in Forensic Science*, 2015, Approved version 3.0.

2.4提出法庭科学评价的原则，它是基于似然比赋值。评价报告的实践应当遵循这些逻辑原则。……似然比旨在测量检验结果的支持强度，用以区分不同的利益主张。

（2）法庭科学评价报告结论应该用似然比表达。《指南》3.14规定，法庭科学评价报告结论应该用似然比值来表达，并（或）用与似然比值有关的言语量表来表达。等价言语应表达对一方主张相对于替代性主张的支持度。报告等价言语的选择应根据似然比，而不是相反。报告应该包括关于似然比数量级的标示。[1]

（3）在《指南》术语表中，似然比（Likelihood ratio）被定义为，似然比是特定检验结果对某一特定主张而非另一替代主张相对支持强度的度量。它根据两个条件概率的比值界定：一是在一个主张为真且给出条件信息的前提下，该检验结果的概率；二是在其他主张为真且给出条件信息的前提下，该检验结果的概率。构成似然比的两个条件概率，应该根据公开发表的数据或者可以获得的同行评审数据而赋值。[2]

（4）似然比是基于竞争性主张中一个特定主张之检验结果的概率赋值。（《指南》注释3）似然比可通过运用专家知识的

---

[1] 该《指南》注释4列表说明了似然比可以根据一个等价言语结论量表来表达，如：似然比值为10,000-1,000,000，等价言语（建议的两种措辞选择）一种为，与替代主张相比，……对第一种主张有非常强的支持。另一种为，……特定主张比……主张情况下的可能性特别高。

[2] 该《指南》注释4，解释了评价报告中似然比的含义：评价报告结论应当依据似然比（LR）量级，表达鉴定结果对一种主张相对于特殊替代主张的支持度。对LR赋值为1而言，结论大意应为：该检验结果对解决多个主张所涵盖的问题不能提供帮助。如果LR值大于1，结论应为：当第一种主张（分子主张）为真时，该检验结果的概率比替代主张（分母主张）为真情况下的概率更高。如果LR值小于1，结论应为：当替代主张（分母主张）为真时，该检验结果的概率比第一种主张（分子主张）为真情况下的概率更高。

主观概率获知。这些概率赋值仍将由 0-1 之间的数值表达,而不能用未限定的修饰词(例如经常、稀有等)表达。

五、科学证据的运用

(一) 科学证据的开示

随着科学证据运用的广度和深度不断增强,科学证据开示的必要性越来越受到重视,但普通证据开示程序要适用于科学证据,可能还有美国律师协会《DNA 证据刑事司法标准》(Criminal Justice Standards On DNA Evidence) 所说的相关条款修正问题。[1]

《美国联邦民事诉讼规则》第 26 条对专家证言开示的具体要求是,第 2 款 (b) 规定:除非双方当事人有其他的约定或法院作出其他的指示,该种出示应当附有在案件中被聘请或专门雇用的证人或者虽然受当事人的雇用但其业务通常包含着提供专家证言的证人所准备并签名的书面报告书。第 26 (a)(2)(c) 要求在开庭审理的 90 天前出示有关将被传唤的专家证人的资料,包括专家证人的姓名、专家证人的报告。该报告书应当包括表达的所有观点、根据和理由。专家证人形成其观点所考虑的数据或其他信息。被用来作为观点、概要或用来证明观点所考虑的数据或其他信息。被用来作为观点、概要或用来证明观点的所有证物。专家证人的资格证明(包括在前十年内专家证人所有著作作品清单)。为该研究和作证所需支付的补偿。在前四年内该专家作为专家证人在法庭上或通过庭外证言为其他案件提供证言的清单。

在刑事诉讼中,由于控方负有犯罪成立的证明责任,大多

---

[1] Paul C. Giannelli & Kevin C. McMunigal, *Prosecutors*, *Ethics*, *And Expert Witness*, 76 Fordham L. Rev. (2007) 1519.

数对抗式司法辖区（adversarial jurisdictions）都支持检察官专家证据的开示，但辩护方开示的理念仍然存有争议。然而，基于专家证据辅助事实认定者的原理，有学者主张专家证据相互开示，否则可能引发专家证据的冲突，并且实际上会使事实审理者感到困惑。[1]所以，美国ABA《DNA证据刑事司法标准》在要求控方审前提供与DNA证据有关的信息和材料的同时，也要求辩方审前在一个具体的合理时间内向控方提供专家证言的信息和材料，尽管这种开示并非完全对等。一般来说，在审前证据开示中，辩方专家的任务包括：①验证控方证据，如有必要做进一步的检验。②澄清控方证据的结果和解释（克服律师对科学理解的缺乏）。③就如何挑战控方案件向被告辩护团队提出建议。④就证据的结果或解释提供证言。[2]

尽管完全及时的证据开示非常重要，但对于什么信息必须开示仍存在一些争论。例如，是否所有的专家都需要开示任何可能削弱控方案件或有利辩方案件的材料？此外，一般并不要求开示可能揭示早期检验程序中的科学争议或冲突的初级报告，而只要求开示最终的一致报告。早期有争议或冲突的证据可能对辩方更重要，如果这一程序妨碍DNA证据的关键评价，那么一个简单的匹配报告不能为辩方构建案件提供充分的基础。一些专家相信，实验室里表达的不同意见是开示不了的，因此，

---

[1] Lirieka Meintjes-Van Der Walt, *Expert Odyssey Thoughts on the Presentation and Evaluation of Scientific Evidence*, 120 African L. J. (2003) 361.

[2] Nuffield Council On Bioethics, *The Forensic Use of Bioinformation: Ethical Issues* (Cambridge Publishers Ltd, 2007) 66.

有必要澄清开示相关证据和未使用之材料的责任范围。[1]

(二) 专家证人出庭作证

在英美法系国家，专家证人出庭作证是一种常态。据统计，2006年英国法庭科学服务中心（FSS）的专家出庭率为40%，而且只有经过出庭培训的高级鉴定人才有资格出庭作证，一般的鉴定人不能出庭作证。[2]当然，鉴定人出庭作证率的高低并不是衡量专家证人制度优劣的绝对指标。例如，在欧洲很多法治国家，大多数鉴定意见就是以书面评价报告的形式提交作为证据的，鉴定人不出庭却成为常态，也就没有对鉴定人的交叉询问，更无所谓中国特色的专家辅助人与鉴定人对质。[3]这一方面是因为专家并非以亲身知识出庭作证，而是依据专门知识形成的意见证据，证言三角形理论对其质证几乎不起作用。另一方面，在这些国家的司法实践中鉴定报告的可靠性基本上能够得到保证，所以鉴定人出庭的必要性就降低了。

《刑事诉讼法》第187条第3款规定，公诉人、当事人或者辩护人、诉讼代理人对鉴定意见有异议，人民法院认为鉴定人有必要出庭的，鉴定人应当出庭作证。经人民法院通知，鉴定人拒不出庭作证的，鉴定意见不得作为定案的根据。第192条第2款规定，专家辅助人可以出庭就鉴定人作出的鉴定意见提

---

[1] Nuffield Council On Bioethics, *The Forensic Use of Bioinformation: Ethical Issues*, Cambridge Publishers Ltd, 2007, 66. 关于解决科学证据不完全开示和不充分实验室报告的建议，See Paul C. Giannelli, Kevin C. McMunigal, *Prosecutors, Ethics, And Expert Witness*, 76 Fordham L. Rev. (2007) 1527.

[2] 参见刘建伟："关于我国司法鉴定人出庭作证现状的几点思考：从鉴定人出庭率低说起"，载《证据学论坛》2008年第0期。

[3] 《最高人民法院关于民事诉讼证据的若干规定》第61条第3款规定，经人民法院准许，可以由当事人各自申请的具有专门知识的人员就有关案件中的问题进行对质。2015年最高人民法院《民事诉讼法解释》第123条第1款继续沿用了这一规定，当事人各自申请的具有专门知识的人可以就案件中的有关问题进行对质。

出意见。自2012年上述两条规定颁布后，我国司法鉴定人出庭作证并接受质证，也逐渐成为常态。但鉴定人出庭作证还不是义务，只有在当事人对鉴定意见有异议的情况下，才要求鉴定人出庭作证。

(三) 科学证据的质证

在专家出庭作证的前提下，对科学证据的质证主要是通过对专家证人的交叉询问来实现的。例如，美国《联邦证据规则》第706条规定，法庭或任何一方当事人均可传唤专家证人出庭作证。该专家证人应当接受包括传唤其作证的一方当事人在内的每一方当事人的交叉询问。任何一名专家证人在法庭上接受了本方律师的直接询问之后，对方律师都有权代表其当事人进行交叉询问，以便对该专家意见进行质疑。[1]对专家证人进行交叉询问是发现科学证据之相关性和可靠性的有效手段，其目的是通过询问对方专家证人来暴露其意见中的矛盾、错误或不实之处，以降低其意见的证明力，降低甚至消除该专家意见在事实裁判者心目中的可信度。但目前在我国，对证人包括鉴定人的询问需要得到审判长准许后才可以进行，这说明其还不是法律赋予当事人的质证权利。

科学证据是在科学实验室中生成的，实验室的结果决定了科学证据的内容。因此，实验室检材提取、保管链条、防污措施、设备校正和检验结果等都会影响检验的结论。对于科学证据而言，围绕证据能力进行质证，主要是对科学证据的相关性、

---

[1] 在英国，所有证人都必须接受交叉询问是一个一般规则，但也有三个例外：①证人没有经过宣誓，传唤证人只是为了提供文件；②错误地传唤来的证人，因为他不能就他的所知为案件提供信息，但这种错误必须在证人宣誓之后，直接询问之前被发现；③法官传唤来的证人未经法官的允许，任何一方不得对其进行交叉询问。See Adrian Keane, *The Modern Law of Evidence*, 7th ed., New York: Oxford University Press, 2008, pp. 189-190.

可靠性等提出质疑，通过交叉询问削弱或弹劾专家证言的信誉，从而质疑专家证言的可信性。因此，任何影响专家意见可靠性和可信性的因素都可以被列入质证的范围，包括专家资格的认定、专业知识的认可、专家意见所依据的事实和数据、专家意见所依据的出版物等。

（四）科学证据的认证

1. 科学证据可采性标准的历史演变

20世纪以前，法庭在评价专家证据的可采性时，并没有把注意力集中在科学有效性上，而主要是看专家在相关科学领域或行业内是否成功，这一标准被学者称为商业市场测试。(commercial marketplace test)[1]科学证据采纳标准的确定，直到1923年弗赖伊诉合众国（*Frye v. United States*）案裁决才取得突破。审理该案的巡回法院裁定，法庭接受一个公认的科学理论或科学发现演绎出的专家证言，但从中做演绎推断的东西必须有足够根基，并在其所属的领域得到普遍承认。[2]这一裁定要求在专家能够以某种科学理论或技术为基础得出意见前，证据提出者必须证明该理论或技术符合推论得出的出发点已经充分确立，在其所属的特定领域中已经获得普遍的接受。[3]这一裁定确立的科学证据的评价标准被称为弗赖伊测试或普遍接受性。

1975年美国《联邦证据规则》702条并没有可采性标准，所以自弗赖伊案的70年间，普遍接受性一直是科学证据可采性的主导标准。直到1993年多伯特案（*Daubert v. Merrell Dow Pharmaceuticals Inc.*），法庭需要首先确定提交的专家证据是否

---

[1] David L. Faigman *et al.*, *Check Your Crystal Ball at the Courthouse Door*, *Please*: *Exploring the Past*, *Understanding the Present*, *and Worrying about the Future of Scientific Evidence*, 15 Cardozo L. Rev. (1994) 1799, 1803–1805, 1805 n. 13.

[2] *Frye v. United States*, 54 App. D. C. 46, 293 F. 1014 (1923).

[3] *Frye v. United States*, 273 F. 1013, 1014 (D. C. Cir. 1923)

真正属于科学知识，再据此来评估该专家证据的可靠性，而且这种评估关注的是专家们所使用的方法，而非他们的结论。[1]此案中，最高法院引用了两位著名哲学家的话，即亨普尔（Hempe）构成科学解释的说法必须有能力进行经验性的检验和波普尔某项理论科学地位的准则是它的错误可证实性，或可反驳性或可检验性。[2]该案给法官履行科学证据"守门人"（gatekeeper）职责提出四项指引：①一项理论或技术……是否能被（且已被）检验；②它是否已经历了同行审议并发表；③一项特定技术是否已知或可能存在的错误率很高，以及是否有对该技术操作进行控制的标准；④该理论或技术是否在相关学术界内具有普遍接受性。[3]弗赖伊测试与多伯特案指引的实质差异在于，前者期待法官在可采性裁决中不需要有关研究方法的知识，它可以简单地通过举手表决方式应用于相关领域。后者则要求法官拥有相当的经验敏感性，必须评价提供给法庭之科学证据潜在的方法和原理。[4]也有学者认为，二者的一个重大的不同是，在评价科学证据时把代理标准转向了科学有效性问题。前者没有要求法官决定证据是否可靠，而是问科学界认为它是否可靠。法官的探究集中在专家的信念上，这种信念

---

[1] *Daubert v. Merrell Dow Pharmaceuticals*, *Inc.* 509 U. S. p. 592-594 (1993).

[2] *Daubert v. Merrell Dow Pharmaceuticals*, *Inc.* 509 U. S. 579, 113 SCt 2786 (1993). See C. Hempel, *Philosophy of Natural Science* 49 (1966), K. Popper, *Conjectures and Refutations: The Growth of Scientific Knowledge* p. 37 (5th ed. 1989).

[3] *Daubert v. Merrell Dow Pharmaceuticals*, *Inc.* 509 U. S. 592-94 (1993). 大部分学者把多伯特案确立的科学证据采纳四个因素称为"多伯特标准""多伯特规则"或"可靠性标准"。笔者认为，实际上多伯特案并没有给法官采纳科学证据限定一个标准，因而将其称为"多伯特指引"可能更为合适。但为了保证引文的一致性，笔者在引用他人文献时仍保留原文的用法。

[4] David L. Faigman, *Admissibility Regimes the Opinion Rule and Other Oddities and Exceptions to Scientific Evidence*, 36 Sw. U. L. Rev. (2008) pp. 701-702.

被假定为证据可靠性的代理。后者则要求法官而不是科学家对证据的可靠性进行评估。[1]

1999年，美国联邦最高法院在库霍轮胎公司诉卡麦克海尔案（Kumho Tire Co. v. Carmichael）中，除了阐明法官作为科学证据"守门人"的义务外，还从专家证言是否科学转向了专家证言是否可靠的问题。在后多伯特时代，法官不但要对科学证据的可采性作出法律判断，而且要对科学证据的相关性和可靠性进行科学判断。联邦最高法院给联邦地区法院施加的认识论责任表明，法官还需决定一个专家何时能够可靠地说他知道某事。在澳大利亚，采纳科学证据或专家证据的关键标准也是证据的可靠性，事实裁判者通常会考虑以下因素：①该理论或技术是否可以得到检验或者已经得到检验；②是否得到同行的认可；③这种判断出现错误的概率及具体的标准；④是否被一般的科学团体所接受。[2]

2. 科学证据可采性标准的局限性

多伯特案确立的专家证言审查的可靠性标准是《联邦证据规则》修订确定科学证据可采性的主要依据，但该标准也受到学界的一些强烈批评。[3]笔者认为，以可靠性为核心的科学证据可采性标准主要存在以下局限性。

第一，从哲学上看，多伯特案裁决混淆了波普尔和亨普尔

---

[1] Jennifer L. Mnookin, *Idealizing Science and Demonizing Experts: An Intellectual History of Expert Evidence*, 52 Villznova Law Review（2007）764.

[2] 参见季美君："澳大利亚专家证据可采性规则研究"，载《证据科学》2008年第2期。

[3] 例如，2003年2月在美国西顿霍尔大学（Seton Hall University）法学院举办的"专家证据的可采性：看守大门（Keeping Gates）、目标和展望"研讨会上，佛罗里达大学佛瑞德克·G.利芬（Fredric G. Levin）法学院斯蒂芬·C.奥康诺中心（Stephen C. O Connell）法学教授克里斯托佛·斯劳伯吉提交的论文《刑事案件中专家证据的结构》对"可靠性标准"进行了强烈批判。

的科学哲学，把可靠性等同于科学性，或者说混淆了可靠性和科学性，并且把真正的科学性等同于按照科学方法进行操作。[1]自多伯特案以后，审判法官在决定科学证据的可采性时要权衡复杂的哲学认识论因素，而不是依靠简单的普遍接受。[2]按照马隆（Malone）的说法，联邦最高法院在认识论上的混乱是科学和哲学之间争论的自然结果。[3]这表明多伯特案指引对法官的科学认识能力提出了不现实的要求。

第二，从法律上看，多伯特案最令人遗憾的一点是，第九巡回上诉法院似乎完全没有意识到，在没有根据相信该数据可以被理解的前提下，采纳该数据所造成的影响。结果是，让人感到法院似乎赞成未经慎思和非理性的法律裁决，这与法的精神背道而驰。[4]

第三，在应用多伯特案指引时，法官要求一种实际上不可能提供的确定性。一些专家认为，多伯特案裁决或更准确地说，一些法官对多伯特案指引的解释，在鼓励用一种反科学的（anti-scientific）方法来评价科学证据。与科学家们使用的证据分量权衡（weight-of-the-evidence）方法相比，这一方法要求独立地评价每个证据资料的相关性和可靠性。[5]在对待错误率问题上，

---

[1] Susan Haack, *Of Truth, in Science and in Law*, 73 Brooklyn L. Rev. (2008) 989.

[2] Brian Leiter, *Epistemology of Admissibility*：*Why Even Good Philosophy of Science Would Not Make for Good Philosophy of Evidence*, Brigham Young University L. Rev. (1997) 804.

[3] David M. Malone & Paul J. Zwier, *Epistemology after Daubert*, *Kumho Tire, and the New Federal Rule of Evidence* 702, 74 Temple L. Rev. (2001) 107.

[4] [美] 罗纳德·J. 艾伦、理查德·B. 库恩斯、埃莉诺·斯威夫特：《证据法：文本、问题和案例》（第3版），张保生、王进喜、赵滢译，高等教育出版社2006年版，第758页。

[5] David Michaels, *Scientific Evidence In The Regulatory System*：*Manufacturing Uncertainty And The Demise Of The Formal Regulatory System*, 13 Journal Of Law And Policy (2005) 40.

可靠性标准没有考虑到假阳性错误（false positive error）与假阴性（false negative error）错误之间的区别，也没有考虑到错误率和偶然错误之间的相互作用，以及这种相互作用如何影响证据的证明性质。[1]所以梅森（Mason）认为，科学证据问题本身不存在解决方案，因为科学证据可能更真或更不真的假定是错误的。[2]而在弗里德曼看来，多伯特案的可采性要求根本是不必要的，专家证据应该简单地像其他证据一样对待。[3]

第四，多伯特方法的另一个缺陷是它既未能认识到可靠性是一种度，也未能认识到在科学中评价可靠性的充分性是一种价值判断。正如莫森斯（Moenssens）所说，可靠性是一个包含多种含义的术语，并取决于我们为什么目的来使用它。可靠性不是科学检验，也不是客观的标准，它蕴含着价值判断。如果信息对于证据所要证明的目的是安全的，法庭可能认为证据是可靠的。如果为了其他不同的目的，法庭也可能认为同样的证据是不可靠的。在专家证言中，可靠性应该与确定性的程度有关。[4]审理多伯特案的美国联邦最高法院未能意识到这一点的原因可能是因为关于抗恶心处方药盐酸双环胺（Bendectin）的危害结果的科学证据是非常确定的。

第五，从科学发展的方向看，可靠性标准将对控方有利而对辩方不利。这主要表现在三个方面：一是控方使用专家主要

---

[1] P. Brad Limpert, *Beyond The Rule In Mohan: A New Model For Assessing The Reliability Of Scientific Evidence*, 54 Toronto L. Rev. (1996) 77.

[2] Michael C. Mason, *The Scientific Evidence Problem: A Philosophical Approach*, 33 Arizona State L. Rev. (2001) 900, 902.

[3] See Richard D. Friedman, *Squeezing Daubert out of the Picture*, 33 Seton Hall L. Rev. (2003) 1047.

[4] A. A. Moenssens, *Admissibility Of Scientific Evidence: An Alternative To The Frye Rule*, 25 Will. & Mary L. Rev. (1984) 567.

是证明其事实主张，更需要用专家意见性证据来证明实物证据的同一性，如证明一枚指纹、一根毛发或一个签名是该被告人所留，或者一枚弹头是特定的某一支枪所发射的，与之相反辩方最有希望胜诉的案件，是那些涉及被告人在实施犯罪行为时精神状态的案件，如精神错乱、无预谋、精神过度紧张或情感受压抑或者无知等。二是辩方专家意见比控方专家意见更难以查明有用的错误率，因为社会科学研究的错误率比法庭实验室的错误率更难查明，而对犯罪行为的解释来说，可变因素太多。三是多伯特标准对辩方造成的损害比控方大，因为研究和鉴定需要资金，与国家相比辩方需要专家证据时始终处于资源不足的地位，而多伯特标准通过提出检验标准的要求而使辩方更显资金不足了。[1]

基于以上局限性，在科学证据可采性标准的改革上，有些学者提出联邦法官应该开始考虑退出战略，系统地缩减多伯特指引。他们应该更弹性地应用多伯特标准以及采取一种更为开明的科学观点，国家或企业均可发起为诉讼提供科学证据服务，并考虑诉讼过程中的权利、利益和责任。法官也应该考虑证据种类和当事人可利用的资源。[2]尽管《联邦证据规则》第702条要求具有可采性的专家证言必须建立在科学的数据的基础之上，依据可靠的原则所得出的结论必须被可靠地应用于案件中的事实问题，但我们也应该看到，科学证据的可采性标准并没有为发现真实提供新的方法。目前科学证据可采性问题上存在的一些混乱，主要源于人们对科学证据属性和司法证明问题研

---

[1] Christopher Slobogin, *The Structure Of Expertise In Criminal Cases*, 34 Seton Hall Law Review (2003) pp. 108-117.

[2] Gary Edmond, *Supersizing Daubert Science For Litigation And Its Implication For Legal Practice And Scientific Research*, 52 Villanova L. Rev. (2007) 923.

究的薄弱。

3. 科学证据可采性标准的重构

（1）科学证据的相关性。相关性是证据的基本属性，科学证据也不例外。多伯特案最高法院裁决表明，弗赖伊案的普遍接受性标准，已被科学证据必须具有可靠性和相关性所取代。本案上诉人八位专家作证，对被上诉人的主张予以反驳，得出了盐酸双环胺可以导致先天缺陷的结论。联邦第九巡回上诉法院维持了地区法院的原判，以该专家意见的普遍接受性有分歧为由不予采纳。但美国联邦最高法院裁定，地区法院的审查和（第九巡回）上诉法院的审查，几乎完全局限于普遍接受性，判定该上诉法院的裁定无效，案件发回按本法院的意见重审。理由是：依据《联邦证据规则》401-403条，普遍接受性不是科学证据可采性的必要前提，相关性才是必要前提。2000年《联邦证据规则》702条修订增加了三个关于可靠性的限制条件：①证言基于充足的事实或数据；②证言是可靠的原理或方法的产物；并且③证人将这些原理和方法可靠地适用于案件的事实。但这样一来，人们反而忽视了《联邦证据规则》702条关于将辅助事实裁判者理解证据或裁断有争议的事实，即相关性的规定。因此，2011年重塑的《联邦证据规则》702条专家证言将相关性作为科学证据的第一个条件即规定，因其知识、技能、经验、培训或教育而具备专家资格的证人，可以意见或其他形式对此作证。但须符合下述条件：①该专家的科学、技术或其他专门知识将辅助事实裁判者理解证据或裁断有争议的事实，②证言基于充足的事实或数据，③证言是可靠的原理或方法的产物，并且④证人将这些原理和方法可靠地适用于案件的事实。《联邦证据规则》702条给审判法官设定了这样的职责，即确保专家证言既依赖可靠的基础，又要与手头的案件具有相关性。

(2)科学有效性。有效性一词在不同学科有不同的含义。当科学家和哲学家对科学有效性的含义、应用及其评价等不能取得一致意见时,对于本应该依据科学家的结论来作出事实认定的法官,又该依靠什么标准来判断科学证据的有效性呢?有学者认为,有效性包括逻辑的有效性和方法的有效性。[1]我认为,事实认定者应该从科学研究的内在机制,通过科学原理和科学方法来认识科学证据的科学有效性。仅靠肉眼观察经常不能获得科学证据,而借助复杂的仪器设备和尖端的研究技术却可以做到,那就意味着这些仪器设备中蕴含着相应的科学原理和科学方法。科学原理是科学证据之科学性的主要来源。例如,VNTR检验图谱基础理论(包括DNA的分子结构、高度多态性的VNTR基因座位,以及获得VNTR断片和测量其长度的方法等)都已被广泛接受,人们对使用相对小数量的VNTR基因座位对人类DNA样本进行鉴别的能力也不容置疑。这一原理为DNA证据的科学有效性奠定了基础。

科学把它的成功归功于可靠的推理模式或科学家使用的探究程序,这就是所谓的科学方法。科学真理的问题也必须借助于科学方法。科学方法可以被定义为系统追求科学知识的原理和程序,包括问题的确认和阐述、通过观察和实验收集资料以及假设的阐述和验证。[2]一般而言,科学方法意味着在一个可检验的假设中构造一个关于事物如何运行的想法,然后再检验该假设是否为真,并用数学术语表示所有的测量和数据。对于科学家而言,一个事实发现与用于发现它的方法是一样重要的。科学方法能让观察为科学家设立的问题提供有效、有用和有信

---

〔1〕 朱广友:"科学证据的基本特征——兼谈法医学鉴定意见的审查",载《中国司法鉴定》2007年第5期。

〔2〕 *Webster's New World Dictionary* (3rd ed. 1989) p.1305.

息量的答案。

（3）科学证据的可靠性。可靠性的核心理念涉及所提供的专业知识的真实性属性（veritistic properties），也涉及规制这种专业知识可采性的规则，其中真实性意味着产生专业知识实质上的真相或者规制性规则。[1]对科学家来说，可靠性涉及每次把同一方法应用到相同过程时，能够得到同样的结果。但科学证据本身不是二分的，而是在最可靠的证据和不可靠的证据之间的一个区间。也就是说，科学证据的可靠性是一个程度问题。这种程度取决于科学的不确定性、可再生性（reproducibility）、因果关系和错误率。

长久以来形成的一个信条是，科学就是真理。人们总是把科学理论同正确、可靠、不包含任何错误联系在一起。然而，20世纪初的科学革命动摇了这一信念，波普尔提出了科学理论可证伪性的思想，科学知识的增长永远是始于问题，终于问题——越来越深化的问题，越来越启发新问题的问题。[2]科学原理或方法本身的局限、科学家本人的局限以及客观条件的局限都会带来科学的不确定性。

科学可靠性的实质是指科学结论的可再生性，判定一个实验成功与否的标准是看其是否具有可重复性，即使用相同的方法在相同条件下对同一事物进行测量得到相同的结果。波普尔指出，"只有当特定的事件按照一些规则或规律性重复发生，如在可重复的实验中，我们的观察在原则上才能被任何人所检验。……确实，只要按照预先规定的方式来实施一个适当的实验，科学上重大物

---

[1] Dale A. Nance, *Reliability and the Admissibility of Experts*, 34 Seton Hall L. Rev. 194 (2003).

[2] [英] 卡尔·波普尔：《猜想与反驳——科学知识的增长》，傅季重等译，上海译文出版社1986年版，第318页。

理效应都应该被任何人有规则地重复"。[1]然而，结论可重复，并不意味着它们是正确的。一个可靠的测试能在相同的环境下反复进行并产生同样的结果，可能却是一致错误的，但那是有效性问题，而不是可靠性问题。另一方面，如果结论不可重复，那就意味着方法论出了问题。科学实验的可重复性依赖于自然规律普遍性假定。

尽管将错误率用来评价证据可采性规则存在着现实的困难，但这并不能否定错误率可以作为评价证据可靠性的一个指标。因为可靠性是程度问题，而可采性是性质问题。科学资料和工艺容易受到许多错误的影响。例如，实验室结论和资料容易受到反映具体科学技术内在强度和局限的测量错误的影响。某个体血液酒精浓度的测量方法或样本中海洛因含量的测量方法，只有在一个可能的数值置信区间有效。除了测量技术内在的局限以外，大量的其他因素也可能影响实验室分析的准确性。这些因素包括分析中使用的参考材料的缺乏、仪器错误、环境条件、样本混合和污染、运输错误等。[2]曾有研究表明，法庭科学测试的误测率达到了20%。[3]在学理上，错误率常被定义为分析导致一个假结论的个案的比率。[4]

错误及相应的错误率的来源非常复杂。2009年2月18日，美国国家科学院发布的报告《强化美国的法庭科学：一条前进

---

[1] Popper, K. R., *The Logic of Scientific Discovery*, NewYork: Routledge, 2002, pp. 23-24.

[2] The National Academy of Science, Strengthening Forensic Science in the United States: A Path Forward, the National Academy Press, Ch. 4-1 (2009), p. 5.

[3] Grieve D., *Possession of Truth*, 46 (5) Journal of Forensic Identification, 521-528 (1996).

[4] The National Academy of Science, Strengthening Forensic Science in the United States: A Path Forward, the National Academy Press, Ch. 4-1 (2009). p. 7.

的路径》列出了导致法庭科学检验出现错误的诸多因素。例如,在法庭科学界有太多的科学家和其他执业人员因缺乏足够的资源、可靠的政策和国家支持而草率从业。法庭科学界的检验质量参差不齐,经常受到如下影响,如缺乏足够的训练和持续的教育,缺乏执业人员严格强制认证要求,缺乏实验室强制认证程序,不能坚持健全的操作标准以及缺乏有效的监管等。[1]一般来说,科学证据的错误主要来自于人的错误、设备的错误和对象的错误。例如,在断定某一特定实验室的酶探针化合所产生的准确检验图谱对犯罪现场的样本适用之前,需要考虑有关VNTR检验图谱的研究是否存在样本错误(如样本被调错)、是否受到环境状况和污染情况的影响,该实验室是否拥有一般经验,以及对这些探针检测方法的精通熟练程度、统计分析及概率计算错误等。[2]

(4)专家的可信性。如上所述,证言三角形理论对评价专家证言基本上不起作用,但诚实性品质除外。一般来说,专家在法庭上作证需要表达三种功能:一是传授科学知识;二是报告检验结果;三是作为评价者解释科学证据所反映的案件事实。自然科学的巨大成功使得人们对科学产生一种盲目崇拜,认为科学证据是一种特别可靠的特殊证据,科学家都是铁石心肠甚至是神经麻木、刻板客观的人。然而,科学家虽然因职业身份容易树立并维持一个诚实的声誉,但并非所有科学家都是诚实

---

[1] The National Academy of Science, Strengthening Forensic Science in the United States: A Path Forward, the National Academy Press, Ch. 4-1 (2009), p.5.
[2] [美]罗纳德·J. 艾伦、理查德·B. 库恩斯、埃莉诺·斯威夫特:《证据法:文本、问题和案例》,张保生、王进喜、赵滢译,高等教育出版社2006年版,第791页。

的，甚至有人认为专家比其他证人更容易出问题。[1]在司法实践领域专家伪造证据的现象也时有发生。例如，根据美国西弗吉尼亚高等法院的一项的调查，该州刑事犯罪实验室的前主任、血清学家蔡恩（Trooper Fred Zain）曾在1979-1989年为134件案件伪造检验结果。[2]

影响专家可信性的另一个因素是认知偏见。人类的判断容易受到不同类型偏见的影响，因为我们无意识地从环境中挑选线索，并以一种未声明的方式影响我们的内心分析。这种内心分析可能也受那些没有保证的假定和我们自己没有意识到的过分自信的影响。这类认知偏见不是性格缺陷的结果，而是决策中的普遍特征。[3]有学者认为，引起专家偏见的原因可以分为三类：个人利益（personal interest）、财政利益（financial interest）和知识兴趣（intellectual interest）。[4]法庭科学中一个明显的认知偏见，是在评价信息的证明价值时对基准比率（base rate）的忽视。[5]例如，假定犯罪现场发现的地毯纤维与嫌疑人

---

[1] [美]罗纳德·J.艾伦、理查德·B.库恩斯、埃莉诺·斯威夫特：《证据法：文本、问题和案例》，张保生、王进喜、赵滢译，高等教育出版社2006年版，第726页。

[2] 蔡恩的渎职行为主要表现在：①夸大结果的强度；②夸大个体证据的基因匹配概率；③误报复合证据的基因匹配概率；④把只有一项的检验说成多项检验；⑤把非决定性的结果说成决定性结果；⑥重复篡改实验记录；⑦制造基因已经在所有样本中得到检验的错误印象；⑧隐瞒冲突结果；⑨不能进行条件检验解决冲突结果；⑩当支持检验只有一个与受害人匹配时隐瞒与嫌疑人的匹配；⑪报告科学上不可能的结果。See Re Investigation of the W. Va. State Police Crime Lab., Serology Div., 438 S. E. 2d W. Va. 1993) 501, 503.

[3] The National Academy of Science, Strengthening Forensic Science in the United States: A Path Forward, the National Academy Press, Ch. 4-1 (2009). p. 9.

[4] Déirdre Dwyer, *The Causes and Manifestations of Bias in Civil Expert Evidence*, 26 Civil Justice Quarterly 427 (2007).

[5] The National Academy of Science, Strengthening Forensic Science in the United States: A Path Forward, the National Academy Press, Ch. 4-1 (2009). p. 9.

家里的地毯纤维相匹配，这一信息的证据价值取决于一个比率，即除了嫌疑人的家以外，这种纤维在其他人家里发现的概率。如果这种地毯纤维非常普遍，那么，嫌疑人家里的纤维与现场的匹配这一证据，将没有什么证明价值。在某些情况下，专家鉴定更关注鉴定内容所包含的社会利益关系，而较少关注内容所指向的科学事实。例如，由神经病科医师开出的除了神经性疾病的诊断外，任何精神病诊断都不是或不可能是根据病理学做出的。相反，所有这些诊断都是根据非医学的因素，也就是经济上的、个人的、法律的、政治的或社会方面的考虑和动机做出的。因此，精神病诊断既不是指解剖或生理上的损害，也不是指引发疾病的动因，而是暗指人的行为和与人有关的问题。[1]正如坦福（Tanford）所说的，如果说有哪个领域中的证人最能受到金钱的腐蚀并使得他们的证词变得更加不可靠的话，那么这个领域就是专家证人领域。[2]

---

[1] Thomas Szasz, *Mental Illness Is Still a Myth*, 6 Society, 37 (1994).
[2] J. Alexander Tanford, *The Ethics Of Evidence*, 25 Am. J. Trial Advoc. 549 (2002).

第七章
专家证人的职业道德

一、专家证人的正当理由义务

专家证人制度在美国经过多年的发展，针对专家证人职业行为，逐渐形成了一套相对完整的监督保障制裁机制，在一定程度上能够保证专家证人的行为符合相关的职业道德要求。相比而言，我国现有的针对司法鉴定人职业道德的相关体制性规定，内容比较简单，理念相对混杂，没有明确的理论基础作为支撑，所以亟待完善。同时，也应该认识到，专家证人制度体制下的职业道德保障机制同样存在明显的不足与缺陷。

尽管存在诉讼体制等诸多方面的差异，但是专家证人和司法鉴定人无论是从基本概念上进行比较还是对相关配套制度进行比较，都可以发现两者的相似性。所以专家证人职业道德相关规则及程序的制定及理论探讨对我国司法鉴定人职业道德制度的完善有重要的借鉴意义。

（一）问题的引出

1. 案例[1]

被鉴定人李某，因交通事故受伤，与2001年12月9日以头

---

[1] 参见朱炎苗、吴军主编：《医疗纠纷司法鉴定争议案例评析》，中国检察出版社2008年版，第131-140页。

部及左大腿外伤后疼痛,不能活动一小时为主诉到某市人民医院诊治,医方诊断为左股骨开放性粉碎性骨折,并于 2001 年 12 月 9 日行左股骨干开放骨折清创缝合、切开复位内固定术治疗,2001 年 12 月 23 日出院,出院诊断为左股骨开放性粉碎性骨折、脑震荡、左股骨颈骨折等。后在他院接受左全髋关节置换术。李某认为医方治疗不当存在漏诊,诉至法院要求赔偿。2003 年 10 月 16 日,某市医学会进行医疗事故技术鉴定,鉴定结论为,本病例属于三级丙等医疗事故,医方承担主要责任。2004 年 2 月 13 日,某省医学会医疗事故技术鉴定委员会鉴定结论为,本病例属于三级丙等医疗事故,医方承担次要责任。第三次鉴定结论为,医方在对被鉴定人李某股骨骨折的治疗中未见明显不足之处,其股骨骨折损伤本身是发生后期股骨骨干骨折不愈合的主要因素。

做出第一种鉴定结论的依据是,在交通事故导致的人身损害中,由于作用暴力巨大,造成复合性、多发性损伤的机会显著增多,这就要求医师在诊断此类损伤时必须进行认真、细致、全面的检查。医生未进行全面体格检查,摄片时又未按骨科常规照摄骨折部位上下两个关节,致使遗漏"股骨颈骨折"这一重要诊断,存在明显过失。

做出第二种结论的依据是,被鉴定人李某因车祸受伤,所受暴力巨大,骨折部位在股骨中下段,骨折为开放粉碎性多段骨折,该部位、该类型的骨折由于对局部骨的供血破坏严重,极易发生骨不愈合骨折。

由此可以看出,之所以出现三种不同的鉴定结论,是由于第一次鉴定中只考虑了医方漏诊过失可能给鉴定人造成的损伤,却忽视了股骨骨折损伤本身对后期股骨干骨折不愈合的影响。而第三种结论却忽视了漏诊过失可能造成的影响,仅仅考虑股骨骨折损伤本身的影响。可以看出，两方所聘请的司法鉴定人所作的鉴定结论都是存在偏向性的，对问题的考虑都不够全面。只有第二种鉴定结论同时考虑了两方面的影响因素，做出了正确的鉴定意见。

2. 问题

根据医学会的相关自律性规定[1]，司法鉴定人员在进行相关鉴定时必须考虑所有的送检材料及全部数据，任何一个具有司法鉴定资质的专家都应该意识到不仅要考虑医院的过失影响也要考虑股骨骨折本身的影响。所以，在本案中两个机构的司法鉴定人均只考虑一方面的影响，并不是由于专业能力的欠缺和认识角度的不同，而是他们有意地忽视了一方考虑因素，以做出符合当事人要求的鉴定结论。这本质上就是对司法鉴定人职业道德的违反。

由于出现了完全不同的鉴定结论，法院无法对鉴定结论进行取舍，从而给法官一种错误的印象，很可能使法官们认为专家们针对这个问题不存在共识，认为三次鉴定结论均不具有可信性。另一方面，如果法官采纳了其中一种错误的鉴定结论，就必然会对案件事实的查明产生极大的影响，进而影响审理结果。

究其主要原因，就是司法鉴定人做出鉴定意见或者出庭接受质询时不遵守职业道德。然而为什么司法鉴定人会如此频繁地违反职业道德呢？很大程度上是因为法官不能准确地判断司法鉴定人是否违反职业道德。因为没有明确的衡量标准，法官无法将职业道德这一抽象概念进行量化，也就无法对司法鉴定

---

[1] "司法鉴定人应详细审查人民法院提供的送检材料，包括……审查材料是否齐全，是否需要补充材料或再进行其他相关检查……"参见朱炎苗、吴军主编：《医疗纠纷司法鉴定争议案例评析》，中国检察出版社2008年版，第22-23页。

人的行为做出准确的判断。

所以本章致力于寻找一种司法鉴定人职业道德的量化工具，并对该量化工具的有效运用提出建设性的意见。

(二) 专家证人正当理由义务的重要性

笔者认为，专家证人是否能够提供充分的正当理由支持其相关结论是判断专家证人是否遵守职业道德的重要依据。保障专家履行正当理由义务也就在根源上保证了专家证人的行为符合职业道德，同时以正当理由义务来衡量专家证人的职业道德可以使职业道德这一抽象的概念得以量化。正当理由义务的重要性由此可见一斑。具体分析如下：

1. 正当理由义务是专家证人职业道德的基础

（1）审判的首要目的是得出正确的诉讼结果。专家证人的主要任务即是向法庭负责，协助法院查明案件事实，得出正确的诉讼结果。这一观点在美国《联邦证据规则》102条中有所体现，认为证据规则应当被解释为查明真相。所以笔者认为，判断专家证人是否符合职业道德就是看其作证行为是否有利于协助法院查明案件事实。

（2）要求专家协助法院查明案件事实，就是要求专家提供客观公正的专业知识，提供公正合理的鉴定意见。提供正当合理的鉴定意见与协助法院查明案件事实互为充要条件，专家提供了正当合理的陈述及鉴定意见，即意味着专家履行了协助法院查明案件事实的义务。同时，专家如果要履行协助法院查明案件事实的义务，就必须提供公正合理的陈述及鉴定意见。

2. 正当理由义务是专家证人职业道德的量化标准

（1）所谓公正合理的陈述及鉴定意见就是指有充分的正当理由支撑的结论。从认识论的角度分析，专家证言或相关鉴定意见就是一种法院据以处理其他问题的知识。在科学专业领域，能够被称为知识的结论并不一定是绝对准确的，但是应当是有充分的正当理由有合理的逻辑论证来支撑的。所以，专家证人要想提供公正合理令人信服的鉴定意见就需要充分的正当理由来支撑。

现在，绝大多数的哲学家认为，知识除了必须是真实的意见之外，还应该加上的第三个条件便是证实。所谓证实，是说应该能够提供充分的理由或证据表明你所拥有的意见或信念是真实的，而不是仅仅根据猜测、想象或其他的什么途径就断言你的意见或信念是真实的。那么现在看到，知识构成的三个条件分别是信念、真和证实。[1]具体到专家证人职业道德要解决的问题，可以把这三个条件归纳为：观点，真实和正当理由。观点是一个人对于一个命题的客观事实的主观立场。事实是独立于信念的特定命题的客观真实。正当理由涉及支持某种观点所需理由的品质。一些当作真理的东西必须被认为是真实的，它也一定是准确的，然而一个人的观点如果是正确的，那么它一定是有正当理由来支持的。没有观点，得到的就是愚昧。没有真实，得到的就是谬误。没有充分的正当理由，得到的只不过是个人意见。如果不能提供充分的正当理由支持自己的观点，就是一种认识上的不负责任。这种认识上的不负责任，在没有用来解决其他问题时是完全无害的。但是，当他们被用来解决其他方面的问题时，这个人就需要担保这个种观点的真实性，因为他需要使其他人也同样依赖于这个知识。那么在这种情形下，这种认识上的不负责任就是极为不道德的，因为这个人所宣称的知识成了别人处理其他问题所依赖的基础，如果他的结论或知识并不是可靠地，那么会直接影响其他方面问题处理的

---

〔1〕 胡军：《知识论》，北京大学出版社2006年版，第52页。

准确性。

知识理论关注的并不是知识本身而是得出这个知识的相应的正当理由。即使是正确的观点，若缺乏充分的正当理由，它同样不能被当作知识。也就是说，很多情况下虽然结果证明一个人的观点是正确的，但是没有充分的理由说明，这个观点就不能成为别人用来处理问题的依据，也就不能被称为知识。

所以，即使专家证人的观点是正确的，但是如果不能提供充分的正当理由，那么专家的观点就不能成为法官认定案件事实的依据，专家证人就没有履行其协助法官查明案件事实的义务，因为他的结论虽然正确，却不能令人信服。由此可见，公正合理令人信服的结论并不是以其正确与否为判断标准，而是以其是否有充分的正当理由支撑作为判断标准。

（2）综合上述内容，我们可以看出，专家证人如果可以提供充分的正当理由那么其结论就是公正合理令人信服的。又因为提供正当合理的鉴定意见与协助法院查明案件事实互为充要条件，所以专家证人提供充分的正当理由支持其结论就意味着专家证人履行了协助法院查明案件事实的义务。最后，履行了协助法院查明案件事实的义务，就意味着专家证人遵守了职业道德。所以得出的结论就是，专家证人是否能够提供充分的正当理由支持其相关结论是判断专家证人是否遵守职业道德的重要依据。

所以要求专家针对其结论提供充分的正当理由，保障专家证人履行正当理由义务，是促进专家证人遵守职业道德的最佳途径。这也是专家证人正当理由义务的重要性所在。由此笔者认为，专家证人的正当理由义务是指，专家在诉讼中的结论应当有充分的正当理由支撑，否则专家证人的作证行为就是违反职业道德的。

(三) 我国司法鉴定人履行正当理由义务的必要性

1. 根源——司法鉴定人具有专家证人的性质

(1) 专家证人。

《美国法律辞典》把专家证人解释为，在一项法律程序中作证并对作证的客观事项具有专门知识的人。专家证人是具有普通人一般不具有的一定知识或专长的人。受教育程度可以为一个人提供成为专家证人的基础，但是基于经验的特殊技能或知识也可能使一个人成为专家证人。《布莱克法律辞典》的解释为，专家证人是指因具有专家资历而被许可通过其对所附问题的解答而帮助陪审团认识那些普通证人所无力说明的复杂或技术问题的证人。《英国民事诉讼规则》第35.2条规定，专家证人系为法院诉讼程序之目的指定提供或准备证据的专家。[1]

可以看出专家证人具有以下几个特征：

第一，专业性。专家证人必须具有普通人所不具备的特定的知识，具有某一领域特定的经验和技能。

第二，目的性。专家证人是为了通过就诉讼中的某一特定问题提供专业知识及其相应的判断，填补事实认定者在特定事实上知识或能力的不足，旨在协助法院查明案件事实。

第三，非亲身性。专家证人不同于普通证人，他并不是就其亲身经历或相关体验进行客观的陈述。而是根据其专业知识及相关材料做出相关的推理判断。

可见，专家证人就是为法院诉讼程序的目的提供证据的具有专门知识的人员。

(2) 司法鉴定人。

一般认为，司法鉴定人是贯穿于整个司法鉴定活动的重要

---

[1] 张臻："英美法系专家证人制度研究"，南京师范大学2008年硕士学位论文。

和关键性实施者与作用者,从其内在属性看一般是指运用专门知识或者技能,对诉讼、仲裁等活动中涉及的专门性技术判定问题进行科学鉴别与判定的专业技术人员。在某种程度上司法鉴定人是介于自然科学与社会科学临界与重合的链接者,其实施的鉴定行为是将科学技术直接服务于司法活动的具体体现,因其在诉讼或仲裁活动中所处的特殊地位,司法鉴定人具有科学性、中立性、独立性的特征。[1]

可以看出,在我国民事诉讼中的司法鉴定人实际上在诉讼程序中起到了和专家证人相同的作用,都是为了向法院提供查明案件事实所需要的专门性知识。也就是说,无论是专家证人还是我国民事诉讼中的司法鉴定人,他们都是为法院查明案件事实的诉讼目的服务的。所以这种具有专门知识的人员,几乎集英美法的专家证人的所有功能于一身。因此,本书对专家证人的范围进行了概念上的扩大,既包括英美法系国家传统的专家证人,也涵盖了我国的司法鉴定人。

2. 现实因素——司法鉴定人选任方式的客观要求

由于采用对抗制的诉讼机制,在英美法系各国,专家证人一般是由当事人自行聘请的,当事人聘请专家证人的目的在于利用专家证人的专业知识在法庭上提供有利于自己的专业意见,从而增加自己赢得诉讼的机会。英美法系国家对专家证人的资格基本上没有具体标准,只是抽象地规定专家证人在一定领域内在知识、经验、技能、训练等方面应当具有优于常人的能力。[2]

在英美国家,由于当事人选任专家证人的方式,专家证人在法庭上就很容易开始扮演辩护协助人的角色,也就导致了当

---

[1] 杜志淳、霍宪丹编著:《中国司法鉴定制度研究》,中国法制出版社2002年版,第103页。

[2] 徐继军:《专家证人研究》,中国人民大学出版社2004年版,第14页。

事人及其律师会竭尽全力寻找能从专业知识上最好地支撑自己主张的专家证人。造成的严重后果就是,当事人及其律师会进行多次鉴定,直到寻找到符合自己诉讼要求的专家。另外,他们甚至可能强迫专家形成一个先入为主的印象,以使专家尽可能的产生有利于自己的鉴定意见。

我国在法院选任鉴定人的基础上,吸收了专家证人制度的相关内容,强化了当事人的举证责任,重视当事人在诉讼中所起的作用。但是,这也造成了诉讼中出现大量多头鉴定、重复鉴定、补充鉴定等问题。因为,在民事诉讼中,随着司法鉴定人开始由当事人聘请,司法鉴定人员是要从委托人手中直接收取佣金,从而也就造成了司法鉴定人及其鉴定机构为了扩大自己的市场竞争力而不断地去适应满足委托人的基本需求。专家不再公正无偏私地提供充分的正当理由支撑自己的观点,而是尽可能地用不充分的理由证明一个有利于当事人的鉴定意见。这也就造成了一个严重的后果,司法鉴定人直接成为当事人冲锋陷阵的工具。所以,不得不承认,实践中我国当事人的选任制度正不断呈现出专家证人制度中所存在的弊病,如何保障司法鉴定人履行正当理由义务同样成为我国司法鉴定人制度中的一个重要课题。

(四)我国司法鉴定人正当理由义务的规制可行性

英美法系专家证人制度下有关专家证人正当理由义务的规制模式主要包括一些可采性规则以及配套的质证程序,所以需要分析一下这些规制模式在我国是否存在适用的制度基础。

1. 鉴定意见的相关性审查——可采性规则的设立基础

可采性规则在专家证据上适用的基础是事实认定者需要对专家证人的可采性做出评价判断。尽管我国司法鉴定人制度在形式上与大陆法系国家的鉴定人制度相同,但实质上我国司法实践中与英美国家相似。首先会对司法鉴定意见的可采性进行审查，而非认为鉴定意见具有天然的可采性。具体分析如下：

英美国家的专家证言在庭审开始时必须接受法庭的可采性审查，然后才由事实裁判者对其进行证明力的审查判断。英美专家证据的可采性受到一系列规则的约束。作为大陆法系的代表，法国和德国的诉讼法均为对鉴定意见的可采性做出明确的系统规定，这表明在大陆法系国家，鉴定意见几乎是被认为具有天然的可采性。[1]英美国家认为，在现实中，即便在同一问题上，专家们也并不一定总是能够达成一致意见，尤其是在医学、心理学、精神病学等结合自然科学和经验科学的领域，专家们往往会由于其学术背景、实践经验等各方面的差别而形成不同的思维方法，并得出不同的结论。因而，如果只有一个专家在法庭上出现的话，那么其意见就远不是"无可辩驳"的，是不能满足诉讼的确定性和正当性要求的。[2]

由于陪审团的存在，在英美法系中为了避免不具有相关性的证据影响陪审团对案件事实的认定，法官一定要在庭前主动审查专家证言的可采性进行审查。而在大陆法系国家，因为审判法官会基于担任法官的经验而获得关于作为专家证人的主题事项的知识，这样在他们作为事实认定者时，他们就会通过询问证人或者与律师的交叉询问能力协同减轻很多对于专家的不当依赖，而不必像在陪审团审判中那样，对于采纳专家证言的可信度和关联性设置一个相关较高的标准。[3]我国与大陆法系国家相同，实行行业准入制度，要求相关的司法鉴定人具有专

---

[1] 周湘雄：《英美专家证人制度研究》，中国检察出版社2006年版，第23、24页。

[2] 周湘雄：《英美专家证人制度研究》，中国检察出版社2006年版，第34页。

[3] ［加］玛里琳·T.迈克瑞蒙："事实认定：常识、司法认知与社会科学证据"，徐卉译，载王敏远编：《公法》（第4卷），法律出版社2003年版，第303页。

业资格，所以对鉴定意见的信赖性比较高。同时，在我国对于案件事实的认定与法律问题的判断均属于法官的职权范围，并不是对专家证言证据能力由法官预先认证和专家证言证明力由陪审团认证的"分治认证"模式[1]。但是《最高人民法院关于民事诉讼证据的若干规定》第 28 条规定，一方当事人自行委托有关部门作出的鉴定意见，另一方当事人有证据足以反驳，并申请重新鉴定的，人民法院应予准许。由于大量多头鉴定、重复鉴定、补充鉴定等现象的出现，重复鉴定的结论常常与原有结论完全相反，造成法官对司法鉴定意见的信赖性降低。所以民事诉讼中，很多当事人在法庭上对对方提交的司法鉴定意见持完全的否定态度。不仅对鉴定意见的真实性提出疑问，而且对鉴定意见的相关性产生怀疑。而法官在当事人提出异议时，就不仅要审查鉴定意见的证明力问题，更要对鉴定意见的可采性进行预先审查。这一点是与大陆法系的鉴定人制度相悖的。相反，与专家证人制度却存在实质上的重合点，那就是首先对鉴定意见或者证言进行相关性考虑。

2. 鉴定人出庭——特殊质证程序的适用基础

部分国家所采取的针对专家证言的特殊质证程序都是建立在专家证人出庭的基础上，因为只有专家证人出庭，经过对方当事人律师或者专家证人的询问，才能清晰地向法庭展示其结论是否有充分的正当理由支撑，其是否履行了正当理由义务。尽管过去司法实践中鉴定人出庭率较低，但是随着我国近年针对有关司法鉴定人出庭的一系列规章制度的出台，在一定程度上促使司法鉴定人出庭在我国成为可能。具体分析如下：

在英美国家，专家证据是以口头形式提出的，在法庭上表

---

[1] 郭华：《鉴定结论论》，中国人民公安大学出版社 2007 年版，315 页。

现为专家证人。专家在法庭上必须通过交叉询问，以口头的形式将其专家意见的内容、专家意见形成的过程和依据表达出来，而不能以书面的报告来代替。大陆法国家，鉴定意见则是以书面形式提交，并且在法庭上可以直接作为证据使用。在英美国家，专家证人必须在法庭上接受双方当事人的交叉询问后，其证言才能作为定案的依据，交叉询问时专家证言的完整性和可信性的保障。而大陆法系国家，鉴定人并不一定都出庭接受质证。[1]

全国人民代表大会常务委员会《关于司法鉴定管理问题的决定》规定，在诉讼中，当事人对鉴定意见有异议的，经人民法院依法通知，鉴定人应当出庭作证。[2]允许不存在异议的鉴定人不出庭，在一定程度上节省了诉讼成本，使该规定同时吸收了专家证人和鉴定人两种制度的优点。要求存有异议的鉴定意见的鉴定人出庭，当事人一定已经做好了万全的准备，在质证过程中一定会向鉴定人提出质量相对较高的问题。在双方当事人针对该鉴定意见向鉴定人不断质询的过程中，专家证人制度中的交叉询问在我国的民事诉讼过程中就开始闪现。这种类似交叉询问的质证方式，更有利于法官了解相关的专业知识，同时对鉴定意见的相关性及证明力作出更好的判断。

总之，随着新的规定的出台，我国司法鉴定人的作证方式在实质上开始慢慢地向专家证人模式转变。

（五）对正当理由义务的质疑

并不是所有人都同意以正当理由义务来作为判断专家证人职业道德的标准。尽管存在各种各样的怀疑，但是只有以正当

---

[1] 周湘雄：《英美专家证人制度研究》，中国检察出版社2006年版，第26、27页。

[2] 顾永忠："略论司法鉴定人出庭作证"，载《中国司法鉴定》2007年第1期。

理由义务为标准才能对专家证人的行为做出客观的评价，专家证人职业道德这个抽象的概念才能得以量化。专家证人的证言只有存在充分的正当理由支撑，才能认为专家确实遵守了职业道德。

1. 激进怀疑论

法律工作者认为，根据经验而来的一切推论都是习惯的结果，而不是理性的结果。[1]即便相联系的事例足够多，而且或然性可以几乎接近必然性，但也只能无限制地接近，却永远不能达到必然性。[2]所以他们认为，永远不会有充分的正当理由去证明某种观点是知识。但是无论激进怀疑论有多么正确，法律领域内的工作者都不会说，没有任何信念有正当理由的，没有任何对世界的认识是客观的，没有任何法律文本有决定性的意义。因为法律工作者总会认为观点和信念总是有支持它们的正当理由存在，任何案件都是可以被审判终结的。所以，从这个意义上来说，所有的法律工作者并不是现实主义者，因为他们的观点充满了理想主义色彩。

2. 温和怀疑论

除了激进的怀疑论者，还有相对温和的怀疑论者的质疑，这也是法律领域经常遇到的质疑。温和怀疑论者会认为证人会因为自身的利益而产生偏见，更严重的问题是其他因素例如性别、阶级、种族、年龄、文化等会使人们了解世界的客观真理和知识变得不可能。[3]这些因素决定了专家们的意见总是存有偏向性的，那么有偏向性的意见是绝对不可能反应客观事实的，

---

[1] [英]休谟：《人类理解研究》，关文运译，商务印书馆1981年版，第42页。

[2] 胡军：《知识论》，北京大学出版社2006年版，第32页。

[3] See Generally David S. Caudill, Ethnography and the Idealized Accounts of Science in Law, 39 San Diego L. Rev. 269 (2002).

所以对于法院来说想通过专家证言来了解客观事实和客观知识变成了一种奢望。

这种怀疑论观点想要说明的就是，既然无论如何都会存在偏向性，那么就没有必要去改变现存的法律程序。因为改变并不会带来实质性的效用。例如，如果提出更多地采用大陆法系法庭指定专家证人的建议，反对者就会提出相应的怀疑论观点，认为所有的专家在某些重要问题上都是存有偏见的，因此没有人值得信任能为这些重要问题提供正确的答案。

所以那些坚定地持有这种观点的人们可能认为，既然真实是如此地难以捉摸那么审判的首要目的就不是去追求客观真实而是追求其他的目标，例如纠纷的合理解决或者取得程序公正。专家证人的偏向性由于各方面的原因是很难去除的，这一点不能否认。但是，无论是美国联邦证据规则，还是大多数州的证据规则，甚至是我国的相关法律规定，其首要立场都是如何去控制这种偏向性，而不是因为偏向性的顽固性而对其予以放纵。

3. 寻找正当理由义务衡量标准的途径

但是又应该如何去寻找这种正当理由义务的衡量标准呢？

笔者认为采取语境分析的方法去认识充分正当理由的构成是与法律语境最相符的认识论方法。语境不同，认识标准的高低程度不同，在不同的语境中进行对话、行动就会产生争论或者冲突。不同的语境设置了不同的认识标准，而且这些认识标准随着语境的变化而变化。认识的语境论是对认识判断的最佳解释之一，能够回答怀疑论的问题———为什么在大多数语境中能够判断人们拥有知识，而在一些语境中不能判断人们拥有知识。[1] 所以证据规则的适用同样要考虑到其所处的语境。认

---

[1] 魏屹东："认识的语境论形成的思想根源"，载《社会科学》2010年第10期。

定某些东西为知识,同时相应地从认识论角度认定某人确实是负责任地主张某种观点,是需要一定的正当理由来支撑的。而在这种情形下所需要的正当理由的标准是应该随着主张和展示这种观点所处的语境而变化的,并不是在各种不同情形下一成不变的。

二、正当理由义务的衡量标准及其阻碍因素

(一) 正当理由义务的衡量标准——相同知识严谨性检测 (Same Intellectual Rigor Test)

1. 相同知识严谨性检测的要求

所谓的相同知识严谨性检测,就是以日常专业领域内做出某种结论所需要的相关技术正当理由标准为标杆,审查专家在诉讼程序中作出的相关陈述或结论是否具有相同的正当理由标准,如果专家的陈述或结论具有相同的正当理由标准,那么该陈述或结论就是符合职业道德的。笔者认为,相同知识严谨性检测既是专家证人正当理由义务的衡量标准,也是鉴定意见是否满足充分正当理由要求的判断依据。[1]

一个明显的寻找充分的正当理由标准的地方就是专家所处的行业领域。专家职业道德及其正当理由义务应当由专家的自律性标准来判断。事实上,很多行业协会针对他们的会员公布了他们自己的职业行为规则,规定了该行业日常工作中的正当理由标准。例如,在一个法医专家的职业行为规则中,要求专家证人需要考虑所有相关的数据……同时在形成结论的过程中要客观的进行分析,并且其分析过程只能像"她在日常专业事

---

[1] See Melvin A. Shiffman, Code of Professional and Ethical Conduct, in Ethics in Forensic Science and Medicine: Guidelines for the Forensic Expert and the Attorney 280, 280-89 (Melvin Shiffman ed., 1999).

务中所惯常进行的"那样进行。[1]这些规则同时对专家法庭陈述的正当理由标准进行了说明,要求专家在法庭上主张某种观点所需要的根据应该等同于其在法庭外做同样陈述所需要的根据。所以可以看出,如果这些行业内的自律性规范都能被很好地遵守,那么就能保证专家证人的法庭陈述满足行业内的充分正当理由标准,禁止部分不符合正当理由义务的专家证言。但是违反这些自律性规则的专家是大量存在的,这些专家有的直接提供虚假的鉴定结果,有的提供不可复制的鉴定结果,有的适用明显不适当的鉴定方法。总而言之,应用行业内的正当理由标准就可以满足专家证人的正当理由义务,但是如何在诉讼中威慑专家证人遵守这些标准仍然是一个难以解决的问题,这也是需要去探讨的问题。

将该检测标准体现在立法中是促进专家证人遵守正当理由义务的一种有效手段。例如,相同知识严谨性检测,不仅是大多数行业组织的声明中所提出的一种检测,也是一种对证据可采性规则的诠释。在弗赖伊案[2]中出现的普遍接受性标准就可以按照这种方式理解。这种方法同样在库霍轮胎案中同样有所体现。在库霍轮胎案中,为了使专家证言可采,专家在法庭上的证言必须与他在日常工作中的陈述采用相同的知识严谨性。可以看出,以相同知识严谨性检测作为正当理由义务的衡量标准,实际上已经体现在美国《联邦证据规则》中,并且这种在法律中的体现也很好地促进了专家证人遵守正当理由义务。

---

〔1〕 See Melvin A. Shiffman, Code of Professional and Ethical Conduct, in Ethics in Forensic Science and Medicine: Guidelines for the Forensic Expert and the Attorney 280, 280-89 (Melvin Shiffman ed., 1999).

〔2〕 [美]罗纳德·J.艾伦、理查德·B.库恩斯、埃莉诺·斯威夫特:《证据法:文本、问题和案例》(第3版),张保生、王进喜、赵滢译,高等教育出版社2006年版,第727页。

另外，需要注意相同知识严谨性检测并不意味着需要针对每个问题都要在立法中做出不同的规定。因为可能会有误解认为，每个自律性标准在每一个特定方面都是独特的，或者说在每一个专业知识领域都有一个单独的道德门槛。正确的理解应该是：第一，该检测标准是指根据被询问的问题，专家会根据相关专业领域的正当理由标准为自己的结论提供充分正当的理由，并不是说将所有具体的技术标准全部规定于法律中。第二，在诉讼中，根据具体案情需要查找相关自律性规则作依据，这些规则通常包括一整套行为规范，定义了许可的工具、方法、分析和对证据的解释。第三，在不同领域，他们的规范分别定义了这个领域的技术严谨性，而不是针对每个问题都有不同的标准。所以可以看出将相同知识严谨性检测应用于法院对专家证人正当理由义务的判断，并不会造成标准繁杂多变的问题。

2. 对相同知识严谨性检测的异议

并非所有人都同意相同知识严谨性测试是正确的正当理由义务的衡量标准。两种情形导致人们去怀疑这种观点。

（1）标准过于宽松。

可能存在一些领域，他们的正当理由可接受程度很低以至于有人可能认为他们的标准是不能满足法律目的的。如果仅以日常行业领域的技术标准作为正当理由义务的衡量标准，那么一些不应被法院采信的证据是否就变得合理了，例如法院采信占星师的预测判断。

就像 David Faigman 教授指出的，如果一个领域缺乏相关数据或者在假设检验过程中不够严谨，法庭将不能得到可靠的专家证言。

第一，如果一个专家在法庭上不使用在日常专业领域所使用的相同的知识严谨性，他或她的证言应当被排除。

第二，使用了相同的技术标准并不能确保就一定是可采的证言。因为相同技术标准检验是一个必要但不充分的可采性标准。多伯特规则的整个要点是要求法庭要自我评估相关领域同时不盲从于那些带来所谓的专家来法庭的行业协会。[1]例如，占星术这种行业，其行业内的占星专家所做的结论即使符合了他本身的行业标准，法院也不能采纳，因为整个占星术行业的理论基础本身就不能满足法院的可采性要求。尽管占星术从来就没有在法庭上被采纳过，但是过于宽松的标准会导致一些有异议的法庭科学证据（笔迹或工痕）被法庭采纳。

（2）标准过于严格。

如果以专业领域的正当理由标准，作为衡量诉讼中专家证人职业道德的标准，那么很有可能会使很多没有充分正当理由的判断结论不能被法院认可，在某些情况下也会影响审判的公平性。这种影响在以优势证据规则为基础的民事诉讼中体现得尤为明显。具体内容如下：

日常专业领域的正当理由标准有的时候可能过于严格。太过严格的标准会过滤掉很多专家证言，阻碍专家准确地得到与最终真实情况相关的结论。专家会因为觉得支持自己观点的正当理由不足以达到日常专业领域的正当理由标准而放弃提供这些证言。专家担心法院会因为自己这种不能达到专业领域正当理由标准的陈述而认定其违反了职业道德。然而，这些被放弃的事实本来应该被应用在民事审判中，但由于这个严格的标准而被过滤，以至于使相关当事人在以优势证据规则为标准的民事审判中处于劣势。Cohen教授指出，科学，特别是依赖于统计

---

[1] David L. Faigman, The Law's Scientific Revolution: Reflections and Ruminations on the Law's Use of Experts in Year Seven of the Revolution, 57 Wash. & Lee L. Rev. 661, 667 (2000).

学或其他概率学方法的实证科学,严格的过滤功能经常会阻碍专家查明案件事实,而这些事实本应该被应用在以优势证据规则为标准的民事审判中。[1]所以教授认为,如果过于严格地按照相关领域的行业标准,那么就不利于案件事实的查明,而职业道德标准制定的首要目的就是为了查明案件事实。从这一点上看,相同知识严谨性检测和正当理由义务制定的目的是相悖的。

(3) 对两种异议的评析。

实际上 Faigman 与 Cohen 教授所主张的并不是一个单一的标准,而是正当理由标准的上限和下限。如果采取这种主张,就需要定义最低和最高标准。这才是对 Faigman 与 Cohen 教授文章观点的正确理解。具体来说:

第一,如果要保证所提供的专家证言是真实准确的,就必须要求法庭上支撑专家证言的正当理由必须达到日常专业领域的基本要求。如果该专家所涉及的行业领域并没有可靠地原理和方法,那么该领域内的专家不能具有专家证人资格。

在这种情况下,相同知识严谨性检测可以保留它大部分的作用。尽管可能在特殊情况下整个行业领域的技术标准都不能达到法律语境内正当理由的最低标准。也就是说这种情况下该行业的所有专家都不具有专家证人的资格。但是这样一个专家组织的成员仅仅在法律语境中不是专家。在其他语境下,其是否具有专家资格是由相关的行业标准判断的。

例如在《联邦证据规则》702 条规定中,法院已经适用了一个可采性最高标准,①证言基于充足的事实或数据,②证言是可靠的原理或方法的产物,并且③证人将这些原理和方法可

---

[1] Neil B. Cohen, The Gatekeeping Role in Civil Litigation and the Abdication of Legal Values in Favor of Scientific Values, 33 Seton Hall L. Rev. 943, 949 (2003).

靠地适用于案件的事实。[1]法院为可采性设置了一个底线,如果该专家所涉及的行业领域并没有可靠地原理和方法,那么该领域内的专家并不一定能具有专家证人资格。所以可以看出,并不是每个人都可以具备专家证人的资格。

第二,法律情境下要求案件及时解决,同时由于在民事诉讼中,优势证据规则在事实认定过程中处于支配地位,所以为了防止过多的事实被放弃使相关当事人在案件审理中处于劣势,不能制定太过严格的正当理由标准来审查专家证人的职业行为。

所以这些异议的实质就在于,应该以日常专业领域的正当理由标准——作为审查专家证人职业道德的标准,还是应该调整法庭情境下充分正当理由的门槛,使其低于专家职业领域日常工作中所需要的充分正当理由标准从而与优势证据规则的说服责任相适应。

(二)采用"相同知识严谨性检测"标准的必要性——以科学与法律的区别为视角

之所以异议者要求调整法律语境下正当理由的标准,就是因为法律与科学在认识论上存在极大地不同,认识的标准应该随着语境的变化而变化。所以我们可以把法律和科学的区别点作为突破口,去判断是否应该调整法律语境下正当理由标准。如果任何对正当理由标准的调整都是不合理的,那么采用相同知识严谨性检测作为正当理由义务的衡量标准就是必要的。

法律和科学不同的方面。这些不同点主要包括以下几个方面:①调查性的和评判性的认知方法,②对抗性的和偏袒性的认知方法;③开放式的调查;④及时解决;⑤关注普遍原则;⑥关

---

[1] [美]罗纳德·J. 艾伦、理查德·B. 库恩斯、埃莉诺·斯威夫特:《证据法:文本、问题和案例》(第3版),张保生、王进喜、赵滢译,高等教育出版社2006年版,第723页。

注具体案件;⑦对第一种类型的错误存有偏见,所以一般不会宣称不存在因果关系的两种事物存在因果关系,然而法律对第一种和第二种类型的错误同样对待,所以在法律语境下两种不同类型错误出现的概率基本是相同的。[1]

1. 区别一的影响——调查性认知与对抗性认知

在当事人主义的诉讼体制下,专家在很多情况下会成为一方当事人的拥护者,从而使其做出的证言产生偏向性,在很多情况下这种偏向性的产生甚至是无意识的。但是在科学领域,专家仅仅是为了探寻科学原理,并不代表任何一方当事人,所以在科学语境下他们的结论一般情况下都是公正的。但是,绝不能因为偏向性存在的合理性及其无意识性就去降低正当理由的标准,因为没有人会因为一个不可避免的错误而降低评价标准。所以从这一点来看,其不可能成为调整法律语境下正当理由标准的原因。

2. 区别二的影响——结果的开放性与结果的终结性

接下来要论述的区别是科学的开放式调查与法律上对案件的及时解决。不可否认,这种区别在一定程度上使法律语境和科学语境下对充分正当理由标准要求的不同,但是一定不能夸大这种区别所造成的影响。科学语境下容易出现不确定性的答案,而法律语境下容易出现确定性的答案。法律语境下出现"是"或"不是"这种确定性答案的概率高并不是由于降低了判断因果关系的正当理由标准,而是因为有选择性地提交专家证言所造成的一种假象。在法律领域下,专家做出确定的因果关系同样也是应该建立在日常专业领域的正当理由标准基础之

---

[1] 第一种类型的错误发生在:得出结论两种变量之间存在因果关系,然而事实上这两种变量之间并不存在因果关系。第二种类型的错误发生在:得出结论两种变量之间不存在因果关系,然而事实上这两种变量之间存在因果关系。

上的，如果达不到这种要求，那么专家做出确定的因果关系判断就是违反正当理由义务的。法律和科学对答案的需求不同只是造成了不同类型的答案在不同语境下出现的概率不同，并不应该影响到判断因果关系的正当理由标准。分析如下：

（1）科学调查的开放性。

科学语境下调查的开放性并不意味着在重要问题上科学家的调查活动不能达到终止的状态。而是说在科学领域，理想的终止状态是在以事实为基础达成共识的过程中取得的。因为它需要一个漫长的达成一致的过程，所以时效对他们来说就相当不重要了。另外，在科学上没有什么是最终的结论，也没有什么是不能撤销的。所以如果新证据出现，完全可以重新修正观点。

（2）法律对终结状态的追求。

在法律语境下，终结是一个更直接的法律目的。很多时效法和法令的出现就是为了限制审理期限从而防止当事人遭受审限过长的诉讼威胁。法律承诺案件的终结对于案件处理来说是极为重要的，因为其给予了当事人一个诉讼预期，使之能够预见到案件的结束。从这个角度上说，诉讼终结是案件处理的最终目的，是一个定纷止争的权威性裁定。

然而需注意的是，对终结的法律承诺主要在单个具体案件审理中，并不涉及其他案件。一个原告由于诉讼终结而输了一场官司并不意味着随后的其他原告在有更充分的证据材料的情况下不能取胜。这种情况在中毒侵权案件中非常常见。[1]第一个原告因为证据材料不充分，法院没有支持他的诉讼请求。而第二个原告全面地准备了与中毒症状相关的材料，所以在相同案件中胜诉。这个事实暗示了一点，审判本身并不仅仅是为了

---

[1] See Joseph Sanders, The Bendectin Litigation: A Case Study in the Life Cycle of Mass Torts, 43 Hastings L. J. 301, 349-54 (1992) (describing this "first plaintiff problem").

强迫终结案件。如果终结案件是审判的目标，那么抛硬币就可以达到这个目的。审理的结果就是结束，但是审判本身也在寻求决议，在这方面和科学是一样的。审判是为了说服全部或者大部分的事实认定者接受正在处理的案件的事实真相。它只是针对目前正在审理的案件，并不涉及今后相同或类似案件的审理结果。就像在科学领域，在一定时间达成的一致意见并不意味着今后就不能达成不同于先前意见的新的共识。

（3）小结。

法律语境下及时定纷止争的需求应该使专家在特定案件中对于一些问题更希望回答是或者不是。但在日常专业实践中科学事实认定者对于是否 A 和 B 有联系的问题一般会给出三种可能的答案：①否，②是，③证据暗示是有联系的，但是由于证据可能是伪造的所以不能声明答案是肯定的。可能还会增加第四种答案，证据暗示是否定的，但是由于现存的证据在查明事实上的证明力有限所以我们不能关闭所有调查的大门。[1]

在纯科学领域，并不注意及时性也不存在及时性的危险，但是应该认识到在许多与专业知识相关的领域，例如在法律领域，在现存可用证据的基础上做出及时的裁决是很重要的。有的时候虽然想及时得到答案，但所涉及的问题确实超出了专家的知识范围，那么专家也只能回答说，"不知道"。但是一般情况下，考虑到一个特定案件中有限的可用证据的数量，法院都会希望专家能够在现存证据的基础上给出确定的专家意见。[2]

但在某些情形下专家不会给出确定的回答，而是希望进行

---

[1] Neil B. Cohen, The Gatekeeping Role in Civil Litigation and the Abdication of Legal Values in Favor of Scientific Values, 33 Seton Hall L. Rev. 950. 951（2003）

[2] David L. Faigman et al., How Good Is Good Enough?: Expert Evidence Under Daubert and Kumho, 50 Case W. Res. L. Rev. 645, 654（2000）.

下一步研究，然而由于人们对鉴定意见的迫切需求，专家做出不确定性回答的概率就会因此减小。但这种观点并不是说，做出因果关系判断不再需要一定的正当理由标准。不能以"对答案的需求"为由，要求专家必须做出确定性回答。

所以对于这个区别正确的理解是，专家在科学语境下，对因果关系的回答可能会出现四种答案。在法律语境下由于对终结的需求，出现"有因果关系"和"没因果关系"的概率更大。但是，这并不是降低了判断事物有无因果关系的标准，而是因为专家一般在确切的做出因果关系判断后才会被要求出庭作证。例如，判断 a 病菌是否产生 b 疾病，如果鉴定人有充分的理由做出因果关系判断，那么就会有当事人要求其出庭作证，因为鉴定人的结论会有利于这方当事人的诉讼目的。但是，当这个专家没有充分的正当理由做出因果关系判断，而只能提供一个不确定的答案，那么当事人也就没有理由要求其出庭作证。所以可以看出，法律语境下出现确定答案的概率高并不是由于降低了判断因果关系的正当理由标准，而是因为有选择性地提交专家证言所造成的一种假象。所以，即使在法律领域下，专家做出确定的因果关系也是应该建立在日常专业领域的正当理由标准基础之上的，如果达不到这种要求，那么专家作出确定的因果关系判断就是违反职业道德的。可见，法律和科学对答案的需求不同只是造成了不同类型的答案在不同语境下出现的概率不同，并不应该影响到判断因果关系的正当理由标准，所以这种区别同样不能成为调整正当理由标准的根据，仍然应当将相关领域的正当理由标准作为法庭上做出因果关系的判断的最低的证据标准。

3. 区别三的影响——关注一般原则与侧重具体案件

第三个所谓的不同是科学更关注一般原则而法律更侧重于

具体案件。确切来说，一些科学领域侧重于普遍原则或者至少是总体上的结论，科学的判断一般都是建立在群体性统计基础上的。然而法院总是关注个案，仅针对个案进行分析。专家在法律语境下并不是降低了充分正当理由的标准，而是因为本身所处理的事项就是科学语境下的稀有案件，这些案件在科学语境下同样只需要进行个案分析而不需要进行群体性统计分析。所以这个区别同样不能成为调整法律语境下正当理由标准的根据。分析如下：

可以以流行病学在法庭上的作用为例来说明这个问题。[1]流行病学是关于群体的，利用适当的数据，它可以为"是否一种物质增大了一个群体遭受损害的风险"这个普遍因果关系问题提供有价值的证据。但是它不能解决是否特定个体的损伤是由于暴露于某种未知引起的这个具体因果关系问题。只有在一些暴露物会引起极高的疾病发病率的稀有案件中，例如接触石棉很容易会引起间皮瘤这种病症，专家才愿意出具自己的判断意见。

然而在其他专业领域，关于具体案件的鉴定意见是经常出现的。在"库霍轮胎案"中，法院同意轮胎专家可以就特定轮胎的故障原因做出因果关系的判断。[2]变应症专家经常被要求推导哪种具体的接触造成了一个特定病人的反应。

由以上分析可见，专家在科学领域一般不会针对具体案件做出因果关系判断，而在法律语境下的专家证人却总是针对具体案件做出因果关系判断。这是因为作证事项的不同，例如上文中提到的，如果是针对接触石棉和间皮瘤之间的因果关系作证，由于本身接触石棉就会引起很高的间皮瘤发病率，所以专

---

[1] See David L. Faigman et al., Modern Scientific Evidence: The Law and Science of Expert Testimony ch. 25 (2006).

[2] Kumho Tire Co. v. Carmichael, 526 U. S. 137, 156 (1999).

家证人可以放心的针对该因果关系做出判断,他们也就会大胆地出现在诉讼过程中。然而如果是处理与流行病有关的案件,因为因果关系判断是建立在群体发病情况统计的基础上的,所以专家是不会在法庭上做出针对具体案件的因果关系判断,那么专家的意见也就不会出现在诉讼过程中。

最后,可以得出这样一个结论,法律语境下专家更容易针对具体案件做出因果关系判断,是由于所处理的专业问题本身在科学语境下就可以仅仅针对单个具体案件做出判断而不需要进行群体性统计分析。也就是说,专家在法律语境下并不是降低了充分正当理由的标准,而是因为本身所处理的事项就是科学语境下的稀有案件。所以这个区别同样不能成为调整法律语境下正当理由标准的根据。

4. 区别四的影响——对I类型错误偏见与对两类错误同等对待

科学与法律之间的第四种区别在于两者对于第一种类型错误和第二种类型错误的立场。科学对于第一种类型的错误存有偏见,科学家犯第一种错误的概率是很小的。而法律语境下并不认为这两种错误类型存有差异,从而犯两种类型错误的机会是均等的。所以有学者可能认为,由于科学和法律对错误类型的认识立场不同,所以当专家证人在法庭上作证时,就应该降低正当理由的标准以平衡两种不同类型错误发生的概率,这样才能与法律语境下对该问题的立场一致。要降低正当理由标准,就必须放弃相同知识严谨性检测。然而,我认为,法律语境下的正当理由标准可能确实与科学语境下的正当理由标准尽管存在一定的区别,但是调整法律语境下的正当理由所耗费的成本远大于其可能取得的利益,更重要的是即使进行大量的研究也很难找到真正准确的正当理由标准,所以这个意见不应该抛弃相同知识严谨性检测。

(1) 科学对第一种类型错误偏见的事实依据。

科学对第一种类型的错误有偏见，这种观点来源于以下事实：在进行显著性检验时科学家通常采用 0.05 概率阈值。显著性测试通常被用来测试无效假设。假设检验的基本思想是小概率反证法思想。小概率思想是指小概率事件（P<0.01 或 P<0.05）在一次试验中基本上不会发生。反证法思想是先提出假设（检验假设 H0），再用适当的统计方法确定假设成立的可能性大小，如可能性小，则认为假设不成立，若可能性大，则还不能认为假设不成立。[1] P 值所代表的是零假设成立的可能性，或者由于随机误差造成出现零假设成立的可能性。0.05 的 P 值可以被解释为观察到有联系的 5%可能性至少和研究中发现的一样大，然而事实上没有联系的零假设是正确的。很明显，通过采用 0.05 的显著性检测科学家使他们倾向于反对做出第一种类型的错误——也就是反对得出存在因果关系的结论而实际上并不是存在的。所以，不得不承认科学家确实对第一种类型错误存在偏见的事实。

然而，在法律语境中，优势证据证明责任暗示了民事诉讼体系认为不准确地宣布一个即将被证明的主张，和错误地放弃宣布一个已经被证明的主张，这两种情况有着相等的诉讼成本。

所以有人就提出，"我们是否应该调整法庭上科学家思考问题的方式使他们对错误类型的看法与法律对错误类型的看法相适应"。也就是说希望调整法庭上专家证人提出观点所应达到的正当理由标准，使其与法律语境下对因果关系判断的取舍相适应。

为了解决科学家存有的对第一种错误的偏见，还有人提出

---

[1] 百度百科，http://baike.baidu.com/view/1445854.htm，访问日期：2011 年 2 月。

一个建议：使第一种和第二种错误发生的可能性变得相等。Cohen 教授想采取折中立场。[1]一种理解这种观点的方法是去分析第一种和第二种错误出现的可能性，同时为了平衡这两种风险调整合适的 P 值。

不幸的是，与第一种和第二种错误的关系并不简单。第二类错误发生的可能性（称为检验的"强度"）是与一系列数值相关的函数，这些数据包括第一种类型错误的可能性（通过选择一个 P 值设置的），希望检测的效果大小（例如，由于接触引起的双倍风险），研究样本的大小，还有在专门的流行病调查列联表分析中的人群中的接触频率（例如，接触石棉的人的百分率）和效果的发生率（例如，肺癌的发病率）。[2]根据这个函数关系可以看出，如果想使两种错误发生率相等，只能在降低第二种类型错误发生率的同时升高第一种错误发生率。然而，在错误率和实验的显著率标准之间没有简单的一对一的关系，这个调整可能引起第一种类型错误的大幅度提升但在类型二的错误上仅有一个微小的降低，也就是说会造成错误率总量的升高。然而，在民事诉讼中，无论是出现第一种类型的错误还是第二种类型的错误，它造成的诉讼成本都是一样的。所以在某种程度上，对优势证据责任的合理理解是要求降低总的错误率而不是平衡两种类型的错误率。所以这种调整方法是极为不合理的。

因果关系问题是如此的复杂以至于仅关注调查的一个方面——显著性检验的传统标准——同时单独在那个基础上改变

---

[1] Neil B. Cohen, The Gatekeeping Role in Civil Litigation and the Abdication of Legal Values in Favor of Scientific Values, 33 Seton Hall L. Rev. 950 (2003).

[2] James J. Schlesselman, Case-Control Studies: Design, Conduct, Analysis 144-58 (1982).

专家正当理由标准是一个不合理的行动方案。在很多情况下，显著性检测在法庭上几乎是没有作用的。所以，如果想调整在法庭上专家所需要的知识严谨性标准，那么应该考察所有对专家的因果关系评估起作用的因素，而不是仅单独考察传统的显著性检测标准。可以看出这个任务相当烦琐，工作量相当浩大，而且它的结果也是不确定的，所以开展这项工作是极为不明智的。所以想要在说服责任标准和科学显著性检测标准之间寻找一个更为合适的正当理由标准，几乎是一个不可能完成的任务，因为它需要考虑太多的因素，进行太多的实证检验。

（2）科学采取显著性检验方式在证据价值判断中的作用。

那么在分析一个专家证据价值的过程中，需要考虑哪些因素呢，显著性检测在这个分析过程中是否起到很大的作用呢？可以以流行病学证据为例来说明这个问题。例如，Gerald Boston 教授指出流行病学证据的说明应涉及多种考虑因素。[1] 从这些考虑因素可以注意到统计显著性在这个分析中的作用是非常小

---

[1] See Gerald W. Boston, A Mass-Exposure Model of Toxic Causation: The Content of Scientific Proof and the Regulatory Experience, 18 Colum. J. Envtl. L. 181, 273-74 (1993). （至少下列标准在分析一个研究的价值时是相关的：A. 这个研究是否基于一个规划好的研究假设？B. 根据因果关系的评价标准这些研究结果表现得如何，这些结果包括联系的强度，剂量反应，一致性，特异性，暂时性，合理性，以及其他对于推断因果关系必要的因素。C. 这个研究结果是否与其他的研究相一致，另外这些研究结果是否内在一致？这个研究是否与来自于动物生物测定和毒性机理研究的毒物学证据相符的程度？D. 这个研究是否很好地说明了偏见，非偏差性的错误分类，或者说明了混淆变项？E. 这个研究查明一个诉讼范围内的相对风险率的强度是怎样的？F. 研究组的选择是否适当，具有指定良好的群体，案例和控制机构？G. 流行病学研究是否说明了效果或者趋势的统计显著性，并一起说明了合适的数据和统计学措施的解释？H、流行性病学研究是否出版在了同行审查的刊物上？那个刊物的同行审查标准是什么？如果这个研究已经接受过同行审查，那么哪些证据证明了调查者所采用的这些方法论的效度？I. ……G. 相对风险率是否大到足以允许这样一个推断，接触该化学药品的个体更容易患这种疾病？）

的。总之，许多科学学科采用了显著性检验从而造成了科学对第一种类型错误的排斥，然而民事法律程序普遍的适用说服责任从而对这两种类型的错误平等对待，但是这种区别并不是说，相同知识严谨性检测在法庭上适用是不合适的。

如果根据案情去调整正当理由的标准，那么将会引起涉及所有法律领域和所有证人类型的新问题。在民事诉讼中，需要采用的是优势证据责任，如果主张专家正当理由标准的降低，那么鉴于刑事诉讼中采用排除合理怀疑证明责任，就必须再对专家证人正当理由义务的判断标准进行新的调整。要求证人基于法律问题是排除合理说服责任的刑事问题还是采纳优势证明责任的民事问题去自动调整他们的正当理由标准，这种做法是行不通的。所以最好接受专家日常行业领域内的这个正当理由标准而不是根据证明责任要求专家证人升高或降低他们的正当理由标准。因此，最好不要将专家证人的正当理由义务判断标准与说服责任问题相联系。

所以，尽管这种区别，让法律语境下的正当理由标准可能确实与科学语境下的正当理由标准存在一定的区别，但是调整法律语境下的正当理由所耗费的成本远大于其可能取得的利益，更重要的是即使进行大量的研究也很难找到真正准确的正当理由标准。因此，最好的方法或许还是直接适用日常专业领域内的正当理由标准，也就是相同知识严谨性检测。

5. 总结

总的来说，笔者认为如果拒绝以行业自律性规则为基础的道德准则而为法庭上的专家证言强加一个单独的道德上限，那么这种做法是得不偿失的。一旦废除了一个专业领域的正当理由标准，就没有合适的替代物。法院和自律性组织经常认识到，部分问题的根本原因是有很少能够有效地支持专家观点的证据。

专家在其他情境下如果还不能相对准确地得出结论,那么他们会等待新的证据产生。但是在法律情境下,法院通常必须基于现有可用的证据来回答问题而不是等待更多证据的出现。如果证据太少,那么法律情境下的专家就只能向法院说明可用证据太少,自己没有能力处理这个问题,而不能像在科学语境下,仅仅等待新证据的产生而不做出回应。这一点才是法律语境不同的地方,但这并不妨碍将行业正当理由标准作为法庭上专家证人的职业道德标准的基础。

所以判断专家证人是否遵守了职业道德,就是要看他的结论或陈述是否有充分的正当理由支撑,而判断其正当理由是否充分,评价的标准就应当是日常专业领域内的正当理由标准。由此可见,最合适的审查专家证人职业道德的标准就是相同知识严谨性检测。

(三) 专家证人正当理由标准的阻碍因素——专家证人的立场

以上内容主要讨论了什么样的标准是合适的专家证人正当理由义务的衡量标准。尽管有一定的局限性,但相关专业领域的职业道德标准,有时也作为相同知识严谨性检测体现在法律中,是专家在法庭上作证可以依据的最好的道德限制性规则。

接下来要讨论与专家正当理由义务有关的第二个方面,也就是有关专家的角色问题。职业道德标准不仅仅要注意专家的专业技术领域而且要注意专家在诉讼中所承担的任务。最终专家的角色是要和其知识结合在一起的,专家职业道德问题最重要的就是充分的正当理由。然而,为什么专家证人会违反它的正当理由义务,归根结底是因专家证人在诉讼中所处的地位和角色造成的。

那些为一方当事人作证的专家提出一个观点时,支持自己观点时所使用的正当理由可能要少于一个中立的专家所需要的正当理由。另外,这种专家提出一种观点所需要的正当理由也可能远小于他在其他情境下工作时所需要的正当理由。因为他们可能被经济利益或其他原因所诱惑,所以他们更希望对那些非专业技术核心领域的问题作证。在那些偏僻问题上作证,即使故意降低正当理由标准,别人也很难以此作为攻击对象。

1. 专家证人的角色矛盾

从某种角度看,专家证人不只是代表自己,而且代表了他的专业领域内与某种问题相关的专业知识。他的作用是提供辅助事实裁判者理解证据[1]的专业知识。正是在这个角色上,专家证人一个最重要的义务是独立且客观地处理每一个问题。[2]

客观的专家会公正地分析事实和相关数据,不会考虑专家意见对客户产生的后果。中立的专家不应被雇用他的一方当事人诉讼目的左右,也不会遮蔽不利于客户的鉴定意见。而在司法实践中,当专家确实不能为他们的观点提供充分的正当理由时,经常不是因为他们不能找到支持一个观点的分析材料,而是因为他们没有说明与观点有关的"全部事实"。他们向法庭出示了同等效力地支持和反对这种观点的证据,从而使法庭无法将该结论作为认定案件事实的依据。

一些职业团体的道德指引承认了作证的专家所面对的冲突。例如,美国精神病和法律协会的职业道德准则中指出,"英美法律程序的对抗性给司法精神病学的执业行为带来了特殊的危险。受聘于民事或刑事案件的一方,会使司法精神病学医生面临产

---

[1] [美]罗纳德·J. 艾伦、理查德·B. 库恩斯、埃莉诺·斯威夫特:《证据法:文本、问题和案例》(第3版),张保生、王进喜、赵滢译,高等教育出版社2006年版,第723页。

[2] Steven Lubet, Expert Witnesses: Ethics and Professionalism, 12 Geo. J. Legal Ethics 465, 467 (1999).

生无意识的偏见的可能性以及其意见受到歪曲的危险。以一种诚实的方式执行他的职责来力求得到一个客观的意见,从而减少上述危险的产生,这对于司法精神病专家来说是一种责任。"〔1〕

这种对抗性体制产生的冲突使得专家证人的角色总是在两个立场上转换。专家证人的一种角色立场是专业知识教导者,专家需要告知相关的专业知识,以使事实认定者能够辨别当事人所主张观点说服力的强弱。专家还可能有另一种不同的角色立场,就是作为雇用他的当事人团队的一分子,成为一方的拥护者。

2. 专家证人在法庭上所采立场

无论是法律规定还是相关行业组织的自律性规定,都要求专家证人能够作为专业知识的教育者传授者,客观公正地协助法院查明案件事实。但是在司法实践中,专家证人的立场却转变为当事人赢得诉讼的工具,这也正是专家证人违反正当理由义务最主要的阻碍因素。

英美法系国家实行对抗制诉讼制度,立法者与司法者希望通过当事人之间的对抗而使法官全面地发现真实。……在利益的驱动下,当事人在诉讼中所展开的对抗越来越激烈,从而产生了所谓的对抗过度的问题。对抗过度在专家证人制度上的体现是,当事人为了支持自己的观点,不惜花费重金聘请各方面的专家为其作证,而受到聘用的专家由于收受了当事人的酬金,在法庭上往往会不顾事实地发表有利于其当事人的证言。专家证人在某种程度上成了当事人在诉讼上的武器。〔2〕

关于专家证人在法庭上所采立场的实证研究非常少。一个

---

〔1〕 王进喜译:"美国精神病学与法律学会司法精神病学执业道德指引",载 http://blog.sina.com.cn/871201sbx,访问日期:2011年2月。

〔2〕 徐继军:《专家证人研究》,中国人民大学出版社2004年版,第57页。

由 Mark A. Chesler et al. 进行的研究就是关于这方面问题的，但是不幸的是他的研究并没有很强的代表性，不能代表大多数专家证人的情况。这个研究采访了在 20 世纪 60 年代和 20 世纪 70 年代之间在学校种族隔离案件中作证的大多数专家证人。基于这些采访，每个专家都被归类为采取社会科学立场、混合立场或者法律对抗性立场中的一种。采取社会科学立场的专家证人认为遵守科学规范是应该的。另一方面，采取法律对抗性立场的专家证人却认为在法庭上客观公正地履行正当理由义务几乎是不可能的，因为对方当事人的专家证人会违反该义务，只有自己也违反正当理由义务才能抵消对方专家证人违背义务所带来的损害。[1]

当然，学校取消种族隔离的案件是非典型性的，因为在他们被判决时，双方当事人都意识到是出于道德上不对称的关系当中。但是仍然可以从对违反正当理由义务的专家证人的采访中看出，专家证人对于正当理由义务的违反是没有什么情感和道德负担的，因为他们相信对方当事人的专家证人也会做同样的举动，造成了不利后果是可以相互抵消的。所以，他们就扮演了"辅助辩护人"的角色。

因此在有很少的情感和道德负担的情况下，加入一方当事人团队的专家更可能被视为一个"雇佣的枪手"，听命于雇用他的一方相对人。[2]只有在某些稀有案件中，专家只要客观的传授专业知识就能满足当事人的诉讼目的，也就是说采取教育者角色的专家证人和辩护人的立场一致。除了这些稀有案件，采

---

[1] See Mark A. Chesler et al., Social Science in Court: Mobilizing Experts in the School Desegregation Cases at 112, 114, 115, 127, 128 (1988).

[2] David L. Faigman et al., Modern Scientific Evidence: The Law and Science of Expert Testimony ch. 25 (2006).

取不同立场的专家证人针对同一问题的证言很可能会不同。

如果专家谨遵相关行业的正当理由义务标准,那么唯一正当的角色就是作为科学教导者。但是在司法实践中,即使专家最初处理他们的任务时想要采取教育者的立场,但是改变他们立场的压力也是非常大的。在法官和陪审团看来,很多专家在法庭上所扮演的并不是科学教育者这一理想角色,因为他们针对自己的观点所给出的正当理由并不像他的专业工作中所要求那样具备强有力的说服力。那么怎么做才能激励专家证人面对这些压力的时候仍然能遵守职业道德呢?

三、保障专家证人履行正当理由义务的规制模式

现存保障专家证人履行正当理由义务的规制模式是多种来源不同的规制方式所形成的一个整体,这些规制方式可能来自于当事人、律师、行业委员会和行业组织,可能来自于法官,甚至来自于事实认定者。同时这些来源不同的规制方式,对于专家证人正当理由义务履行所产生的实质性的威慑效果也不尽相同。判断各种规制方式的威慑效果可以从以下几点着手:一是该规制方式对专家证人的利益有何种程度的影响,是否会影响专家证人的市场竞争力,是否会给专家证人造成严重的经济或声誉的损失;二是规制主体行使自己权利的动机是否充分,是否存有相反的动机阻碍规制主体对专家证人的监督威慑。从这两点进行考察,一方面可以探明各种规制方式的实际效果,另一方面也能对现存的规制模式做出准确的评价。下面从这些来源不同的规制方式着手,分析现存的规制模式实际的效果。

(一)诉讼当事人对专家证人的责任追究

当事人对专家证人责任的追究,在一定程度上会促进专家证人尽可能地提供准确合理的专家意见,履行正当理由义务。

但是两方面的因素阻碍了这种责任追究的威慑力,一方面专家证人被追究责任的可能性较小。另一方面,当事人对自身诉讼利益的追求反过来还会促使专家证人违反正当理由义务,提供没有充分正当理由支撑的错误鉴定意见。

1. 专家证人制度下的责任追究

在英美国家,专家证人一般享有绝对证人豁免权或其他类似的禁令,这些特权可以保护证人不因任何事由受到制裁,当然伪证罪除外。有限的豁免权例外为当事人起诉己方专家证人的玩忽职守行为提供了一个理由。一般来说,专家证人对其当事人可能承当两种责任,一种是违约责任,另一种是侵权责任。[1]

首先,违约责任。当事人与专家证人之间的服务联系实际上是建立在双方当事人签订的合同的基础上。如果专家证人不遵守职业道德那么必然是对双方合同的违反,在此种情形下,当事人就可以追究专家证人的违约责任。然而必须认识到,专家证人违反职业道德在大多数情形下都是为了当事人的利益,为了帮助当事人赢得诉讼,所以当事人绝对不会因为这种违反正当理由义务的行为而去起诉其聘请的专家证人。

其次,侵权责任。这种情形一般是因为专家证人在准备相关鉴定意见和法庭陈述的过程中没有尽到合理的注意义务,从而造成了相应的过失,使当事人产生相应的损失。但是,一方面这种侵权行为并不是专家证人故意违反职业道德所造成的,所以这种责任的追究并不涉及职业道德的问题,最多在一定程度上能提升专家证人的注意义务。另一方面,当事人一般都会将专家证人的结论审核后提交给法庭,所以这种情形出现的概率是非常少的。

---

[1] 徐继军:《专家证人研究》,中国人民大学出版社2004年版,第73页。

最后，可以看出当事人对专家证人责任的追究并不能对专家证人产生足够的威慑作用，所以对于保障专家证人遵守职业道德及履行正当理由义务的效果极其有限。

2. 我国司法鉴定人制度下的责任追究

司法鉴定机构和司法鉴定人在执业活动中对当事人承担的赔偿责任的性质是民事赔偿责任，这一点没有疑问。[1]在我国，根据《司法鉴定人登记管理办法》第31条[2]，司法鉴定人在主观上存在故意或重大过失的情况下需要承担相应的赔偿责任。

民事诉讼中司法鉴定人一般都是由当事人自行选择，当事人总是会要求司法鉴定人做出有利于自己的鉴定意见。一方面当事人仅会提供有利于自己的证据材料，使司法鉴定人的鉴定意见从根源上就偏向于委托人。另一方面，如果司法鉴定人的结论不利于当事人，很多当事人都会要求司法鉴定人重新更改。很多营利性鉴定机构会满足客户的请求，做出违反职业道德的鉴定意见。在司法鉴定实践中，坚持自己鉴定意见的鉴定机构总是会受到当事人的威胁。有时当事人及其律师对违反职业道德的专家适用制裁方面发挥很大的作用，因为他有权利拒绝雇佣专家。所以律师可能会对专家的资质、作证经验等方面进行相关的审查。有的专家在律师看来对案件的帮助作用很小，律师就会拒绝雇佣这个专家，实际上这时律师已经起到了对专家的制裁作用。有时律师之所以做这个决定是因为他认为这个专家在之前的作证中承载了太多的道德负担。但是总的来说律师没有审查专家过去纪录的义务，所以对律师来说以这种方式审

---

[1] 刘涛、霍晟："司法鉴定活动中民事赔偿责任若干问题探讨"，载杜志淳主编：《司法鉴定论丛》，北京大学出版社2009年版，第205页。

[2] 《司法鉴定人登记管理办法》第31条规定，司法鉴定人在执业活动中，因故意或者重大过失行为给当事人造成损失的，其所在的司法鉴定机构依法承担赔偿责任后，可以向有过错行为的司法鉴定人追偿。

查专家的动机是非常有限的。

利用相关媒体的力量对鉴定机构和相关鉴定人施加压力,这些机构通常最后会迫于压力做出鉴定材料有限,无法鉴定的结论。

所以真正提交到法院的鉴定意见基本上都经过了当事人的审核,司法鉴定人出庭所做的陈述也基本是与鉴定意见一致的。司法鉴定人及其鉴定意见一般情况下都是有利于当事人的,而不会给当事人造成损失。在实践中,当事人追究鉴定人的违约责任,一般都是因为司法鉴定机构及其鉴定人不按照当事人的要求做出有利于当事人的鉴定意见所引起的,所以这种责任追究的方式并不能促进司法鉴定人遵守职业道德履行正当理由义务,只能起到相反的作用。

(二) 律师对专家证人的选择和审查

律师对专家证人的选择和审查,会促使专家证人尽可能的遵守正当理由义务,以提高自己的信誉度和市场竞争力。但是,律师却存在相反的动机,因为他需要为其当事人赢得诉讼提供最佳的代理,所以律师又会反过来要求专家证人违反正当理由义务。由此可见,律师的规制不仅不能产生预期的效果,反而会促使专家证人为了迎合市场需求违反职业道德。

1. 专家证人制度下律师的选择和审查

律师可能会对专家的资质、作证经验等方面进行相关的审查,然而律师却有相反的动机不去审查专家过去的记录。最强的相反动机就是律师需要给客户提供最佳的代理。这种义务会从两方面影响律师对专家证人的选择。

首先,客户的利益会促使律师去选择那些会有偏向性的专家。只要在一定范围内这个专家所出示的证据在某一点上最有利于雇佣专家的一方当事人,律师就有了选择他的理由。

其次,根据客户案件的优势程度,律师可能会做出不同的选择。如果客户案情很占优势,那么律师就会选择一个最有资质的专家,这个专家可以在相关问题上提供最具权威性的意见。因为只要客观地告知法庭相关证据,就可以达到胜诉的目的。而如果案情不占优势,律师就不得不选择一个有利于他的专家,在这种情形下,律师虽然最开始希望能聘用一个能在证词中应用相同知识严谨性的专家,但是这样的专家不利于当事人胜诉,所以这种最初的愿望就与律师需要给客户提供最佳代理的义务相矛盾了。

2. 专家证人制度下律师审查专家的义务

考虑到这个情况,律师审查专家证人的义务应该是什么呢?很少有关于律师义务的讨论。明确的一点是,律师不能故意允许专家作伪证。这个规则可能就像问一个律师如何审查证人,因为没有合理的方法能辨别出哪些事实证人是真诚的哪些不是。在专家证人的选择上,是否应该要求律师满足更高的标准呢?

Saks 对积极地欺骗律师及法院的专家和仅仅没有充分理由支持其的观点的专家做出了区分。在前一种情况中,要求律师涉入对专家证据的独立调查是不明智的,例如,调查专家据以认定事实的数据是否是捏造的[1],因为律师并不了解这些专业知识,如果专家进行了很周密的伪造工作,那么律师是很难发现问题的。然而在后一种情形下,律师经常会去评估专家证人证言的价值,因为根据专家给出的证据,律师完全有能力判断支持专家结论的理由是否充分。只要律师肯花费时间和精力去研究案件所涉及的科学问题,那么虽然律师不能给出相应的鉴定意见,但是对于这个专家结论是否建立在可靠、柔软、模糊

---

[1] Michael J. Saks, Scientific Evidence and the Ethical Obligations of Attorneys, 49 Clev. St. L. Rev. 421, 426 (2001).

或者不存在的数据和逻辑的基础之上的这些问题，都有潜力做出自己的判断。所以如果律师同意或者支持一个专家证言，那么律师必须是善意地相信所提供的专业知识是正确的或者据以做出结论的事实材料和技术都是正当有效的，这样才是符合职业道德地向法庭提交专家证据的前提。在任何人看来，律师都应该承担这个责任，几乎没有相反理由的存在。[1]

通过这段话可以知道，Saks的观点就是，律师不仅应该在知道专业知识错误的情况下阻止这些专业知识被提交给法庭，而且律师应该是善意地相信其所提交给法庭的支持专家结论的证据是充分适当的。也就是说，因为律师有义务善意地向法庭提交专家证言，从而间接地迫使专家证人的证言必须达到日常专业领域内的正当理由标准。

3. 我国司法鉴定人制度下的律师审查

律师在协助当事人挑选司法鉴定人时应该考虑相关人员及机构的资质，更重要的是司法鉴定人员的作证记录。审核他的作证记录，才能了解其在过去的行业活动中的表现，是否存在不遵守职业道德的情形。然而，在我国，律师审查实际上与当事人制裁存在同样的问题。因为律师的主要任务是帮助当事人在诉讼中胜诉，所以律师会要求司法鉴定人做出有利于当事人的鉴定意见，同时律师会告知司法鉴定人相应的诉讼技巧，使其在案件审理过程中果断地坚持自己的观点。所以想依靠律师对司法鉴定人的审查来促进其遵守职业道德是不现实的。

(三) 行业组织的内部制裁

行业组织的自律性规范对于引导专家证人遵守职业道德履行正当理由义务起到极为有效的作用，行业内的制裁对于规范

---

[1] Michael J. Saks, Scientific Evidence and the Ethical Obligations of Attorneys, 49 Clev. St. L. Rev. 426 (2001).

专家证人的作证行为也确实能起到实质性的威慑作用。但是，行业内部制裁频率较低并且很多行业组织没有完善的规章体制，这两个因素极大地限制了行业组织的内部制裁对专家证人的威慑作用。

1. 专家证人制度下行业组织制裁

通过行业内的职业道德守则限制专家意见的努力是长期存在的。Edward Cheng 指出，这样的守则早在 1910 年就被提出了。[1] 最近报道的部分案件许可行业组织对提供违反职业道德证言的专家进行制裁。这些案件通常是因为没有充分的正当理由支持专家证言。这些案件中最值得注意的一个是奥斯汀诉美国神经外科医生协会。[2] 但是，这些案件仅仅是极为特殊的情况，实际上行业组织制裁专家的情况是很少的。美国精神外科医生协会在过去的 15 年，审查了大约 50 名专家证人的作证行为并且处罚了其中 10 个会员。[3] Terry Carter 医生指出 2004 年福罗里达

---

[1] Edward K. Cheng, Same Old, Same Old: Scientific Evidence Past and Present, 104 Mich. L. Rev. 1387, 1399 (2006).

[2] 253 F. 3d 967 (7th Cir. 2001). 原告 Donald Austin 医生宣称因为他在一个医疗事故案件中的证词已经被协会停职了 6 个月。他起诉这个协会，认为协会对他的停职是想报复他，因为他曾作证反对另一个协会会员。因为停职而造成他不能继续作为专家证人出庭，从而使其收入减少，他要求协会对其进行相应的损害赔偿。另外他还要求法院发布强制令，让行业协会删除关于他的停职记录。Richard Posner 法官对被告作出了简易判决。Austin 可能指出协会对他的停职没有程序上的错误，但是对一个协会来说除了会员故意做出错误陈述这个原因，不能因为其他任何原因处罚一个会员。法庭持有不同的意见。与原告的主张相反，"这种行业性自律促进而不是阻碍公正的目标。"像 Austin 和其他的案件可能会对行业组织试图制裁不道德的专家证言的努力产生冷却效应。然而实际上，像 Austin 这种类型的案件还没有胜诉的。

[3] Jennifer A. Turner, Going After the "Hired Guns": Is Improper Expert Witness Testimony Unprofessional Conduct or the Negligent Practice of Medicine, 33 Pepp. L. Rev. 282 (2006).

医学协会有 8 个案件被复查。[1] Paul Giannelli 和 Kevin McMunigal 教授讨论了两个案例，在案例中行业内部的评审委员会启动了针对在刑事案件中严重违反职业道德的控方专家的程序。[2] 因为没有专门以行业组织规范的执行情况为对象的研究，所以想了解行业组织做出制裁的频率是不可能的。然而，即使大胆的估计行业组织的制裁出现的频率，发现频率也是很低的，行业组织的制裁仅仅是一个非常罕见的现象。

行业组织制裁出现的低频率反映了这样一个事实，专家在证人席上所说的内容对于专家所在的行业组织来说经常是不可见的。行业组织成熟的自律性规定定义了重要的技术知识，并且确立了合理的争议范围，形成了一个强大的监控网络，然而，作证的专家却经常能够逃脱这种监控网络。

尽管行业组织很少对专家进行内部处罚，但是仍然会对专家的职业行为起到一定的作用。如果被处罚，例如停职，会给专家造成潜在的经济损失，这样就可以防止一些专家过大地偏离职业行为规范的要求。另外，对于那些本身就想履行正当理由义务的专家来说，偶尔的制裁可以强化他们遵纪守法的内心信念。但是制裁出现的概率这么少，对于那些不想履行正当理由义务的人来说是否能起到实质性的威慑作用是很让人怀疑的。另外不能忽视的是，很多行业团体并没有职业行为守则，使他们的会员不了解所谓的正当作证行为。

职业守则总是要求专家扮演知识教导者的角色，而这种要求却时常被来自律师的压力抵消，因为律师会要求专家抛弃教

---

[1] See Terry Carter, M. D. with a Mission: A Physician Battles Against Colleagues He Considers Rogue Expert Witnesses, 90 A. B. A. J., Aug. 2004, at 44.

[2] See Paul C. Giannelli, Kevin C. McMunigal, Prosecutors, Ethics, and Expert Witnesses, 76 Fordham L. Rev. 1498-1506 (2007).

育者的角色。面对这些压力,职业道德守则的强化作用就能使专家从中获益。所以如何扩大职业守则的威慑力,是需要探寻的一个方向。

2. 我国司法鉴定人制度下行业组织制裁

（1）行业协会的建立尚不完善。

《全国人民代表大会常务委员会关于司法鉴定管理问题的决定》第4条规定,司法鉴定管理实行行政管理与行业管理相结合的管理制度。司法行政机关对司法鉴定机构及其司法鉴定活动依法进行指导、管理和监督、检查。司法鉴定行业协会依法进行自律管理。根据此项规定,我国开始倡导相关司法鉴定行业协会的设立。通过设立相关的行业组织,以建立行政管理与行业自律管理相结合的管理模式。这种规定,在一定程度上对司法鉴定人的职业道德起到很大的促进作用。但国内对于司法鉴定行业协会自律的工作尚未铺开（国内很多省市已经成立了司法鉴定协会,如黑龙江、云南、四川、吉林、新疆、江苏等,但只是成立了机构、制定了章程,未能及时地开展实质性的工作。[1] 所以,我国行业组织一方面没有明确细致的职业道德规范,不能给以相关专业人员确实的指引。另一方面,已经建立的行业组织尚未真正开展工作,更谈不上通过制裁违反职业道德规范的专家来起到相关的威慑作用。

（2）行业组织的制裁作用确实有限。

正如对专家证人行业组织的分析：第一,行业组织的制裁发生的频率是很小的,不足以起到警示作用；第二,只有在相关制度规范健全的行业组织中,制裁才能起到一定的威慑作用,而在我国相关行业组织的制度规范不健全,行业协会会员人数

---

[1] 徐为霞等：“关于我国司法鉴定行业协会运行的研究”,载《辽宁警专学报》2009第1期。

过于庞大，行业组织制裁所起到的威慑作用确实相当有限。

3. 在民事诉讼法中引入职业行为守则

确定的是，所有的证人都会宣誓："我所说的都是实话，除了实话不说任何东西"，但是除了宣誓没有其他防止作伪证的程序和警告。如果司法系统有自己的专家行为守则，那么专家就能更好的对抗来自律师的压力。就能为专家证人创造更好地履行正当理由义务的司法环境。

这种类型的守则其实已经存在。澳大利亚新南威尔士州的民事诉讼法中包含了专家证人行为守则。[1]在这些条款中最基本的陈述是专家对法庭的一般责任。

第一，专家证人有一个最重要的责任就是在任何与专业知识领域有关的事项上公正的协助法院。第二，专家证人的最高职责是对法庭负责而不是对诉讼中的任何一方当事人负责（包括雇佣专家证人的一方）。第三，专家证人不是一方当事人的拥护者。

行为守则也包括关于专家报告的一个章节，其中包含下列条款：

（1）如果一个准备专家报告的专家证人认为没有一些资质是不完整的或不准确的，那么相关资质就必须在报告中声明。

（2）如果专家证人认为他或她的鉴定意见由于不充分的研究或者不充分的数据或者因为其他原因不是一个结论性的意见，这必须在展示意见的时候声明。

行为准则必须提供给每一个专家，并且除非专家已经确认知道行为守则并同意受其约束，否则他的证言或者书面报告不能进入案件审理过程。

---

[1] "CIVIL PROCEDURE ACT 2005"，载 http://www.austlii.edu.au/au/legis/nsw/consol_reg/ucpr2005305/，访问日期：2011年2月。

这个守则的根本目的是告诉专家他们应当对法庭负责,还有就是强化专家作为公正的教导者角色的思想意识。即使行为守则完全是劝告性的,没有任何制裁措施,那也强调了法院和行业组织一样期待符合职业道德的行为,同时强调了法律领域本质上并不是一个强迫专家面临道德难题的地方,因为本质上是要求专家的行为应该符合正当理由义务的衡量标准。通过在法律中直接规定专家证人的职业道德,就可以给以专家法律上的威慑和指导,同时也能更大程度上发挥行业自律在保障专家证人履行正当理由义务上的作用。

无论是英美法系的专家证人制度,还是我国的司法鉴定人制度,都未尝不是一个有效的尝试。

(四) 法官对专家证言的排除

法官直接对专家的威慑是很罕见的,而间接的威慑则较为常见。法官对专家证人的法官的威慑主要体现在通过专家证人"出局"(outing)来制裁,也就是将专家证言没有通过相同知识严谨性检验标准的理由详细记录在判决意见中方式,公开对该专家的职业道德和正当理由义务做出否定性评价。但是,由于这种"出局"仅仅发生在极其个别的案件中,所以它不足以形成普遍的约束力。

1. 根据可采性规则排除专家证言

一些专家可能会认为排除专家证据是一种人身制裁,因为制裁会影响专家的谋生之道(很多专家是以专家证人为职业的)。很多人认为当一个专家的证言因为多伯特规则被排除,对于这个科学家的负面影响是很严重的。然而,在很多案件中,排除本质上是不可能损害一个人的科学声誉的,除非该专家证言的依据存在严重的缺陷。因为并没有相关的记录,除了当时出庭的诉讼参与人,几乎不会有人知道这个专家的证言曾根据可采性规则被排除。这样,也就不会对专家今后的职业生涯产生影响。

2. 专家证人"出局"的威慑作用

法官可用的间接制裁是所谓的专家"出局"(outing)。如果专家的证言被排除并且被书面记录在判决意见中,那么这个专家就是"被出局"的专家,因为判决意见书一般是公开的,所以他们的证言相当于是被公开地排除了。Jeffrey Harrison 用"出局"这个术语去形容这个更严厉的制裁。[1] 库霍轮胎案中的评述说,卡尔森再也没有给出过其他的鉴定意见,可见这个"出局"对其影响之大。如果他的证言仅仅是没有被法庭采纳,但没有被记录在审判意见中,那么就不会对其整个职业生涯产生如此重大的影响。

这种评论不仅是对专家证言的攻击而且是对他人格的攻击。这个评论与其他一些评论相比还是比较温和的。例如,还有一个有关硅类产品责任的案件,在这个案件中,法院在判决意见中用了很多页去探讨这些专家的工作,这些专家都是作为原告的"B—reader"。所谓的"B—reader"就是专门为遭受硅肺病损伤或石棉沉淀症的病人定级的专家。关于其中一个为 N&M 公司工作的内科医生 Ray Harron,法官 Janis Granham 在判决意见中对其证言排除的理由做出了详细说明。

在这个案件中,法庭不但没有采纳专家证人的证言,而且由于在判决意见中详细地说明了不采纳该证言的原因,在某种程度上公开地排除了该专家的证言。在今后的类似案件中,基本不会再有律师会聘请一位世人皆知的曾有不道德行为的专家为自己的当事人作证。所以说,这种评论是一种对专家品性的攻击,这种

---

[1] Jeffrey L. Harrison, Reconceptualizing the Expert Witness: Social Costs, Current Controls and Proposed Responses, 18 Yale J. on Reg. 253, 275 (2001)

司法"出局"在某种程度上影响了该专家的市场性。

但是这种制裁的效果如何呢,可以看出 Harron 案的案情是非常极端的,很难想象这个案件将会在其他案件中被引用。在其他没有如此极端的案件中,这种司法"出局"的影响是不确定的。一个严重的"出局"可能会对其他专家产生威慑,使他们更注意自己的行为,同时会寻求更充分的理由去支持专家的结论。同时一个严重的出局会影响这个专家的声誉,使其他律师不希望在未来雇佣这个专家。每一种影响可能还要相应地取决于每个专家的情况。但是关于这种影响的信息是非常少的,我们很难确定这种制裁的真正效果。

再者普遍威慑的问题。其他专家会不会因为听说了司法"出局",而慑于其严重后果而不违反规则?第一直觉是不可能。在某些组织严密的专家团体可能会起到普遍的威慑作用。但是在一些小的团体,本身制度就不健全,可能 Harron 事件对专家们来说仅仅是一个告诫性的故事。所以对于有大量专家存在的专业领域来说,任何普遍性威慑的效果都可能相当脆弱。

3. 我国司法鉴定人制度下法官的规制作用

在我国,同样不存在法官对司法鉴定人员或者司法鉴定机构的直接制裁。在我国,法院对司法鉴定人员的间接制裁包括以下几个方面:①不采纳司法鉴定人员的鉴定意见,尽管在我国司法鉴定意见的效力要高于一般证据,但是法院不采纳鉴定意见的情形还是经常出现的。②当事人可以申请有利害关系的司法鉴定人回避,法院查明相关情况后有权利做出相关裁定。③法官在判决书中写明重新鉴定或者进行补充鉴定的原因。由于我国法院公开宣判,所以相当于公开地对相关鉴定人的鉴定行为做出了否定评价,进而会影响该司法鉴定人今后的市场竞争力。

但是，在我国司法实践中，由于多头鉴定、重复鉴定和鉴定分歧现象的大量存在，所以司法鉴定人的鉴定意见不被采纳或者被新的鉴定意见取代的情况成为一种常态。这样一来，当事人就不会因为某个司法鉴定人的结论曾被法官做出过否定性评价而放弃雇用他，因为几乎所有的司法鉴定人都遭遇过相似的情形。所以，在我国，法院的间接制裁对司法鉴定人几乎没有任何实质性的威慑作用。

（五）事实认定者对专家证言的评价

1. 陪审团评价的作用

最后制裁不道德的专家的执行者是陪审团。就像司法出格削弱了不道德专家的市场价值，不利的事实认定结果也起到这样的作用。不幸的是，陪审团的信号是一个非常复杂的信息。如果没有在审判结束后询问陪审员，当事人不可能确定任何特定的专家对于案件结果所起的作用，因为只有事实认定者才知道专家所起的作用。然而，陪审团对专家的评价与陪审团做出正确裁决的能力是相关的。陪审团做出准确裁定的能力强，那么陪审团就能对专家证言的作用做出准确的评价，那么事实认定结果就能真实地反应专家证言是否被排除，不利的事实认定结果就能间接说明专家的不道德性。如果陪审团做出准确裁定的能力不强，事实认定结果就没有那么强的说服力了。同时反过来，陪审团做出裁定的准确性也会受到陪审团制裁在促进专家遵守职业道德方面的能力的影响。

2. 我国司法体制下事实认定者评价的作用

在我国，没有陪审团的存在，事实的认定和法律问题的解决都是由法官或人民陪审员进行的，所以律师要想了解司法鉴定人的鉴定意见在审判中所实际起到的作用，只能通过询问法官来解决。而律师和法官就司法鉴定人鉴定意见的作用进行交流的机会非常有限，在实践中几乎是不可能发生的情境。所以法官对鉴定意见作用的评价并不能成为一种普适性的威慑手段，不能有效地保障一般案件中司法鉴定人对正当理由义务的遵守。当然，如果法官具有极强的分析查明案件事实的能力，就会在一定程度上威慑司法鉴定人出具有充分正当理由支撑的鉴定意见。反过来，司法鉴定人符合职业道德地提供鉴定意见也会提升法官查明案件事实的能力。但是，这种制裁的威慑力仍然不足以保证司法鉴定人遵守职业道德履行正当理由义务。

总之，法官在法律意见书中所做的可采性裁决说明是对专家证人影响最大的规制方式。其次就是来自于行业组织内部的制裁。但是尽管这两种机制可以促进专家证人履行正当理由义务，但是这两种规制方式都仅限于那些极其恶劣的案件中。这些案件中的专家证言完全不可接受并且明显的不合理。然而，如果法律系统内部可以通过一套行为守则，就像新南威尔士州的相关措施，那么上述两种机制所起的作用就会进一步被放大。

四、正当理由义务规制模式的重构

由以上分析可知，现有的各种规制方式对专家证人履行正当理由义务的威慑力是有限的，那还能采取何种措施呢？最好对相关的法律制度进行调整，这样才能从实质上解决问题。根据上文的内容，可知不道德的专家证言本质上就是缺少充分的正当理由，同时或者是存有偏见的。这些证言会误导以此为根据的事实认定者并导致错误的审判结果，所以应该去寻求合适的程序，以最大化事实认定者查明案件事实的能力。

（一）设立正当理由义务的判断标准——可采性规则

多伯特规则所涉及的两个标准是两种间接地确认方法，用来确认专家提供的正当理由是否与他在相关学术领域需要的正当理由同样充分。如果不能满足这两个标准，那么相关专家证言是不可采的，从这种观点看，可采性规则是通过排除那些不能提供满足最低道德标准证言的专家，以此来尝试强迫专家遵守职业道德。也就是说，可采性规则可以为正当理由义务的判断提供必要的参考标准，也就是本书所涉及的相同知识严谨性检测。可见，可采性规则的作用很大程度上就在于排除了不遵守职业道德的专家证言。所以可以通过分析不符合职业道德的专家证言的稀释效用来说明可采性规则对于促进专家证人协助法院查明案件事实所起的作用。

1. 从稀释效应看可采性规则的作用

（1）不符合职业道德的专家证言的稀释作用。

对于事实认定者来说，一个重要的障碍是一种所谓的稀释效应[1]。这种稀释效应可能发生在两个层面。第一，它可能会使事实认定者认为证明力更强的专家证言和证明力更弱的专家证言具有同等的证明价值。这种对证明力强弱不同的专家证言的错误认识势必会影响事实认定者对案件事实的查明。第二，这种稀释作用可能引起所有的专家证言与其他的庭审证据相比证明价值被贬低。

（2）稀释作用发生的原因。

当展示给人们复杂的信息时，一些信息的证明价值是很微小的。实验室研究表明，如果在相关的信息中加入不相关的信息，那么对相关信息价值的判断就会变得不准确。Erica Beecher Monas 教授指出这种效应可以用她所称的"社会规范启发式"

---

[1] See Erica Beecher-Monas, Heuristics, Biases, and the Importance of Gatekeeping, 2003 Mich. St. L. Rev. 987, 1003-04.

来解释。[1]这种观点认为，人们心中总有一种社会暗示，认为如果人们不希望让他们考虑某个证据，那么人们一定不会把这个证据提交给他们。所以有的群体就认为他们所看到的证据应该都是已经被筛选过的，从而就会出现这种稀释效应。

可采性规则可以被认为是一个通过把最不可信的证据排除出事实认定者的考虑范围来减低稀释效应的一个结构性机制。[2]在多伯特规则出现之前，大多数州遵循弗赖伊案中的普遍接受性测试。[3]

多伯特规则列出了四个在评估专家证言时需要考虑的四个非独占性准则：①是否一项理论或技术……能被（且已被）检验；②他是否已经历了同行审议并发表；③就一项特定的技术来说，是否已知或可能存在的错误率很高，以及是否有对该技术操作进行控制的标准；并且④该理论或技术是否在相关学术界内具有普遍接受性。[4]后面的两个标准是两种间接地确认方法，用来确认专家提供的正当理由是否与他在相关学术领域需要的正当理由同样充分。从这种观点看，可采性规则是通过排除那些不能提供满足最低道德标准证言的专家，以此来尝试强迫专家遵守职业道德。同时，在这个过程中，向相关的法律团体发出了这样一个威慑信息，不能满足这个标准的专家将会被

---

[1] See Erica Beecher-Monas, Heuristics, Biases, and the Importance of Gatekeeping, 2003 Mich. St. L. Rev. 987, 1005–06.

[2] See Joseph Sanders, The Merits of the Paternalistic Justification for Restrictions on the Admissibility of Expert Evidence, 33 Seton Hall L. Rev. 881, 937 (2003).

[3] [美] 罗纳德·J. 艾伦、理查德·B. 库恩斯、埃莉诺·斯威夫特：《证据法：文本、问题和案例》（第3版），张保生、王进喜、赵滢译，高等教育出版社2006年版，第727页。

[4] [美] 罗纳德·J. 艾伦、理查德·B. 库恩斯、埃莉诺·斯威夫特：《证据法：文本、问题和案例》（第3版），张保生、王进喜、赵滢译，高等教育出版社2006年版，第746页。

排除。按这种方式理解，多伯特和弗赖伊的可采性标准是与在许多行业组织行为守则中发现的充分正当理由的道德标准是相一致的。

在美国很多州仍然继续适用那些并不反映职业道德标准的可采性规则。约翰教授和斯科特教授对所有的州进行了分类，除了六个州，都已经采用了多伯特测试，弗赖伊测试或者这两者的结合。这六个州包括佐治亚州、内华达州、北卡罗来纳州、北达科他州、弗吉尼亚州和威斯康星州。[1]他们所采用的可采性规则远比弗赖伊或者多伯特宽松。这些司法辖区的可采性规则准许了一些不符合职业道德的证词，这些都是经过相同知识严谨性检测或相似检测的被判定为不符合职业道德的证词。

但是不幸的是，大多数州的法院在刑事案件中的可采性规则上太过宽松，他们经常采纳公诉方专家做出的明显违反相同技术严谨性测试和普遍接受性测试的专家意见，同时经常因此进行错误定罪。但实际上这种错误完全可以通过采用更严格的可采性规则来避免。[2]

2. 可采性标准的有限性

可采性标准是一种协助事实认定者取得正确结论的一个结构性要素。可以防止事实认定者接触那些没有达到行业内所要求的正当理由标准的专家意见。但是可采性规则是由事实认定者来适用的，专业知识的缺乏很大程度上限制了该标准对专家证人正当理由义务的规制作用，尤其是对偏向性问题的解决。主要基于以下几个原因：

---

[1] John M. Conley, Scott W. Gaylord, Scientific Evidence in the State Courts: Daubert and the Problem of Outcomes, 44 Judges J., Fall 2005, at 6, 10 tbl. 1.

[2] See Michael J. Saks, Merlin and Solomon: Lessons From the Law's Formative Encounters With Forensic Identification Science, 49 Hastings L. J. 1069 (1998).

第一，不具有专业知识的事实认定者或者律师，在按照可采性标准进行审查时，只是判断专家证人支撑其观点的正当理由是否在逻辑上能够充分合理的推导出相应的结论。如果专家进行了周密的伪造工作，那么法官或者律师是不可能从逻辑上去发现问题的。

第二，可采性标准要求事实认定者在对专家证人的正当理由义务进行判断时应用相同严谨性检验的方法。虽然事实认定者只要肯花费时间精力去研究案件所涉及的科学问题，就能够具有判断专家结论是否建立在可靠理由基础上的可能性，但是对于细节内容的陌生还是会给偏向性证言的产生留有生存空间。例如，在强奸案件中，规定对内衣物样本的剪裁要超过 xx 平方毫米，事实认定者可以根据此规定判断是否该鉴定意见符合标准要求。但是内衣物在经过多次鉴定后其剩余部分的可检性降低，在该种情形下，若专家证人没有提及鉴定次数的问题，事实认定者就不会发现该结论存在的问题。

可以看出，仅仅依靠可采性标准，由事实认定者按照日常专业领域的标准对专家证人的结论进行判断，还是会给偏向性证言的存在留下生存空间。所以，除了制定合理的可采性规则，必须进一步明确偏向性产生的原因，从而找到规制这种正当理由义务阻碍因素的方法。

（二）正当理由义务判断标准的辅助措施——"并行证据"程序

正如上述所说尽管可采性规则所体现的相同严谨性检验标准是最为合理的正当理由义务判断标准，但是由于适用主体专业知识的匮乏给专家证人留下了违反正当理由义务的空间。这是因为事实认定者对鉴定意见形式逻辑上的分析不足以防止偏向性的产生。但是偏向性的产生是固有的，并且是无意识发生的，所以就应从偏向性产生的根源出发，寻找最为有效地减少偏向性的辅助措施。

1. 采取辅助措施的原因——专家证人的偏向性

偏向性，或者具有偏向性的看法，似乎是对抗性的专家选择模式不可避免的一个问题。很多专家认为专家证人偏向性的产生主要有以下几个方面的诱因：

第一，经济诱因。由于专家证人基本上由当事人自行聘请，并且可以确定地说，在所有司法辖区都是由当事人向专家证人支付费用以使他们提供专家意见，因此，很容易在当事人与专家证人之间形成一条强大的经济利益的纽带。[1]

第二，情感诱因。专家证人在准备作证的过程中，一般会频繁地与当事人接触，而且这个过程是极为漫长的，并且在这个交流过程中，专家证人也会对案情有了一个大致的了解。另外，专家证人在与律师的合作过程中也会产生非常亲密的伙伴关系。这就使专家证人很容易对其当事人的诉讼请求产生认同感，从而就促使了偏向性的形成。

但是，实际上抛开经济和情感因素，只要告诉这个证人是为谁作证，那么这个证人就会不自觉地使自己的证言偏向于这方当事人。一些专门关于证人的研究证实了这个效果。

在一个由 Blair 和 neil 做的研究中，他们让大学生观看了一个幻灯片同时听了一个描述双方当事人冲突场景的音频磁带。一周之后这些大学生作为证人被相对方律师或己方律师询问。可以发现，这些证人再被相对方律师询问的时候就会歪曲他们的证词。如果事实认定者不知道他们是被本方还是相对方律师询问，以至于不清楚他们是否歪曲事实，那么这必然会影响事

---

[1] 周湘雄：《英美专家证人制度研究》，中国检察出版社 2006 年版，第 106 页。

实认定者对责任的判断。[1]

而在一个后续研究中,Vidmar and Laird 让学生观看同样的幻灯片,听同样的录音。[2]在这个研究中,实验者仅仅告知学生为哪一方当事人作证,然后让这些学生出庭作证。不知道存在这种角色分工的学生,被要求去评估这些证人的证言是支持被告还是原告。另外,还有一伙评定人去听审证人的证言,同时把这些证言评定为更多或是更少倾向原告。对于法官和评定人来说,当把这些证言与一个从中立角度作证的证人的证言比较,总会发现证人的证言总会偏向于他为其作证的一方当事人。有趣的是,当证人本身被要求去把其他证人的证言划分为倾向于原告的或者倾向于被告的证言时,可以发现其仍然可以客观地做出评价,完全不受自己所处角色的影响。例如,原告的、被告的或者中间的证人,他们对其他人证言的倾向性所做出的分类基本是一致的。

通过这个实验可以得出以下结论:

第一,在没有任何经济利益和感情诱因的情况下,仅仅因为角色的控制,就能使专家证人不自觉的产生偏向性。同时,专家证人都能找到恰当的理由从形式逻辑上合理地论证出最终的结论。

第二,如果让双方的证人相互评判对方的证言,每一个证人都可以对相对方证人的证言做出公正准确的倾向性判断。

这些实验结果也呼应了对法官的调查结果。在对三个司法

---

[1] See Blair H. Sheppard & Neil Vidmar, Adversary Pretrial Procedures and Testimonial Evidence: Effects of Lawyer's Role and Machiavellianism, 39 J. Pers. & Soc. Psychol. 320, 329 (1980).

[2] See Neil Vidmar & Nancy MacDonald Laird, Adversary Social Roles: Their Effects on Witnesses' Communications of Evidence and the Assessments of Adjudicators, 44 J. Pers. & Soc. Psychol. 888 (1983).

辖区的法官的调查中 Daniel 报告：79%的法官不认为可以指望专家证人公正无偏私……63%的人认为专家证人通常明显的偏向于雇佣他们的一方，同时68%的人认为专家证人最令人苦恼的地方是他们不能被信赖是公正的。57%报道说，他们认为专家证人就像"雇佣的枪手"他们会给出带有偏见的证言。68%的法官担心专家索要的费用足够使他们从案件审理结果中寻找到经济利益。[1]

2. 专家证人偏向性的危害——减损法庭对专业问题一致性的认可

在对抗性的诉讼体制下，专家证人偏向于自己的当事人会使法庭认为很多专业问题都是存在争议的，在相关领域不存在一致的意见。具体表现在以下三个方面：

（1）证人的选择过程一般是，当事人非常需要某种观点，而某个专家恰恰持有这种观点。如果针对某个特定事项已经有较为一致的观点，如果选择这个持有另类观点的专家作证，当事人就可以在一定程度上减损相关领域在这个观点上的一致性。Samuel 举了一个来自于精神病学的这种现象的例子。

在精神病学领域有一种说法，就是精神病学家可以预测精神病人未来是否会有犯罪行为，这种观点在精神病学领域已经被压倒性地否决了。然而，与之相反的是，在法庭上却常常听到这种观点，而且以这种观点为基础的专家证言常常成为判处死刑的基础。假设精神病领域可能包括100个专家，他们中只有一个专家相信危险性预测而99个人不相信，但是在一个具体

---

[1] Daniel W. Shuman et al., An Empirical Examination of the Use of Expert Witnesses in the Courts—Part II: A Three City Study, 34 Jurimetrics J. 202, 203 (1994).

案件中证人列表中可能持有这两种观点的专家都存在。[1]如果被选中的专家恰好持有这种稀有的观点，那么对于事实认定者来说，他就会认为针对这个问题精神病学领域没有共识。

（2）对对方证人的交叉询问经常会减损共识的基础，因此会进一步形成这样一种印象，就是专家针对某个问题并没有达成共识。交叉询问对于查明事实来说确实是一个绝妙的工具，因为它能够披露偶然事件和科学观点中隐藏的假设，因此可以阻止事实认定者不加鉴别的接受所谓的事实。然而，交叉询问过程会过度地去怀疑已经存在的共识。它会歪曲呈现给事实认定者的科学景象，使事实认定者错误地认为在这个问题上专家们是没有共识存在的，但是实际上针对这个问题根本就没有争议或仅有很少的争议。

（3）专家证人内心的偏向性会使他们更为果断地坚持自己的观点。如果专家证人是公正的，一般情况下他会对自己的证言留有余地，也不绝对地排除其他不同的观点。但是当专家证人希望自己的证言有利于己方当事人，那么他们就可能会坚定果断地坚持自己的观点，从而会使事实认定者产生一个虚假的印象，认为不同的专家主张不同的观点都是有充分的理由支撑的，所以在这个特定问题上专业领域不存在共识。另一方面，律师也会告知专家证人相关的诉讼技巧，并强迫其果断地坚称自己的鉴定意见。

这些问题就导致了稀释效应的产生，使陪审员低估所有专家意见的价值。相反，那些不可靠的证言，却因为事实认定者被相关的资格证书迷惑而被高估。当然像在前述中所提到的，双方的专家证人都这么做的情况下，这种不良后果就会相互抵

---

[1] See Generally Michael J. Saks, Roselle L. Wissler, Legal and Psychological Bases of Expert Testimony: Surveys of the Law and of Jurors, 2 Behav. Sci. & L. 435 (1984).

消。没有人否认现存的制度所造成的这种偏见效应。然而,这个问题通常被合理地认为是当事人主导诉讼的制度成本。

既然可采性规则对于这种偏向性的控制几乎不起作用,那么应当通过何种结构性变化来减少这种偏向性呢?

3. 专家证人偏袒的传统解决方案

(1)类型。

法庭指定专家,特别法庭,特选陪审团,更积极的陪审团,甚至在复杂案件中废除陪审团都是为了减少这种偏向性而提出的一些方案。这些方案目的是提高事实认定者的理解力,通过提高事实认定者的技能或者通过降低诉讼中的对抗性。

(2)可行性分析。

在美国很多州已经改变了被动陪审团的模式,传统的被动陪审团要求陪审员在整个审理过程中都保持沉默,仅仅在最后裁决时才会讨论案件。但现在越来越频繁地出现陪审员在案件审理过程中向专家证人提问问题,并做记录甚至在质证和辩论结束前就开始讨论案件。无论这种做法的优点是什么,其不过是一种处理专家证言的间接方法。这种方式并没有直接改变专家证人本身的观念。

这些方案大多数是程序性的。陪审员辅助陪审团收集各种信息,而这些信息也仅限于他们本身在审判中所了解的信息,这些程序并没有尝试着去提供超出这个范围的实质性信息。有的专家建议对专家进行实质性培训[1],如果这种培训成功,它能够提高陪审员的推理能力,帮助陪审员觉察到专家的违规行为。

关于专家的偏向性,还有一个更为直接的处理方法。如果

---

[1] Jonathan J. Koehler, Train Our Jurors, in Heuristics and the Law 303 (G. Gigerenzer & C. Engel eds., 2006).

每一方都被要求提供所有律师和雇佣的专家证人之间的联系记录还有专家鉴定时所考虑的所有材料，那么陪审团就更容易对专家的证言做出一个有根据的评价。[1]即使这种方式并不能控制偏向性的产生，但至少可以在一定程度上揭露偏向性的存在。另外，这种方式可以在一定程度上防止律师给予专家证人过大的压力。

还有的方案就是在复杂案件的审判中废除陪审团，也包括使用由教育程度更高的陪审员组成的蓝带陪审团。但是这些建议看来都是极不可能改变的。其他的建议是为了降低审判的对抗性。包括使用专家组，中立专家，法庭指定专家，或者科学法庭。

这些建议很多都受抵制，正是因为陪审团干涉了律师对专家的控制，同时，更根本的是他们似乎是对对抗性的挑战，因为这种改革远不只是一个司法技术，其包含了整个法律裁判的政治形象。根据这个观点，实质性地改变当事人主义的专家作证制度看起来是不可能的。所以改革方案不应该太激进，应该更柔和地改变以适应原有的司法系统。除了美国的相关规定，也可以从其他国家的司法系统中寻找答案。

4. 并行证据程序

在这方面，值得一提的是澳大利亚新南威尔士州的相关改革。在过去的十年中，澳大利亚法官非常关注对抗制模式所引起的偏向性问题。2005年通过的澳大利亚民事诉讼法是对这个问题的一个回应。在这个新修改的民事诉讼法中，其中一个条款规定了什么是并行证据。并行证据程序适用在当事人专家对相关事实存有不同意见的情形下。在并行程序中，双方的专家

---

〔1〕 Stephen D. Easton, Ammunition for the Shoot-Out with the Hired Gun's Hired Gun: A Proposal for Full Expert Witness Disclosure, 32 Ariz. St. L. J. 465, 474 (2000).

证人，他们的律师都会与法官会面。在普通程序中，专家必须正式地回答律师提问，而在这种程序中专家证人可以从这种束缚中解脱出来。每一方专家都被赋予一个陈述的机会，去评论其他专家的证据，同时向其他专家提问问题。在这个过程结束时，法官可能会问问题，然后准许律师提出与在传统的对抗性程序中相似的问题。法官报告说专家和他们的行业组织都很支持这个程序。有的法官把下面的好处归咎于并行证据程序：①降低了对抗性偏见和曲解。②包括了科学价值同时减轻了同行业审查。③加强了交流，理解和分析。④减少了律师控制。⑤减少了时间和成本同时缩小了实质问题的范围。

澳洲司法体制在很多方面是不同于美国的。最重要的是，新南威尔士，像大多数的澳大利亚司法辖区，没有一个民事陪审团。如果在美国，在陪审团之前直接执行一个并行证据程序将需要在证据法上进行大规模的变化。然而，这个程序其中某些部分也是可以被采纳的。

这种并行证据程序存有以下几个优点：

第一，解放了专家证人，使其在一定程度上脱离了律师的控制。第二，证人虽然自己的证言存有偏向性，但是他们可以客观准确地判断相对方证人的证言是否存在偏向性。并行证据程序正是利用这一点，赋予专家证人相互质询的权利，从而达到威慑专家证人遵守职业道德。第三，这样做没有限制当事人选择他们的专家的能力，没有破坏专家证人制度的对抗性优势，也就没有对当事人体制提出挑战，这是许多其他方案无法逾越的障碍。

(三) 保障我国司法鉴定人正当理由义务履行的制度构建

1. 明确司法鉴定人的正当理由义务判断标准

首先，要明确司法鉴定人的职业道德标准和正当理由义务的判断标准。在专家证人制度中,最合适的职业道德标准莫过于对于相关专家证言进行相同知识严谨性检测。简单来说,就是要求专家在做出相关结论时,要有充分的正当理由支撑。专家在法律语境下作证时所主张的观点要有充分的正当理由支撑,不得低于其他语境下得出相关结论的正当理由标准。

其次,要明确正当理由义务的判断标准。对于正当理由的标准,除参考相关行业的技术规定或者行业标准外,应当在相关法律中规定统一的针对司法鉴定意见的可采性规则。可采性规则通过把最不可信的证据排除出事实认定者的考虑范围来减低稀释效应。可采性标准是与在许多行业组织行为守则中发现的充分正当理由的道德标准是相一致的。所以创制明确的可采性规则,也就是为司法鉴定人的鉴定意见提出了相应的正当理由标准。正如多伯特规则中列出的后两个非独占性准则,确认了专家提供的正当理由是否与他在相关学术领域需要的正当理由同样充分。

2. 在法律系统内部规定预防措施

涉及预防措施,首先想到的一般是行业内的自律性规定。而通过对专家证人行业组织的分析,发现行业内的自律性规定甚至行业内的制裁对于专家证人的威慑作用都是有限的,所以要想真正起到相应的预防作用,就应该在法律系统内部规定职业行为准则。可以参考新南威尔士州相关做法,直接在民事诉讼法中针对司法鉴定人及其鉴定意见做出相关规定,给予司法鉴定人员一个遵守职业道德的法律指引。同时要保证条文中包括以下几点必须的内容:

第一,司法鉴定人的首要责任是在任何与专业知识领域有关的事项上公正地协助法院。第二,司法鉴定人的最高职责是对法庭负责而不是对诉讼中的任何一方当事人负责,不是一方当事人的拥护者。第三，开庭前确保出庭的司法鉴定人或者鉴定意见的鉴定人知道该民诉法规定的行为守则并且同意受其约束。

通过这些规定告知司法鉴定人应当对法庭负责，还有就是强化司法鉴定人作为公正的知识教导者角色的意识。这样就可以表明法院要求司法鉴定人履行正当理由义务的立场，同时起到了提前预防的作用，要比事后审查和制裁节约诉讼成本。

3. 设置并行证据程序

（1）我国的类似程序。

可能会有人质疑说，我国存在类似的程序，所以无采纳的必要。确实我国在一定程度上也存在鉴定人参与质证程序的规则，已经引入其他具有专门知识的人作为诉讼主体，使其利用专门知识来对鉴定人进行质疑。

表面上看该规定似乎与并行证据程序存有一定的相似性，但是实际上确是大大不同的：

第一，这种专门知识人并不是案件所涉问题的鉴定人，也就是说他本身并没有任何的鉴定意见，只是作为对方当事人的一种攻击工具。第二，司法鉴定人在被专门知识人质询后，并没有权利询问专门知识人，因为专门知识人并没有针对该问题所主张的观点。司法鉴定人和专门知识人的诉讼地位是完全不对等的。第三，专门知识人在很多情形下仅仅是指出司法鉴定人鉴定意见中可能存在的问题，但却不需要提出自己针对该问题的鉴定意见，所以很多情形下，他们所提出的异议难逃吹毛求疵之嫌。

可见，现有的制度确实存有很大的漏洞，有必要借鉴并行证据程序的相关规定。

(2) 并行证据程序的借鉴。

除了明确充分正当理由标准，还必须保证鉴定人及其鉴定意见不存在偏向性，保证鉴定人作为知识传授者的角色出现在诉讼过程中。

在当事人针对同一事项所出示的司法鉴定意见存在异议时，法官可以在庭审前启动并行证据程序。该并行证据程序可以包括以下几个方面：

第一，参与人。该程序包括双方当事人，双方当事人律师，双方所聘请的司法鉴定人。第二，司法鉴定人陈述。司法鉴定人不再限于回答对方律师的问题，而是被赋予一个陈述机会。这个陈述机会是用来评定对方司法鉴定人所做的鉴定意见，并可以向对方司法鉴定人提问相关问题。第三，法官提问。法官根据司法鉴定人的陈述情况，提出相关问题。第四，律师提问。律师在法官提问结束后，可以提问之前程序中尚未涉及的与鉴定意见有关的问题。

之所以设置此种程序，是为了利用司法鉴定人之间的相互质询达到限制偏向性的作用。通过前文分析，了解了只要是当事人聘请的司法鉴定人，在做出鉴定意见或进行相关陈述时，偏向性在所难免。但是司法鉴定人在对对方的鉴定意见进行评价时，却可以公正准确地判断出该结论是否存在偏向性。所以通过并行证据程序，一方面利用司法鉴定人相互之间的评价促使对方尽可能公正地回答问题，另一方面，即使鉴定意见仍然存在偏向性，但是这种偏向性也会被对方司法鉴定人揭示从而展示给法官。这样法官在判断鉴定意见的证明力时就会有所考虑，有利于案件事实的查明。

第八章
专家证人制度的未来

一、专家证人与科学证据的不确定性

专家证人从事作证或者鉴定工作，提出科学证据。近代科学具有两大特征：一是重视数学的运用，可以数学化、量化，可以进行计算、预测，因而可以控制；二是重视实验，具有可重复性，是一门追求自由的科学。但是首先应当认识到，科学是相对而言的，科学难以做到绝对无误。同时，科学也是不断发展变化的，今天认为是科学的东西在将来不一定是科学。

例如，一位资深鉴定人提到，[1]"我做笔迹鉴定时间长，感觉它的主观性较强——鉴定人和文检分析工作者的经验或主观的判定较强。目前在笔迹鉴定这一块，抛开书面语言、文字布局等问题，只讲书写运动习惯，有15个特征。如笔顺，研究的是异常笔顺、字的单一结构或者是合体字、单体字的关系，如交叉关系。怎样判定检材与样本之间的问题呢？笔迹学中有一个原则，就是说坚决反对重叠，也就是说一个人在同一时间段都不可能写出两个一模一样的字来，所以讲检材与样本的符合点和差异点进行比较解释。按概率来说，60%、70%或80%符

---

[1] 参见姜志刚、张斌、丁杰："科学证据批判"，载何家弘主编《证据学论坛》（第9卷），中国检察出版社2005年版，第219-220页。

合，是否就可以认定为一个人呢？如果是非本质的符合点，就可以排除它，虽然本质的符合点有，但比较少。本质与非本质怎样界定？没有规则和量化指标，那么就凭经验，自己做完笔迹鉴定，自己都无法说它一定正确。去年我参与一起辽宁省朝阳市的一个案子，鉴定签名的三个字，其实就是这个人写的，但考虑到几个问题，第一，检材，它的检材是一个借条，字迹笔迹清晰，因为借据是他人书写，而签名是他本人，而样本是银行取款单，是他的签名，但是他给我的样本是复印件，我们做鉴定是不可以用复印件的，我在接的时候就提出来这个问题，复印件的笔画、压痕本身都有含混，最后作出的结果是倾向性的结果。举这个案子的目的就是想讲，在笔迹这一块经验太多，经验这东西无法量化。第二，主观性比较大，因为不同的人认识笔迹就是根据 15 个特征的符合点和差异点来进行同一认定，无法说清楚，没有一些具体的量化指标，只能进行大概的说明。在国外笔迹检验发展得很快，在中国笔迹运用也很广、很多，目前笔迹作为法庭证据来讲应该是比较可信的，但是鉴定人不敢绝对的肯定，不能说只要作出的结论就是科学的，谁也保证不了这一点"。

  以上案例说明，经验本身对鉴定带来很大的帮助，但同时也带来很大的制约，主观性很强，没办法客观化、量化，这样就无法达到证据学要求的准确、可靠的标准。……笔迹方面，要想量化也很难，由于笔迹与指纹不同，坚决反对重叠，所以没有规则和标准。这几个案例就是讲，对科学证据不能盲从，要科学、要冷静。

  可见，在普通人看来比较科学可靠的笔迹鉴定，在专业人士看来也是有问题的。科学证据未必全部科学，这也为专家证人或专家辅助人出庭质证提供了空间。

科学证据的失真和错误运用的情形,可以表现为动态和静态两个方面:

一方面,从动态看,科学证据的收集、保管、鉴定和提交等各个环节都可能失真。

首先,在科学证据的提取环节,有可能勘验、检查主体不具有合法性,勘验检查人员不具备勘验检查的专业知识和专业技能,不具有现场勘验检查资格。违反现场勘验程序,只有一名勘验人员,勘验时没有见证人或者见证人不符合要求。勘验检查笔录记载错误,张冠李戴。应当提取的物证没有提取,导致原始证据灭失。现场保护不力,致使物证被污染、毁坏。提取方式不当,检材被混合、污染。没能按照程序要求填写发案时间、地点、提取部位等相关信息的现场卡,未与原始证据统一归档。复制件不能完全反映原始物证的特征。等等。

其次,在科学证据的保管环节,科学证据收集程序的完成,意味着证据保管程序的开始,也意味着该证据将开始漫长的跨时间和跨空间的转移,其间的任何一次交接不清都可能导致检材的混乱,任何保管程序的不完善都可能导致检材因为受到环境的影响而降解。证据保管链在形式上的断裂,将可能导致其证据能力的丧失,例如,在犯罪现场提取到一根 5 厘米长的头发,当时就被包装并记录,但在后来的检查中发现包装的头发是两根:一根 1.5 厘米,一根 3.5 厘米,这很有可能是原来的一根头发因保管不慎而断成两截造成的,但是证据保管链断裂,证据交接不清,有可能导致证据失去可采性。[1]

再次,在科学证据的鉴定环节,出现问题的情形更多,例如,实验室质量控制不规范,鉴定机构和鉴定人可能没有鉴定

---

[1] 周维平:"诉讼法视野中的法医 DNA 证据研究",载《证据科学》2009 年第 4 期。

资格，生物检材送检不及时，送检方式不妥当，鉴定文书存在重大瑕疵，只有个人或单位盖章而没有本人签字，指纹鉴定只有文字说明未附有指纹检材和样本的照片，鉴定意见表述模糊、不规范等，这样的鉴定意见都没有可采性。

最后，在科学证据向法庭的提交环节，可能没有在法定时限内提交科学证据，或者未能进行证据交换而导致证据失效。作为取证主体的侦查人员不出庭、鉴定人不出庭，致使对鉴定意见无法进行质证。刑事专家辅助人制度没有确立。对抗双方对科学证据意见的解读观点不一致，对科学证据的认识错误。科学证据的出示对裁判者产生先入为主的偏见和误导，法院将科学证据作为直接证据来定案，等等。

可见，科学证据在显现、固定、提取、包装、运输和送检等各个环节对样本保护不够，或者操作失误都可能影响科学证据的质量。

另一方面，从静态看，DNA证据、指纹证据、笔迹证据等常见科学证据种类都存在失真。

在司法实践中，DNA、指纹、笔迹等鉴定被视为拥有非常成熟的技术，其结论具有科学性和可靠性，尤其是DNA技术在国人的思想观念中，DNA证据作为当代最具有代表性的科学证据，因其近乎100%的准确性，一举取代了传统的指纹证据而成为当代的"证据之王"，但是在美国，DNA鉴定技术在刑事司法中的运用经历了曲折的发展历程，从起初的全面接受DNA证据，到怀疑甚至排除适用DNA证据，再到现在的理性接受DNA证据。[1]对此，对于DNA技术需要保持足够的警惕。在指纹鉴定、笔迹分析和枪支检验等专业领域，专家们往往运用

---

〔1〕 吕泽华：《DNA鉴定技术在刑事司法中的运用和规制》，中国人民公安大学出版社2011年版，第2页。

经验而不是规则来构建证据的可信度,甚至为这种经验披上一层神秘的外衣。

首先,被奉为现代"证据之王"的 DNA 证据,实践中法官往往是普遍接受而不是理性的审查。基于对 DNA 证据的盲目崇拜,我国法庭对于检察院提交的 DNA 证据基本上是照单全收,并视之为"铁证"。事实上,DNA 鉴定也存在很大程度的不确定性,[1]由于特殊原因有些人的染色体可能会出现易位、缺失和重复等异常,增加纹形判断错误的可能。有时生物检材经受风吹、日晒、雨淋、虫咬、细菌和微生物的破坏等,在恶劣的外界环境中降解、裂变,或者样本中存在 PCR 阻聚剂,STR 分型等就不能得到完整的供检验比对的基因位点。DNA 样本的变异、复制滑脱、人工上样量的多少、电泳温度、电泳毛细管质量以及电流稳定性等因素都会导致 STR 自动分型图谱的异常变化。无孔不入的污染、人为操作的失误。DNA 的概率统计错误和数据分析方法的错误。法庭上对 DNA 证据的错误解读,等等,都可能导致 DNA 鉴定技术运用的偏差。

其次,对于指纹证据,有专家称指纹鉴定的准确率是 100%误差为零,但现实中指纹鉴定出现的差错并不少见,像在美国每年都要产生 0.8%的指纹识别误差,仅 2002 年因指纹误差而出现的误判就高达 1900 起。[2]

实践中,可能会发生现场指纹不一定来自于案件现场的情况,例如现场笔录记录的指纹在门把手上,而现场照片上却显示窗框上提取到一枚指纹,不能确定指纹来源的,该指纹鉴定意见不具有可采性。如果现场笔录、现场绘图与现场照片上的

---

〔1〕 吕泽华:《DNA 鉴定技术在刑事司法中的运用和规制》,中国人民公安大学出版社 2011 年版,第 28—73 页。

〔2〕 魏道培:"指纹鉴定权威受到挑战",载《检察风云》2006 年第 21 期。

指纹不能相互印证、与送检指纹的现场部位不一致，可能导致指纹鉴定失真。指纹检验的每项工作都不同程度地带有主观性，指纹鉴定者的经验、技能和训练不足，指纹鉴定人对指纹特征的本质差异和非本质差异解释不合理，皆会导致鉴定结果的不准确。我国始终没有确立指纹最低符合点数量的标准，按照惯例一般认为不能少于八个符合点，但有的鉴定人只根据五六个，甚至三四个符合点就做出肯定同一的结论，有的鉴定人根据自己在鉴定中发现的符合点的数目多少来确定符合点数目的标准，带有太大的随意性。[1]事实上，没有任何一个神奇的数字，可以独自作为两枚指纹来源相同的结论依据。几十年来，指纹检验专业都是通过比对细节特征的数量来证明同一认定的，然而，这样的做法其实是在否定该领域的专业性。[2]

再次，对于笔迹证据，正如上述所言，鉴定缺乏客观标准，当鉴定人认定同一时就找出检材和样本之间的许多符合点，当鉴定人否定同一时就找出检材和样本之间的诸多差异点。笔迹鉴定结果是否准确取决于，一是样本的收集是否科学，只有样本能充分反映出被鉴定人的书写动作习惯，才能不会遗漏差异点和符合点。二是鉴定人是否受与鉴定无关信息的污染。三是鉴定人的态度是否认真，对差异点和符合点的解释是否合理、客观。[3]如果检材和样本是复制件、样本不是可疑书写人亲笔所写、检材模糊不清、检材笔画过少，那么鉴定结果就不具有可采性。如果实验笔迹样本的收集方法不科学，物证笔迹与样本笔迹的书写条件、书写速度差异较大和字体明显不同的，都

---

[1] 刘晓丹：《论科学证据》，中国检察出版社2010年版，第208-210页。
[2] 参见［美］伯纳德·罗伯逊、G.A.维尼奥：《证据解释——庭审过程中科学证据的评价》，王元凤译，中国政法大学出版社2015年版，第197页。
[3] 刘晓丹：《论科学证据》，中国检察出版社2010年版，第224页。

会影响到笔迹鉴定结果的可信性。

最后，对于测谎证据则争议更大。测谎的科学原理一直没有被完全证实，测谎结果的可靠性受到被测试人自身的因素、测试人员的训练和能力、测谎仪是否足够灵敏有效、测谎的环境，以及侦查获取的案件信息因素等多方面的影响。在杜培武案中，测谎结论的偏差就与侦查人员对杜培武疲劳讯问、刑讯逼供有关，以杜培武当时的身体状况不适合进行测试，测谎结果的失真亦为必然。

在人身识别的同一性认定方面，科学的人身识别系统应当包括以下几方面要素：①该技术所识别的特征点必须是个体所特有的；②这些特征点不会随着时间的流逝而改变；③这些特征点还必须是明确的，这些才可以保证在测量方式相同的前提下，测量结果不会引人而异；④可以实现个体与犯罪现场的关联；⑤易于操作，成本低廉。[1]而无论是早期的人体测量技术，还是非常现代的DNA识别和"刷脸"技术，都无法完全百分之百的达到这一点。

任何技术手段都只是在既定条件下实现较高的精准程度，而对专家技术人员来说，这种既定的条件是很难达到理想状态的，例如在亲子鉴定案件中，尽管实验室可以从当事人那里获取新鲜的、完整的且可用的血液样本，而用之比对的检材往往是现场遗留下来的、极少的且遭受污染的血迹。所以，对专家证言或科学证据应保持警醒的态度。

对专家证言和科学证据往往倾向于转化为这样一个问题，即这些证据具有多大的可靠性？而这个问题实际上是没有意义的，可靠性没有十分确定的内涵，在不同场合下至少具有四种

---

[1] 参见［美］伯纳德·罗伯逊、G.A.维尼奥：《证据解释——庭审过程中科学证据的评价》，王元凤译，中国政法大学出版社2015年版，第6页。

不同的含义：①灵敏度——这项技术能否从被检样本的性质和数量出发，产生有用的检验结果？②质量控制——影响实验结果的因素是否已经可知？预防实验结果被污染等负面因素影响的恰当的控制程序是否已经执行？③区分能力——所使用的专家证据所能达到的识别单元是具体到个体，还是只能区分到类别？④诚信度——对实验过程中的所有发现、推论等，专家技术人员是否已经做到知无不言？[1]这是在审查专家证言可靠性时应当注意的因素。

二、事实审理者与专家证人的分工

判决是法官的工作，专家证人只是协助解决专业问题。但是，其主要问题在于过多地依赖法院专家，在许多情况下，不是由法官而是由法院专家决定案件的裁判。[2]此处重点论述制约专家证人的重要措施，即普通法的最终争点规则（The Ultimate Issue Rule），专家证人不能就法庭需要裁判的问题发表自己的主观意见，不能在法律层面上给出证据。

传统上的最终争点规则（The Ultimate Issue Rule），是指对于事实审理者（法官、陪审员或仲裁中的仲裁员）就事实认定要作出的最后结论意见，专家证人只是给出证据而已，不能越轨代替判决。[3]例如，专家证人不应下结论说谁应负责，某行

---

〔1〕 参见［美］伯纳德·罗伯逊、G. A. 维尼奥：《证据解释——庭审过程中科学证据的评价》，王元凤译，中国政法大学出版社2015年版，第8、9页。

〔2〕 Kurt Jessnitzer, Gunter Frieling, Der Gerichtliche Sachverstandige 6（10th ed. 1992）.

〔3〕 Ultimate issue 可以翻译为"最终结论"或"最终争点"，《布莱克法律词典》将其注为："本身或者与其他问题联系在一起，足以解决整个案件的还没有决断的问题，也叫做 ultimate question"。为了更便于理解，本书将其统称为最终结论。

为是否适当或有无疏忽,船舶是否恪尽职责的适航,一件事情的起因,做出一些行为的意图等等。这导致专家证人许多话不能说,例如火灾专家不能说什么原因起火,死者是否自杀,一位医生的行为是否不当,一份刊物是不雅内容,机器的故障部分造成了工伤等。

最终争点规则的产生,主要源于两个担忧:一是专家将会承担辩护人的角色,二是专家将会承担事实认定者的角色,在一定程度上替代了法庭的作用。具体而言,实行这一规则的主要理由在于:一是保证专家证人与事实审理者之间的分工。二是防止事实审理者懒惰,不去研究所有的证据,只是照单全收专家意见,尤其是其结论性意见。三是去保护没有司法经验的陪审员,避免受到来头大、资历深的专家证人意见的过度影响,不让专家证人作最后结论的意见(例如被告是对是错,有无疏忽,是否适当等),为事实审理者裁判保留了空间。

但是,很早有评论就指出这一规则太虚假、太严格或无稽之谈。墨菲(Murphy)说:"谁也知道专家证人被传召就为了去证明或否定某一点专业技术问题,又何必不让他说这一点呢?"这种规则的限制是过分的,难以适用的,而且通常只会剥夺对事实审判者有用的信息。在 1952 年 Eickmann v. St. Louis PS 案中就指出,专家的意见证据只是法官或陪审团要去考虑的诸多证据之一,即使它针对了最后结论也不会越轨。在 1979 年 U. S. v. Scavo 案中谈到,专家的意见证据,不能仅因为它所包含了本需由陪审团或法官来决定的重要事项,就遭到反对。许多学者也认为,这一规则已不再存在、完全没有意义。[1]

---

〔1〕 参见杨良宜、杨大明:《国际商务游戏规则:英美证据法》,法律出版社 2002 年版,第 509-511 页。

所以，美国《联邦证据规则》第704条规定，[1]①总则——不主动受到异议。意见并不仅仅因其包含有最终争点而受到异议。②例外。在刑事案件中，专家证人不得就被告是否具有构成被指控犯罪因素或者辩护因素的精神状态或者状况陈述意见。这些事项仅由事实审判者认定。本条规定了关于最终争点或结论意见的可采性问题。具体而言：

（1）最终争点的意见不再受到异议。《联邦证据规则》这一规定抛弃了普通法禁止关于最终结论意见的限制。对最终终点规则的废除并没有降低采纳所有意见的障碍。根据《联邦证据规则》701条和702条，意见必须有助于事实审判者，并且《联邦证据规则》403条也规定可以排除耗费时间的证据。该规定既适用于专家证人，也适用于普通证人，但是从实践来看，专家关于最终结论的意见更可能具有帮助作用，因而具有可采性，因为外行证人的意见与陪审员自己形成的结论没有什么差别。

例如：

缉毒犬发现联邦快递包裹中有毒品，警察对此进行了控制下交付。在审判时，收到包裹的被告宣称他不知道包裹中有毒品。控方的专家作证说，毒品走私者通常不使用那些不知道他们在运输毒品的人来运输毒品。被告提出上诉。上诉法院维持了原判。上诉法院认为采纳该证言并没有滥用自由裁量权，因为该证言中并没有包含关于被告的个人知识的不当意见。[2]

---

[1]《联邦证据规则》第704条的原文为：(a) In General-Not Automatically Objectionable. An opinion is not objectionable just because it embraces an ultimate issue. (b) Exeption. In a criminal case, an expert witness must not state an opinion about whether the defendant did or did not have a mental state or condition that constitutes an element of the crime charged or of a defense. Those matters are for the trier of fact alone.

[2] See United States v. Vasquez, 213 F. 3d 425 (8th Cir. 2000).

在上面案例中,争议的最终争点问题是被告主观是否明知。专家证人依据其对毒品犯罪的经验作证,提出毒品走私者通常不使用那些不知道他们在运输毒品的人来运输毒品,从而证明被告的主观状态,为法院所采纳。

(2)精神病辩护属于例外。这是《联邦证据规则》1984年新增加的内容,起源于刺杀里根总统案件。1982年,John Hinckley行刺里根总统,由于被告被诊断有精神病,1984年被宣告无罪。国会专门对此制定一个规定,专家证人不能对精神病或精神病状态是否构成应负刑事责任的犯罪提出意见或者结论。按照这个规定,专家可以证明被告人犯有精神病或精神障碍,并可以描述这种精神状态的特征,但不能对该被告人有无行为能力或他的行为是否合法作出结论,这个权力应由事实审判者行使。

实行这一例外的理由在于:①减少在最终争点上相互冲突的专家证言所带来的混淆,专家可能在许多精神病症状上有一致意见,但是可能在被告是否于法律上精神正常这一最终结论上存在不同意见。②有利于保证陪审团了解做出裁决的细节问题。③可以防止专家超出其能力提供证言,因为关于精神状态的法律概念和医学理解具有重叠性,但不是一回事。这一规定仅适用于刑事案件。[1]

总之,最终争点规则在整体上是正确的,但是适用范围被大大缩减了,如果最终争点包括纯科学以外的问题,那么专家必须把自己限定在科学问题的范围内,不能针对案件的法律问题和一般事实问题发表自己的意见。

---

[1] 参见王进喜:《美国〈联邦证据规则〉(2011年重塑版)条解》,中国法制出版社2012年版,第227-228页。

三、专家证人的中立性问题

对于专家证人的中立公正性问题，学者们很早就表述了担心，职业证人永远是有倾向性的，总是准备而且渴望为聘请其的当事人利益服务。[1]再如一位澳大利亚学者所说，"对于专家证人不能做到完全的客观公正的担心，已经成为法庭在决定专家证言可采性时的一种未明言的或半明言的基础"。[2]几乎所有出庭作证的证人都持有某种偏见或者成见，他们也是人。而且在多数情况下，作为证人对于案件应该如何裁判都持有一定的立场。如果面对的是专家证人，这一倾向通常会放大数倍——因为多数情况下，当事人聘请专家证人的目的就是请他帮助打赢官司。[3]专家的偏向性如同魅影一样始终困扰着专家证人制度功能的发挥。曾有律师讽刺道，专家就是那位案发时并不在现场，但为了钱却乐意发挥自己的想象力，并振振有词地宣布当时一定发生了这些或那些事情的人。专家证人产生了异化，常常被描述成唯利是图的人、出卖名誉的人、雇佣的枪手、利用自己的教育背景、受过的训练和经验，毫无原则地将专业意见出售给出价最高的人。

专家证人制度是一把双刃剑，专家证人有时候沦为当事人的"枪手""喉舌"或者"萨克斯管"（saxophones），只是重复当事人编织的故事。专家们至少在经济上要依赖于当事人的支出，这势必会影响其观点的客观性，没有人愿意让赞助人感到

---

[1] See Francis Wellman, The Art of Cross-Examination, 1936, pp. 125-126.

[2] See Ian Freckelton, Hugh Selby, Expert Evidence, Lawbook Co. 2nd ed., 2002, p. 756.

[3] 参见［美］史蒂文·F. 莫罗、詹姆斯·R. 费格里罗主编：《对方证人：芝加哥著名刑辩律师交叉询问与人生的经验教训》，吴宏耀、云翀译，中国人民大学出版社2013年版，第124页。

失望,而使得超越心理压力的是那种金钱上的诱惑。在诉讼结果上,胜诉或许取决于专家的花言巧语或者自信,而并非是专业能力。[1]美国模式的主要不足之处在于,它容易产生偏见性、缺乏客观性的证言。此外,美国的体系严重依赖于当事人的能量,或者更准确地说,严重依赖于律师抨击对方专家证人以及尽可能削弱其影响力的技能。[2]

要认识到专家证人成为"雇佣枪手"的危害,他们只为聘请自己的一方提供服务,一旦被诉讼双方的任何一方雇用,他们将特意隐藏对自己不利的证言。如果专家成了"雇佣枪手",他们并不审慎地履行专家义务,更不会在司法辅助中展示专家价值,因而不具有任何道德力量。研究数据表明,确实有部分专家证人认同"雇佣枪手"现象,他们觉得自己的义务就是等价服务,只要为雇用方尽义务,就不应该受到道德谴责,值得庆幸的是,这样的专家证人只是少数。[3]

专家证人和律师尽管受当事人的聘请要维护当事人的利益,但进行诉讼活动时也不得违背良知和专业操守,恪守中立性,不得刻意违反科学真理。当专家证人的科学观点与当事人的利益有冲突时,是屈从于当事人还是提出独立的意见,对专家是很大的考验。

当然,认识到要求专家证人绝对客观可能成为一种奢望后,力求客观逐步成为专家证人的职业伦理要求。法庭专家不能不顾事实而只为利益相关方服务,因为法庭专家不是雇佣枪手。

---

[1] John Basten, "The Court Expert in Civil Trials-A Competive Appraisal", 40 Modern L. Rev. 174, 174 (1977).

[2] Sven Timmerbeil, "The Role of Expert Witnesses in German and U. S. Civil Litigation", 9 Ann. Surv. Int'l & Comp. L. pp. 185-186.

[3] 参见 [美] 菲利普·坎德利斯、罗伯特·温斯托克、理查德·马丁内斯:《法庭伦理学与专家证人》,杨天潼译,中国法制出版社2013年版,第21页。

专家证人应持公正之心，忠于自己的职业伦理和专业操守。党派偏见是专家证人权威危机的根源，对专家证人的不信任感，除了对其专业资格的质疑外，更多来源于对其立场的担忧，包括对专家证人职业伦理和个人品格的审视和质疑。而对专家证人职业伦理的强调，反映出裁判者对追求真实的渴望，专家的立场直接决定了专家意见的可信性。[1]为了解决专家证人的偏向性问题，英美国家近些年来出现了法院指定专家证人和共同单一专家制度等。

对中立性的背离是美国专家证人使用过程中的最大问题，美国诉讼中专家证人的适用存在巨大的困境，因偏向性而产生的不可靠的专家意见及对专家意见的不信任，事实裁判者对专家意见的认知缺陷，使得其无法对因偏向性而产生的不可靠且相互矛盾的专家意见作出判断。美国对此的解决方案，一方面是诉讼程序中的，如对专家证据的全面开示、对专家意见可靠性的严格审查、对专家证人的交叉询问和中立专家的使用。另一方面是专业行业领域内的，如专家证人的行业自律、法庭科学实验室质量控制和对专家证人责任的追究，以保障专家意见的中立性。[2]

我国的司法鉴定虽然确立了初步的中立观，如由法院启动鉴定程序，将鉴定人作为职权主义的产物，将其定位为法官的助手而非当事人的智囊，并赋予当事人申请鉴定人回避的权利等，但对鉴定人中立性的保障依然不足。我国的专家辅助人制度也有着强烈的"拿人钱财、替人消灾"的职业倾向性，甚至

---

〔1〕 参见毕玉谦等：《民事诉讼专家辅助人制度研究》，中国政法大学出版社2017年版，第167页。

〔2〕 参见罗芳芳：《专家意见中立性问题研究：美国法之理论与实务》，中国政法大学出版社2015年版，第3页。

由于中国的诚信问题而诱发出比英美国家更甚的专家证人制度的弊端。但是，有的学者对此持乐观态度，认为：一是我国的专家辅助人通常是具有国家资格的鉴定人，不是鉴定人的专家往往也是国家所属部门的高级技术人员，他们面对司法诉讼的需求，兼职从事专家辅助人工作，其职业道德和同行评议会很大程度上限制他们提供意见的偏向性问题。二是在我国，法官是最权威的事实认定者，他们身经百战，具有丰富的审判经验，不同于英美国家的陪审团。如果制造一个鉴定人和专家辅助人之间对质、辩论的场域，这些法官一般会成为合格的"裁判员"。[1]

四、专家证人的伦理[2]

(一) 自然科学与法学的冲突

专家证人证言在伦理学上具有必然挑战性和复杂性，专家证人将他们各自领域的伦理学规范不自觉地引入到司法审判体系中，而这个体系是一个由截然不同的伦理道德理念所统治的领域。尤其当一些专家证人来自于纯粹的医学伦理领域时，这些伦理理念上的冲突更为明显。

自然科学与法学的不同之处，在于分析问题的方式，自然科学往往会事先设定假设，然后应用试验或其他手段去证明这个假设。在此过程中，自然科学学者会通过不断地调整、验证、

---

[1] 参见常林：《司法鉴定专家辅助人制度研究》，中国政法大学出版社2012年版，第217页。

[2] 关于一些学会的专家证人伦理准则，例如，美国法医学会《伦理学行为准则》、美国精神病学与法学学会《司法精神病学伦理学指南》、美国心理学学会、司法心理学鉴定人伦理指导方针委员会《司法心理学鉴定人专业的指导方针》、国家法医社会工作学会《伦理道德准则》、加利福尼亚《刑事专家学会道德行为准则》等，参见［美］菲利普·坎缪利斯、罗伯特·温斯托克、理查德·马丁内斯：《法庭伦理学与专家证人》，杨天潼译，中国法制出版社2013年版，第231-264页。

演绎来完善、修正假设，最后甚至会完全推翻先前的假设。而法学则不同，它往往需要即时或立刻对事件作出明确判断，而且这种判断一旦得出，就极少有机会对其进行过多的修正。

　　法律具有它自己独特的学科属性，作为一种社会调节规范，法律着眼于解决纠纷，公平和正义是其基本理念。当然，法律还具有如惩戒、教育和引导的作用。实际上，它潜移默化地影响或调整着社会的其他领域，但维持社会规范还是其最根本的作用。专家证人服务于司法系统，司法系统希望专家证人能最终帮助实现维护公平正义的最终目的。同时，由专家证人所组成的专业机构也会引导、规范他们的具体职业行为。在司法实践中，会引发这样或那样的伦理学冲突，对专家证人来说，他们有时服务于与其原有专业领域相矛盾的伦理学框架。

　　这种冲突极具戏剧性，当发挥惩戒作用时，法律往往会严厉地惩罚个人（罚金、监禁、甚至死刑）。这种情况下，专家证人必须应用其专业知识，来保证或促进这种刑罚的实现，而这与专家证人自身的医学属性（治病救人、悬壶济世等）背道而驰。在日常司法实践中，有很多事实可以证明这种冲突明显存在着。专家证人不了解法庭辩论的技巧，所以在法庭辩论过程中常常会被律师所误导，这时专家证人会非常恼火。因而，有时他们会摆出专家的架子，显得无理而专横，暂时丢弃了温文尔雅的学者风范。由于学科思维不同，专家证人不会像律师那样，把案件本身视为至关重要的事情。有时候，他们甚至会先关注完当天的日程后，再来思考案件事实。有时候，专家证人在法庭辩论过程中，会迫于当事人的压力，而重新审视自己的结论。有时候，有些人甚至会游离出专家证人的神圣角色，作出与事实相悖的伪证。专家证人的特殊社会角色与司法审判系统不断地发生着冲突，他们既有自然科学学者温文尔雅的特性，又有法律事实意义上的个人权力。[1]

(二) 力求客观的要求

专家证人之间的论战可以引起诸多法律上的争执，这些争执可能来源于各执一词、视角差异或者由来已久的敌意，这些争执还可能在实际的诉讼过程中被不断激化，例如由于程序不合法等问题，专家证人也会对有些意见依据没有被采信而感到十分恼火。在充满对抗和敌意的法庭辩论气氛中，控辩双方一般都会直接将专家证人视为"雇佣枪手"，但这种假想往往是错误的。实际上，科学的、严谨的法庭科学意见将忠实地履行其证明事实的作用。

关于对司法实践的理解，由于法律可能不支持或者并不认可伦理学家的意见，因此了解伦理学及如何做好法庭顾问等问题显得特别关键。因为法律总是具有强制执行性的，专家证人必须理解所要面对的司法伦理道德规范。

希望专家证人能够超越自我专业范围，摒弃一些狭隘的理论窠臼，将这样的态度称之为"理想伦理"（aspirational ethics）。它要求严谨的职业道德和正直人格，这些将展示出一种更为理想和完备的专家证人工作。作为一种伦理规范，它将可以应用于法庭辩论，超越那些无休止的法庭争论或非道德的专家证言，整合专家证人的优势和司法实践，整合职业操守和个人道德，促进产生美好、正直的行为。[2]

现在，美国一些专家证人机构已经正式以力求客观（striving for objectivity）的表述取代客观（objectivity）。在1991年美国精

---

[1] 参见［美］菲利普·坎德利斯、罗伯特·温斯托克、理查德·马丁内斯：《法庭伦理学与专家证人》，杨天潼译，中国法制出版社2013年版，第3-5页。

[2] 参见［美］菲利普·坎德利斯、罗伯特·温斯托克、理查德·马丁内斯：《法庭伦理学与专家证人》，杨天潼译，中国法制出版社2013年版，第5-6页。

神病法学会修订伦理学纲要时正式指出,没有人能够真正做到完全的客观,因此需要做的是诚实和力求客观。力求客观这一说法是解决主观和客观矛盾的正确态度,同时也被其他行业所应用,如美国法医学会就推崇这种观点。如果不能做到绝对客观,那么至少能做到尽心尽力地追求客观,即力求客观。

力求客观体现在经常自省、换位思考以及尽力查清案件事实等。从伦理学角度讲,就是要敢于证明那些与其他专家或律师不一致的假设。一份最终为各方所接受的报告或证言就应被视为是客观的。力求客观不仅帮助专家证人提供一个公平的法律结果,而且也保护了他们自己。源于公平正义的努力、行为或者技巧都是有价值的,其会防止产生盲点和未知偏见。在法庭上,专家证人可能会因此而免予双方的诘问,因为考虑到了有关案件的所有假设,并且做到了尽心、尽力、尽责任。[1]

另外,专家证人在处理伦理冲突时也是需要技巧的,举例来说,如果专家证人与对方的律师或专家熟悉,那么该怎么办呢?一方面,有可能担心作证会得罪同行或朋友,以后在这圈子混不下去,为了自保而不为当事人实质性作证。另一方面,也有可能恶意串通,这都会侵犯当事人的利益,也是违反职业道德的。

当然,也发生妥善处理的例子。例如,一位非常著名的医生在某个案件里作出重要的证词,而他最要好的朋友却在为对方辩护。这两个人——医生和律师,在他们的行业里都声誉卓著,也是结识多年的好友,经常参加对方的家庭聚会。律师知道医生是根据他诚实的意见作证的,对他进行再多的法庭询问也没用。因此,他只锁定以下几个问题,而他又怕无法板着

---

〔1〕 参见[美]菲利普·坎德利斯、罗伯特·温斯托克、理查德·马丁内斯:《法庭伦理学与专家证人》,杨天潼译,中国法制出版社2013年版,第26-27页。

脸问问题，所以尽量不去直视证人，而总是看着侧面的窗子。

律师："医生，您说您是执业医师，那么您在芝加哥执业多久了？"

医生："哦，我在芝加哥行医40年了。"

律师："这么说，我想您一定看过某些有名望的人？不是吗？"

医生："是的，我想是这样的。"

律师："您是否曾经担任过马歇尔·菲尔德（Marshall Field，美国芝加哥百货业巨子）的家庭医生呢？"

医生："是的，我当了好几年他的家庭医生。"

律师："话说回来，我很久没有听到他的消息了。他现在在哪里呢？"（还在看着窗外）

医生："他过世了。"

律师："哦，对不起。"

在这样的气氛下，他又询问了几个芝加哥名人的近况，他们都是医生的朋友，也都去世了。在陪审员的低笑声中，律师问完他的问题，沉默地坐下，只说了一句话，"我想我不需要再问您任何问题了，麻烦您退席吧。"[1]

在上例中，律师用幽默的方式对专家证人进行了询问，也算是一个在法庭上叙旧的小插曲。

---

[1] 参见［美］弗兰西斯·威尔曼著：《交叉询问的艺术》，周幸、陈意文译，红旗出版社1999年版，第97-98页。

参考文献

1. [美] 罗纳德·J. 艾伦、理查德·B. 库恩斯、埃莉诺·斯威夫特:《证据法:文本、问题和案例》(第 3 版),张保生、王进喜、赵滢译,高等教育出版社 2006 年版。
2. [美] 乔恩·R. 华尔兹:《刑事证据大全》(第 2 版),何家弘等译,中国人民公安大学出版社 2004 年版。
3. [美] 菲利普·坎德利斯、罗伯特·温斯托克、理查德·马丁内斯:《法庭伦理学与专家证人》,杨天潼译,中国法制出版社 2013 年版。
4. [美] 肯尼斯·R. 福斯特、彼得·W. 休伯:《对科学证据的认定——科学知识与联邦法院》,王增森译,法律出版社 2001 年版。
5. [美] 弗兰西斯·威尔曼:《交叉询问的艺术》,周幸、陈意文译,红旗出版社 1999 年版。
6. [美] 史蒂文·F. 莫罗、詹姆斯·R. 费格里罗主编:《对方证人:芝加哥著名刑辩律师论交叉询问与人生的经验教训》,吴宏耀、云翀译,中国人民大学出版社 2013 年版。
7. [美] 理查德·伦伯特编:《证据故事》,魏晓娜译,中国人民大学出版社 2012 年版。
8. [美] 伯纳德·罗伯逊、G. A. 维尼奥:《证据解释——庭审过程中科学证据的评价》,王元凤译,中国政法大学出版社 2015 年版。
9. [美] 史蒂文·鲁贝特:《现代诉辩策略与技巧》,王进喜等译,中国人民公安大学出版社 2005 年版。
10. 吴国盛:《反思科学》,新世界出版社 2004 年版。
11. 杨良宜、杨大明:《国际商务游戏规则:英美证据法》,法律出版社

2002 年版。
12. 刘晓丹：《论科学证据》，中国检察出版社 2010 年版。
13. 常林：《司法鉴定专家辅助人制度研究》，中国政法大学出版社 2012 年版。
14. 季美君：《专家证据制度比较研究》，北京大学出版社 2008 年版。
15. 徐继军：《专家证人研究》，中国人民大学出版社 2004 年版。
16. 周湘雄：《英美专家证人制度研究》，中国检察出版社 2006 年版。
17. 罗芳芳：《专家意见中立性问题研究：美国法之理论与实务》，中国政法大学出版社 2015 年版。
18. 邱爱民：《科学证据基础理论研究》，知识产权出版社 2013 年版。
19. 张斌：《科学证据采信基本原理研究》，中国政法大学出版社 2012 年版。
20. 王进喜编译：《证据科学读本：美国"Daubert"三部曲》，中国政法大学出版社 2015 年版。
21. 王进喜：《美国〈联邦证据规则〉（2011 年重塑版）条解》，中国法制出版社 2012 年版。
22. 毕玉谦等：《民事诉讼专家辅助人制度研究》，中国政法大学出版社 2017 年版。
23. 郭华：《专家辅助人制度的中国模式》，经济科学出版社 2015 年版。